幼儿园自然教育丛书

自由环境下的幼儿园早期阅读指导

主编
王燕兰 朱 敏

副主编
庞 颖 张司仪

编写人员

朱 敏	冯晓华	许伊佳	仇光庆	张露露	乔 蓉
周悦晓	沈 宁	何晨晨	刘海燕	谢晓莉	金 晨
王小玲	葛洁玮	朱琳琳	毛 磊	庞 颖	郭 娜
李 娟	张司仪	张春美			

南京师范大学出版社

图书在版编目（CIP）数据

自由环境下的幼儿园早期阅读指导 / 王燕兰，朱敏 主编. —南京：南京师范大学出版社，2017.11（2022.12重印）

（幼儿园自然教育丛书）

ISBN 978-7-5651-3404-3

Ⅰ.①自… Ⅱ.①王… ②朱… Ⅲ.①阅读课—学前教育—教学参考资料 Ⅳ.① G613.2

中国版本图书馆CIP数据核字（2017）第145774号

书　名	自由环境下的幼儿园早期阅读指导
丛 书 名	幼儿园自然教育丛书
主　编	王燕兰　朱敏
责任编辑	官军燕
出版发行	南京师范大学出版社
地　　址	江苏省南京市玄武区后宰门西村9号（邮编：210016）
电　　话	（025）83598919（总编办）　83598412（营销部）　83598312（邮购部）
网　　址	http://press.njnu.edu.cn
电子信箱	nspzbb@njnu.edu.cn
照　　排	南京凯建图文制作有限公司
印　　刷	江阴金马印刷有限公司
开　　本	787毫米×1092毫米　1/16
印　　张	25.75
字　　数	400千
版　　次	2017年11月第1版　2022年12月第2次印刷
书　　号	ISBN 978-7-5651-3404-3
定　　价	48.00元
出 版 人	张志刚

南京师大版图书若有印装问题请与销售商调换

版权所有　侵犯必究

序

"实在不好意思啊!还没有完成……对!还没有……"回想起一个月前的那个清晨,我被自己急促与带着歉意的梦话催醒过来的情景,至今仍然不免心生感慨:这项看似简单的工作居然让我带进了梦里!而且,居然在梦里梦外穿行过之后还是没有完成!是对方不急不催吧?不是,连续几周我都在收到中心思想为"即将付印、急待序言"的信息。是我得了拖延症吧?不太像,因为那么多在这个项目后来的任务都一个个挤到它前面并且被快速解决,唯独这一篇在框架与长短上没有特别需求的文字却一直是 0 字节。反复想来,恐怕只有一个解释看似合理:笔者在乎它,很想借助它来把自己关于这项课题的理解与感受说得清楚、翔实一些,却耽于拙笔不胜浓意……

最初知道这项课题,是在南师大附近的一家咖啡馆里。燕兰园长和她的助手拿着课题申报书逐项叙说她们的想法、计划,我的思维则跟随着她们的话语不断做着"自由"与"自然"、"环境"与"成长"几个词语及其相关语料之间的搜索与聚焦、拆分与整合。

一所幼儿园的核心要素无外乎四个:环境、教师、孩子、课程。从变革整体环境入手来促进孩子的发展,看起来只涉及其中的两个,但实则却必将四个要素同时都裹挟进去。如果在一所新开办的幼儿园这么做是绝对必需,对于已经有几十年的教学与管理经验的示范级的幼儿园来说,则无疑是项近似于全面变革的大工程!幼儿园科研水平在辖区内名列前茅、教师和园长连年都有获奖、家长口碑佳、园中的孩子们健康茁壮、园外的孩子们在拥挤着等着进来……如此背景下,一定要去给自己加一个全园变革的大压力,核心的缘由或许只能锁定在对"自由环境"和"自然成长"的向往上面。而稍作比对,不难发现:这份发自内心的向往,与幼教之父福禄贝尔将其开办的教育机构命名为幼儿园的初衷并无二致,即是要让孩子们可以在安全美好的花园里,遵循生命的天性健康成长。

毫无疑问,这项直指幼儿园教育之本的课题,与诸多跟风借力、将科研工作作为幼教机构装点包装的幼儿园课题完全不同。也毫无疑问，这是一项任务难度够大、耗时不可不长、耗神不可不多的工作，绝非仅凭心里的意愿和口头上的毅力就可以达成的！

因为被课题负责人及其团队的热望所感染，希望自己以微薄之力提供些力所能及的帮助，我接受邀请，定期走进幼儿园，和课题组的老师们一起研讨、观察、分析、寻找课题研究的最近发展区，明确分支任务，汇总阶段性成果……回眸望去，那的确是一段珍贵的好时光。

从最初的边界不清、路径不明、课题组成员间小有拘谨，到后来的计划紧凑、任务明确、实践到位、成员间谈笑风生且协作支持准确高效，每一次和课题组的老师们共同工作，都让我真切地感觉到了他们认真与踏实的工作风格、他们对理想幼儿教育实践的热盼；还有，透过课题本身，每一位成员生命深处对于美好、明亮与温暖的人生境界的那份追求。所有这些，无不让我感到欣慰与鼓舞。记得有一次在离开幼儿园回家的地铁上，对着窗外满目的秋色，我忍不住想：与其说是我给这个课题提供了什么帮助，不如说是这个课题组带着我一起进入了一个和谐的人际生态场域，让我和大家一起经历着一次又一次对美与善、对真与诚的追求！

现如今，燕兰园长和她的团队的研究成果终于要出版了，由衷为她们高兴！而且最令人欣慰的是，除了课题本身的成果之外，她们还无私地将本课题的研究行进中的行动档案也单列出版。在我看来，这套丛书不仅可以给当下行进于幼儿园科研的探索者提供最为精准的帮助，而且也是全部课题研究过程中一项更为重要的收获！

深深祝福！

刘晶波

南京师范大学教育科学学院教授

博士生导师

2017 年 11 月

目 录

001 / 序

001 / 绪　论　自由环境与幼儿的自然成长

011 / 第一章　早期阅读及早期阅读环境的概述

013 / 　第一节　早期阅读及早期阅读环境的概念
014 / 　第二节　早期阅读及早期阅读环境的特点
015 / 　第三节　早期阅读及早期阅读环境对幼儿发展的价值
016 / 　第四节　幼儿园早期阅读活动及早期阅读环境的现状

017 / 第二章　班级创设自由的早期阅读环境的实践经验

019 / 　第一节　班级图书区环境的创设
028 / 　第二节　在班级各类区域活动中渗透早期阅读经验的策略
036 / 　第三节　在班级整体环境中渗透早期阅读经验的策略

039 / 第三章　幼儿园创设自由的早期阅读环境的实践探索

041 / 　第一节　"阅读节"的实践探索
051 / 　第二节　幼儿园童书馆的实践探索

059 / 第四章　班级开展绘本主题教育活动的实践经验

061 / 　第一节　绘本主题活动方案的生成与建构
066 / 　第二节　绘本主题活动方案集锦
　　　　　　　　方案一：小班绘本主题活动"小黄和小蓝"
　　　　　　　　方案二：小班绘本主题活动"好饿的小蛇"
　　　　　　　　方案三：小班绘本主题活动"汉堡男孩"
　　　　　　　　方案四：中班绘本主题活动"是谁嗯嗯在我的头上"
　　　　　　　　方案五：中班绘本主题活动"想吃苹果的鼠小弟"
　　　　　　　　方案六：中班绘本主题活动"彩虹的尽头"
　　　　　　　　方案七：中班绘本主题活动"蛤蟆爷爷的秘诀"
　　　　　　　　方案八：大班绘本主题活动"上面和下面"

目录

方案九：大班绘本主题活动"狼和七只小羊"
方案十：大班绘本主题活动"狼大叔的红焖鸡"

387 / 第五章　教师在创设自由的早期阅读环境中的收获与成长

389 / 第一节　一场关于收获与成长的教师沙龙
398 / 第二节　我们的教育故事

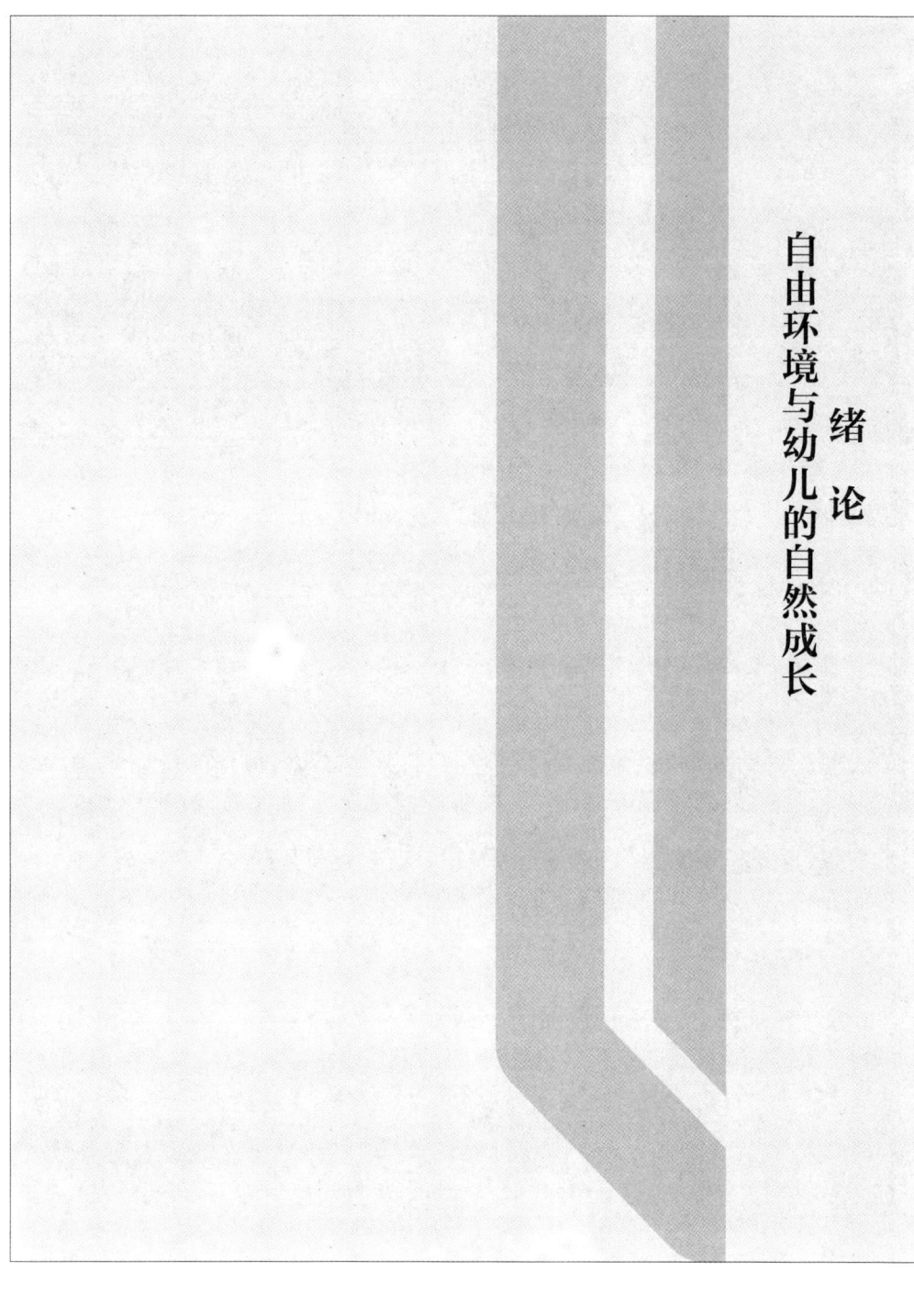

绪 论

自由环境与幼儿的自然成长

绪论　自由环境与幼儿的自然成长

当今的学前教育越来越关注"环境"对于身处其中的幼儿发展的独特价值。当越来越多的人意识到环境是班级两位教师之外的"第三位老师"时，当越来越多的人意识到"环境的潜能还能够激发起社会、情意和认知方面的种种学习"[1]时，当越来越多的人意识到"我们容许偶然的环境做这个工作，还是为了教育目的设计环境，有很大的区别"[2]时，人们便急于想要改变当前幼儿园教育教学情境中环境僵化、单调、随意、高控、不适宜的局面，但常常又陷入另一个"困局"：幼儿园中的教育教学环境究竟应该如何创设？什么样的环境对于幼儿的成长和发展是最为有利的？经过多年的探索与尝试，我们认为，幼儿园教育教学情境创设的一个总的原则应该是自由。

一、自由、自由环境与幼儿园教育教学情境中的自由环境

什么是自由？从本体论的层面上看，自由是人最宝贵的权利，是人之所以为"人"的基础：自由是人的本性，是不可被剥夺的。从实践的层面上看，自由又是人可以获得并且需要通过努力去争取的。自由有消极和积极之分。消极自由（negative liberty）是指人有"免于……的自由"（be free from...），即人不受外界的干涉和强制，可以摆脱束缚其生命活动的外部限制。积极自由（positive liberty）是指人有"从事……的自由"（be free to...），即人可以自我引导、自主选择、自我主宰。

自由并不意味着消除任何纪律，相反，为了使每个人平等地享受自由，就必须设定一定的纪律，以保障人人都可以获得自由。因此，自由是相对而有条件的——如果一个

---

1. 卡洛琳·爱德华兹，莱拉·甘第尼，乔治·福尔曼. 儿童的一百种语言[M]. 罗雅芬，连英式，金乃琪，译. 南京：南京师范大学出版社，2006：173.
2. 约翰·杜威. 民主主义与教育[M]. 2版. 王承绪，译. 北京：人民教育出版社，2001：25.

人的自由被无限放大，他周围的人必定受到影响，因此，一个人的自由很有可能成为另一个人享受自由的桎梏。从这个意义上说，"自由不是主体的随心所欲、为所欲为，而是主体和客体的统一，是权利和义务的统一，是自由和责任的统一"[1]。由此可见，自由之中就包含着纪律，纪律是自由的"题中应有之义"。实际上，自由和纪律就如同一枚硬币的正反面，自由的实现需要内部纪律的保障，而科学的自由则会导致纪律。

自由的主体是人，物是谈不上自由的。所以，自由的环境实际上指的是使处在环境中的人享有自由。

在本书中，"自由环境"特指幼儿园教育教学情境中的自由环境，而不是其他类型或其他领域内的环境。这样的"自由环境"，是指幼儿园教育教学情境中能够让幼儿充分享有自由的环境，具体可以从以下三个方面来认识。

第一，从消极自由与积极自由的角度看，消极自由指人有"免于……的自由"，不受外界的干涉和强制，与此对应的自由环境就应该是一种能够使人们免除束缚其生命活动的外部限制的环境。以此类推，幼儿园教育教学情境中的自由环境也应该具有类似的特点，即环境对于幼儿的正常生存和发展没有太多的不必要的限制和束缚，尤其是没有那些因为教师某些不正确的教育观念和教育行为，如不合理的活动设置、不合适的行为要求、不恰当的材料提供、不适宜的设施摆放而导致的种种限制和束缚。

第二，积极自由指人有"从事……的自由"，人可以自我引导、自主选择、自我主宰，与此对应的自由环境就应该是一种使人们能够根据自己的兴趣和需要，自主地选择活动，并在活动的过程中自我引导、自我主宰的环境。以此类推，幼儿园教育教学情境中的自由环境也应该具有类似的特点，即在这个环境中，幼儿是具有主体性和能动性的个体，有权利根据自己的兴趣和需要，以及自身的发展水平自主地选择适宜自己的、自己喜欢的活动，并在活动的过程中自主探索，同时根据自己的意愿进行创造和表达。在这样的环境中，幼儿拥有诸多的自由，如选择的自由、表达的自由、交往的自由、探索的自由等。

第三，从自由与纪律的角度看，自由的环境本身应该内含一定的纪律，这同样也适

---

1. 袁贵仁. 马克思的人学思想[M]. 北京：北京师范大学出版社，1996：217.

用于幼儿园教育教学情境中的自由环境。首先,这样的环境中应该具有确保幼儿基本安全与健康的纪律,以使幼儿享有身体上和心理上免受伤害的自由。其次,这样的环境中应该具有确保集体共享自由的纪律。自由是每个幼儿的自由,而不是以牺牲某些幼儿的自由为代价的,正如蒙台梭利所说:"儿童的自由,就其限度而言,应在集体利益范围之内。"[1]再次,这样的环境中的纪律应该是积极、活泼、内在和持久的。这意味着在自由的环境中,纪律不是靠呵斥、灌输、惩戒、奖励"培养"出来的,而是建立在师幼共同探讨、共同理解、达成共识的基础上的。

二、自由环境对于幼儿自然成长的价值和意义

幼儿的自然成长是学前教育最重要的价值追求,这一点,已经得到了古往今来无数教育家以及教育工作者的认同。所谓"自然",其本意是天然非人为,是人或事物自由发展变化,不受外界干预,不依靠任何外在原因,自己发生、自己存在、自己演化的一种性质和状态。这就意味着,具有"自然"特性和状态的人或事物,必定有其内在的、固有的发展与变化的规律和法则。换句话说,它们的发展与变化是遵循这些规律和法则进行的,否则,自己发生、自己存在、自己演化就不可能实现。因此,当我们说"幼儿的自然成长"时,它首先指的是一种符合幼儿本能与天性的"自然而然"的成长,即一种遵循和顺应幼儿自身的、内部的、既有的发展规律、发展逻辑、发展法则的成长,而不是受到与规律背道而驰的"外力"干涉而导致的"片面"的、"加速"的、"跳跃"的或者"故意拖延速度"的成长。这里所说的"幼儿的自然成长",是将"幼儿"作为一个群体而言的。

当"幼儿"这个词用来指代个体时,"幼儿的自然成长"还包含另外一层含义。虽然成长和发展是所有幼儿共同的本能和天性,同时,幼儿的成长和发展又遵循一些普适的规律和逻辑,即发展的过程中经历大致相同的阶段和程序,沿着大致相同的轨迹和路

---

1. 蒙台梭利. 蒙台梭利幼儿科学教育方法[M]. 任代文,译. 北京:人民教育出版社,2001:112.

线，但就每一个"活生生"的幼儿个体而言，他们在实际发展的过程中，个体与个体之间在达到同一阶段的时间节点上，在具体的发展路径等方面仍会存在不小的差异。幼儿个体在发展上的这种差异性提示我们，"自然成长"还意味着是一种能够让每名幼儿都按照其自己特有的发展方式、特点、步调、速率而表现出的有个性的发展，而不是由于"外力"不恰当的干涉而导致的"整齐划一""步调一致""一个模子"式的发展。

通过以上阐述，我们其实已经可以看出，幼儿园教育教学情境中的自由环境与幼儿的自然成长需求之间具有高度的一致性和契合性，主要表现在以下方面。

第一，自由的环境中没有束缚幼儿生命活动的不必要的限制，尤其是没有与幼儿作为一个群体所共有的那些天性、本能、需要、成长规律等相违背的限制。教师的教育观念和教育行为，特别是对环境中活动的设置、行为的要求、材料的提供、设施的摆放等均最大限度地避免了对于幼儿天性等的压制和束缚，因而使得幼儿能够获得与其本能相契合、与其年龄相适应、与其发展规律相一致的学习机会。而在这样的环境中，幼儿就能够遵循"自然的旨意"，按照天性，依从自身的发展需要、特点和规律，"有条不紊""一步一步""自然"地成长起来。

第二，自由的环境提供幼儿自我引导、自主选择、自我主宰的机会与条件。身处这样的环境，每个幼儿都可以发挥主动性和能动性，成为自己发展的主人：既能够根据自己特有的发展特点、水平和步调等来选择适宜自己的活动，也能够用自己特有的方式同化和吸纳外界，与周围的环境进行互动；还能够用自己喜欢的方式来表达活动的过程和探索的结果，从而在原有的发展水平上获得连续不断的、指向其最近发展区的、更进一步同时又富有个性的"自然成长"。

第三，自由的环境以内含一定的纪律为前提。自由的环境中保障幼儿身体和心理免于受到伤害的纪律，确保了幼儿的身心健康，而身心健康正是"自然成长"的"题中之义"。自由环境中保障集体共享自由的纪律有助于幼儿在按照内部的、既有的发展规律进行活动时，免于受到他人不必要的干扰和限制，因而也与幼儿的自然成长需要相一致。此外，自由的环境中的纪律是建立在师幼共同探讨、共同理解和达成共识的基础之上的，因此，这种纪律建立的过程就是幼儿表达内在发展规律和需要的过程，这就决定了所设立的纪律必然是符合幼儿的发展规律和需要的，因而也就与幼儿的自然成长需要相契合。

所以，总的来说，内含一定纪律，并能使幼儿充分享有"免于……的自由"和"从事……的自由"的自由环境，有助于免除幼儿身心发展可能遭受的种种限制和压抑，有助于每名幼儿依照自身其内在的发展规律、特点等自我引导、自主选择、自我主宰，因而对于幼儿由内而发地自然成长具有重要的价值和意义。

三、幼儿园教育教学情境中创设自由环境的基本原则

幼儿园教育教学情境中的自由环境对于幼儿的自然成长具有重要的价值和意义，这就启示我们要创设一种环境，使得幼儿身处其中能够享受到充分自由。正如蒙台梭利所说："建立一种合乎科学的教育，其基本原则是使儿童获得自由，使儿童从妨碍其身心发展的障碍中解放出来，使儿童的天性得以自然的表现。"[1]实践中，需要我们具体把握好以下三点。

第一，尊重幼儿的自由权利。诚如上文所言，从本体论的层面看，自由是人最宝贵的、与生俱来的权利，是人之所以为"人"的基础，就像卢梭说的"人生而自由"。"与生俱来"意味着自由是不应该被剥夺的，也是不可能完全被剥夺的。作为基本人权之一的自由，既不是他人给予的，也不是由他人让渡而来的，而是"天赋"的。幼儿也是人，因此也就必然拥有人所拥有的权利，包括自由。因此，教师要正确认识自己对于自由与幼儿的关系：自由是幼儿的基本权利之一，无论教师是否意识到，它都"存在于那里"。幼儿的自由并不是教师给予的，更不是教师想给就有、不想给就没有的。教师只有正确认识幼儿所拥有的自由权利，才会真正尊重幼儿的自由权利。也只有这样，教师才会有意识地去为幼儿创设一个自由的环境，这种环境才能让幼儿感受到自由，才有可能使幼儿充分享有自由。如此一来，幼儿的自然成长就是顺理成章的事了。

---

1. 梁志燊. 学前教育学[M]. 北京：北京师范大学出版社，1995：15.

第二，在环境创设中，既要免除不必要的限制和束缚，也要确立基本的纪律。幼儿虽然具有一定的主观能动性，但与成人相比，他们仍显得十分"柔弱"和"无力"。面对外界很多不必要的限制和束缚时，幼儿很难发挥主观能动性去挣脱。他们不知道应该如何挣脱，也没有能力去挣脱。从这个角度来讲，教师应该为幼儿创设免除了不必要的限制和束缚，且具有基本纪律的自由环境。首先，教师要树立科学的儿童观，认识到幼儿是有能力的个体，能够积极主动地进行操作和探索，且幼儿的发展具有年龄特点和个体差异；其次，教师要树立正确的教师观，认识到教师是幼儿活动的支持者、引导者和合作者，应该在适宜的时机为幼儿的发展提供"脚手架"，并在适宜的时机"拆除"，不给幼儿带来不必要的限制和阻碍；再次，教师要树立必要的纪律观，认识到纪律能够保障个体自由和集体自由，且纪律是在师幼共同商讨的基础上建立的。只有这样，教师才能创设出自由的环境，促进幼儿的自然成长。

第三，教师要将自我引导、自主选择和自我主宰的权利归还给幼儿。日本著名教育家小原国芳曾这样说过："一个人在没有自由的时候，也不会有什么责任。现在的教师用自己的教育权利剥夺了本来属于学生的自由，同时也把责任背到了自己身上，摇摇晃晃，疲惫不堪。"[1]这真是当下幼儿园教师"生存状态"的真实写照——教师用自己的"特权"，将幼儿自我引导、自主选择和自我主宰的权利都"揽"到了自己的身上，看似是对幼儿的成长与发展负责，实则是对幼儿自然发展的钳制和禁锢。因此，创设自由的环境，也意味着教师要将自我引导、自主选择和自我主宰的权利归还给幼儿，让幼儿去支配自己的思想、情感、意志和行为，做自己的主人。要做到这一点，教师可以从物理环境和心理环境两方面努力。在物理环境方面，教师首先要认识到空间对于幼儿发展的重要价值，特别是要认识到空间不是绝对的，而是相对的，必须根据幼儿的需要做出相应的调整；其次要认识到时间与幼儿学习活动的关系，即幼儿在活动一段时间后，才能达到学习状态的高峰，例如出现有创意的表达、产生新的操作方式等；同时还要认识到材料与幼儿内在发展水平之间的关系，应尽可能多地提供多样的、开放的、适宜且富有

---

1. 小原国芳. 小原国芳教育论著选（上卷）[M]. 刘剑乔，译. 北京：人民教育出版社，1993：275.

层次的材料，使得材料尽可能地与每一名幼儿的内在发展水平相契合，并根据幼儿的需要及时调整和更换材料。在心理环境方面，教师要为幼儿营造能够被充分接纳和宽容的心理氛围，让每一名幼儿意识到，自己作为积极主动的学习者的形象是得到他人认同和鼓励的，自己具有巨大的潜能，有能力进行各种操作和探索，可以决定自己的学习行为，也可以为自己的学习行为负责。当幼儿有了这样的感受和体验之后，才能真正实现自我引导、自我选择和自我主宰。

第一章 早期阅读及早期阅读环境的概述

第一章 早期阅读及早期阅读环境的概述

第一节 早期阅读及早期阅读环境的概念

一些研究者就早期阅读的定义提出了自己的看法，例如，认为早期阅读是指"0~6岁的婴幼儿通过视觉符号或语言符号、借助成人的声音从书面材料获取知识、信息和意义的过程"，或是指"幼儿园、家庭通过对婴幼儿提供与视觉刺激有关的材料，让婴幼儿接受有关材料的信息，在观察、思维、想象等基础上对材料内容进行初步理解和语言表达，发表自己的观点见解，倾听成人讲述的一种认知过程"[1]。又如，早期阅读是儿童接触书面语言的形式和运用的机会，是儿童发展语言和元语言的能力的机会，是儿童掌握词汇构成和文字表征的机会，同时也是儿童发展学习读写的倾向态度的机会。[2] 再如，早期阅读是一种"读写萌发"，是在真实的生活情境中为了真实的生活的目的而自然发生的学习活动，是正式读写的准备。[3]

早期阅读环境包含早期阅读的物质环境和精神环境。早期阅读的物质环境指阅读场所的呈现、可供幼儿对应年龄段索取的材料的数量、可阅读的素材与年龄特征以及兴趣相符等方面。早期阅读的精神环境指幼儿阅读能力以及成人对待阅读的态度、对幼儿阅读的认识、同伴之间对待阅读的兴趣，等等。

---

1. 黄娟娟. 早期阅读——婴幼儿期的重要课题 [J]. 学前教育，2002（1）.
2. 周兢. 早期阅读发展与教育研究 [M]. 北京：教育科学出版社，2007：6-7.
3. 余珍有，周兢. 走出"幼儿早期阅读教育"的误区 [J]. 早期教育，2003（7）：4.

第二节　早期阅读及早期阅读环境的特点

首先，幼儿的阅读不同于成人的阅读，幼儿的阅读往往有成人的陪伴，且阅读的材料相对而言更简单，通常以图画信息为主。其次，早期阅读的核心经验包含"前阅读""前书写"和"前识字"三个范畴[1]。其中"前阅读"指的是儿童对阅读材料表现出兴趣，并掌握基本的阅读和翻书技能，进而逐渐获得对阅读材料的理解和深层意义的感知；"前书写"指的是儿童通过图画、文字、符号、图示等形式表达自己的想法、观点，并在这个过程中逐渐获得书写的基本技能；"前识字"不等同于"早期识字"，它指的是儿童"文字意识"的发展，即儿童在阅读的过程中逐渐将图画语言、口头语言和书面语言三者之间进行连接，形成有关文字功能和文字形式的意识，并逐渐获得文字结构和文字规则的知识。最后，幼儿早期阅读的内容必须与其已有经验和日常生活产生关联、发生联系，而不是过于抽象和高度概括的，这样的早期阅读，才是有意义的早期阅读，才能够真正促进幼儿在语言领域的发展。

早期阅读环境是以拓展幼儿生活、学习，帮助幼儿获取各类信息、认识周围世界为目的，促进幼儿自然成长。早期阅读环境的首要特点是具有多元性。多元性首先表现为包含丰富多元化的早期阅读材料，多元化的阅读材料能最大限度地满足每个幼儿的选择与需求，激发幼儿进行广泛阅读、开展自主阅读的兴趣，也有助于幼儿在与多元阅读材料的互动中逐渐建立起一种自我纠正、自我调适的阅读技巧，帮助幼儿形成良好的阅读个性。

多元性还表现在阅读场所、阅读时间和阅读形式的多元化。对幼儿而言，无论是在幼儿园、家里、公共场所，还是在散步时、睡前、教学活动中，均能开展相应的阅读活动，在幼儿感兴趣、有需求的时候，便是开展阅读活动的最好时机。幼儿能够根据自己的兴趣爱好、生活经验和认知水平决定自己的阅读形式，增强阅读的主体意识。

---

1. 刘宝根.早期阅读概念与绘本阅读教学[J].学前教育研究，2013（7）：56.

第三节　早期阅读及早期阅读环境对幼儿发展的价值

《幼儿园教育指导纲要（试行）》中有关语言领域的内容与要求中明确指出："引导幼儿接触优秀的儿童文学作品，使之感受语言的丰富和优美，并通过多种活动帮助幼儿加深对作品的体验和理解。培养幼儿对生活中常见的简单标记和文字符号的兴趣。利用图书、绘画和其他多种方式，引发幼儿对书籍、阅读和书写的兴趣，培养'前阅读'和书写技能。"

早期阅读作为语言教育的主要组成部分，是对幼儿进行全语言教育的重要内容和途径，不仅可以让幼儿了解一些有关书面语言的信息，而且有利于挖掘幼儿阅读的潜能，促进幼儿终身阅读能力的发展。同时，引导幼儿进行早期阅读还可以提高幼儿的观察力、想象力、理解力，有利于幼儿大脑的发育和成熟，有利于幼儿认知的发展，可以促进幼儿个性、社会性的发展。培养早期阅读习惯，有利于培养幼儿的认真倾听能力，可以帮助幼儿开阔视野，丰富知识，丰富情感。

幼儿的阅读是在一定的环境条件下进行的。宽松、和谐的阅读氛围，能让幼儿放松心态，主动参与阅读，增加幼儿与读本对话、与同伴交流的频率。在成人引导下，持续的阅读时间、良好的阅读习惯、有效的阅读指导和积极的阅读情绪等会使幼儿的阅读更有价值。

阅读，获取的是内容；阅读者，提升的是思想。让幼儿学会阅读，成为一个阅读者，是教育工作者努力的方向，而为幼儿创设良好、自由的阅读环境是实现这一目标的首要条件。

第四节　幼儿园早期阅读活动及早期阅读环境的现状

幼儿园实施早期阅读活动的途径主要有两个：一是语言活动中的早期阅读部分，二是活动室中的图书角。

在教学活动中，教师向幼儿展示各种阅读材料，通常是图片、书和挂图，有时是动画、视频，让幼儿去看、去听、去想、去说。多数幼儿园都有配套的早期阅读参考材料，条件好的幼儿园还配备了多媒体辅助教学设备。有的幼儿园配有小型图书室，在班级活动室还设置了阅读区角，某些特定时间让幼儿自由取书阅读，在餐前活动或是其他空闲时间教师也会从里面拿书给幼儿讲故事。[1]

当前幼儿园在积极开展早期阅读及创设早期阅读环境的过程中，积累了不少有益的经验。第一，在绘本的选择上重视绘本的色彩和内容，选择文字优美、朗朗上口，句型短而重复，情节简单有趣，与幼儿生活相关联的阅读素材。第二，为幼儿提供自主阅读的条件，设置阅读区角，放置书籍。第三，重视对幼儿阅读兴趣的激发，教育者在教学活动和区角活动中，努力做到对幼儿阅读兴趣的关注和激发，多渠道满足幼儿阅读的需求。

但是，在此过程中仍然存在一些误区：教育者视朗读为阅读的全过程，忽视了阅读的互动性；阅读环境欠整体考虑；随意选择阅读物，图书内容片面；阅读活动途径、手段单一；忽视了幼儿的年龄特点以及个体需求；缺乏早期阅读教育理念和正确的引导，容易将阅读活动开展成识字活动等。

幼儿园越来越重视早期阅读活动的开展，同时在早期阅读环境创设方面也面临着困惑：什么样的阅读设施和阅读条件可以促进幼儿阅读能力逐步提高？幼儿园班级规模太大、幼儿人数多、活动室空间小、区角图书少而旧、阅读区建设不完善，这些问题如何解决？如何创设文雅有序、温馨人文的高质量的阅读环境？这些都是在幼儿园早期阅读环境创设中值得探究的问题。

---

1. 孙玲芬. 对早期阅读教育活动的思考[J]. 学前教育研究，2005（9）

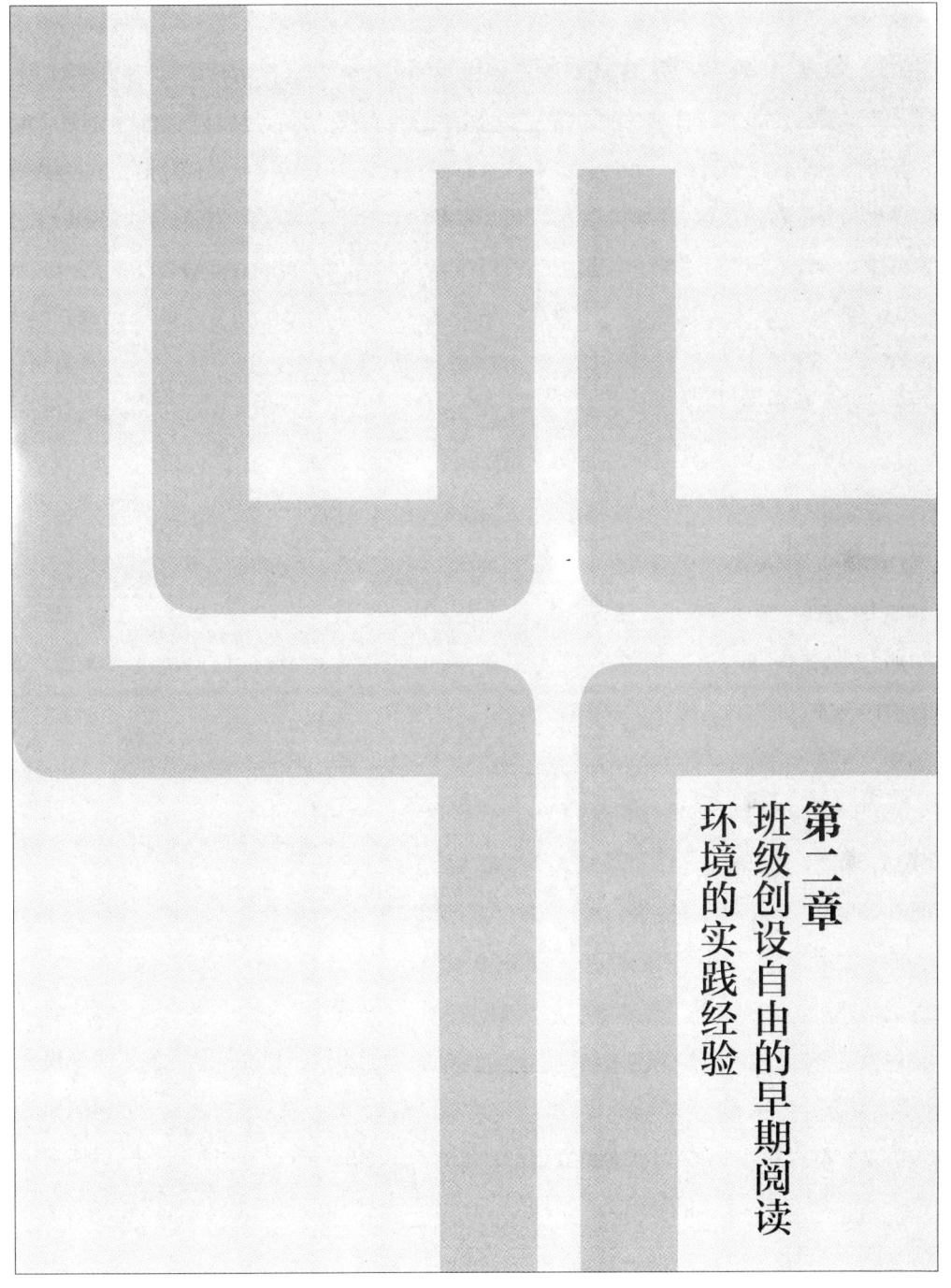

第二章
班级创设自由的早期阅读环境的实践经验

第二章　班级创设自由的早期阅读环境的实践经验

创设自由的早期阅读环境，必须将自由的理念与早期阅读的特点相结合。正是基于这一理念，我园经过多年的实践，初步探索和总结出了一些创设自由的早期阅读环境的策略和方法。

班级早期阅读环境是一个较为宽泛的概念，它既包含对班级图书区环境的打造，也包含班级语言活动区或其他活动区中与早期阅读相关的活动的开展，同时还包含整个班级环境中所渗透的早期阅读的元素等。因此，我们在打造班级早期阅读环境时，着力从这三个层面入手，将自由、自主、自发、自律的精神渗透其中，使我们的早期阅读环境更加符合幼儿的学习和发展需要。

第一节　班级图书区环境的创设

一、不同年龄段幼儿对图书区环境的不同需求

班级的图书区一般设置在幼儿活动室内，以图书为主要资源，有相应的桌椅摆放，以及其他可帮助幼儿在阅读中更好地发展阅读理解和表达能力的材料，它是幼儿自主阅读和开展语言活动的主要场所。幼儿的阅读是一个动态发展的过程，受到诸多因素的影响，如阅读材料、环境以及认知和情感等，而环境因素对幼儿的影响尤为重要。因此教师在创设图书区环境时要充分考虑幼儿的特点，遵循幼儿的发展和需要创设能激发他们阅读兴趣的环境。

我们采用一对一的访谈来了解幼儿对图书和阅读环境的偏好，同时，我们还精心设计了《幼儿阅读现状观察表》，通过记录幼儿在图书区的行为，以及对幼儿行为的分析，尝试探索适宜幼儿的图书区环境。通过访谈、问卷等调查我们发现，不同年龄段的幼儿对图书区的需求是不同的。托、小班的幼儿因为刚离开家庭，所以面积小一点的、温馨的环境会给他们一种安全感。在图书区里，除了图书以外，还可以为幼儿提供一些软垫、抱枕等，同时还可以在墙面上装饰一些这个年龄段幼儿熟悉的绘本中的形象，让幼儿对此区域产生兴趣，愿意到这里来阅读。此外，这个年龄段的幼儿年龄小，在阅读中更加依赖成人的陪伴，所以，教师要经常参与其中。更多的师幼共读能够激发幼儿更加强烈的兴趣。

在中班这个年龄段，我们为幼儿创设的早期阅读环境会更加开放，这主要体现在图书数量的增加以及图书选择范围的扩大。也就是说，我们会根据幼儿学习与发展的需要，以及兴趣变化的需要，增加图书的数量，增加图书的类型，使幼儿能够接触到更加多元、更加丰富的图书。

大班的幼儿已经具备了较好的阅读习惯，在阅读时更加自主，有更多自己的想法，所以，我们会将大班班级的图书区域进一步扩大以满足他们的需求。幼儿既可以独自阅读，也可以轻声与同伴交流、共同阅读。我们还会在图书区增添一些辅助材料，例如手偶、提线偶、纸、笔、剪刀、毛绒玩具、小舞台道具等，这样大班幼儿在图书区就可以开展更加丰富的活动，例如，用提线木偶或手偶等进行简单的绘本对话，利用纸、笔自制绘本等。

二、班级图书区环境的创设策略

1. 座椅或坐垫

为幼儿提供各种舒适的座椅或坐垫，如可爱、舒适的组合沙发（见图 2-1-1）；厚而软的地毯块或大靠垫等。提供给托、小班幼儿的座椅或坐垫还应考虑安全因素，

图 2-1-1

例如坐垫的填充物是否清洁卫生，座椅或坐垫是否有尖锐的角或凸起等。在图书区提供大块垫子，可供三、四名幼儿共同阅读时使用（见图2-1-2），单人沙发则能够满足幼儿单独阅读的需要，两张并立的沙发可以供幼儿两人一组开展阅读活动，小椅子则可以满足幼儿的移动需要。

图2-1-2

2. 书架

书架是陈列图书的地方。可根据需要，选择悬挂式书架、可移动式书架、立式书架等。也应考虑幼儿的年龄段和图书区空间大小等因素，摆放合适的儿童书架。书架最好摆放在边界处，以便起到分割区域的作用。（见图2-1-3）

图2-1-3

3. 辅助材料

除了图书，还可以在图书区中摆放一些有助于幼儿获得读写经验的材料。

（1）图书区登记册——可以记录幼儿进入图书区阅读的次数、时间、阅读的图书，以及是否与老师、同伴共同开展阅读活动等信息。（见图2-1-4）

（2）播放器、故事CD——可供幼儿听故事、儿歌。

（3）手偶、提线偶或毛绒玩具——可供幼儿进行故事表演。

（4）纸、笔——可供幼儿涂画、书写。

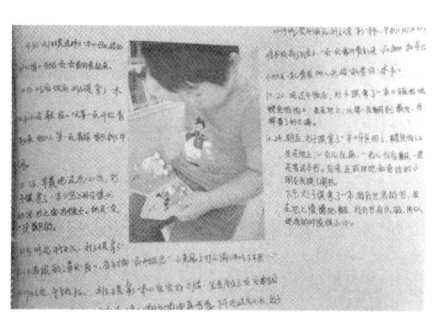

图2-1-4

（5）图书之外的其他文字材料，如书单、文字标识等——可增加幼儿对文字的敏感性。

图书区的标志可以设置为一本可以翻阅的书，旁边配有文字。四周可以悬挂绘本的故事图片或幼儿在图书馆、阅览室以及书店看书的照片等。（见图 2-1-5、图 2-1-6）

4. 空间环境布局

根据教室的整体格局和空间大小来规划图书区环境，尽量选择光线明亮且相对而言较为安静的区域和角落来布置班级图书区。

托班图书区：可以将其整体打造为一个软垫全包围的区域，以大致容纳 4~5 名托班幼儿和 1 名教师进行师幼共读为宜。托班图书区应该是一个相对封闭的包围式结构，以避免幼儿在此区域中开展活动时受到其他活动的影响。在地毯区域的周围，教师还可以提供几张小沙发，满足想要独处的幼儿的需要。书架上则可以平铺式摆放适合低年龄幼儿阅读的书籍。还可以用绘本中的形象丰富图书区的墙面，以增加图书区的趣味性，吸引幼儿来阅读。（见图 2-1-7）

小班图书区：应选择较为低矮的书柜，以便于教师展示图书和幼儿自由取放图书。图书的摆放应该有利于幼儿观察到每一本书的封面，这对于小年龄段的幼儿自主选择图

图 2-1-5

图 2-1-6

图 2-1-7

书是十分重要的,所以,应该尽可能地采用平放式的图书陈列方式。根据小年龄段幼儿趋同性的心理特点,图书区的图书种类无须太多,但同类的图书可适当多提供一些。(见图2-1-8)

中班图书区:随着日常生活经验的不断丰富和对幼儿园集体生活的适应,中班年龄段幼儿的活动范围逐渐增大,对阅读图书的兴趣也会更浓。因此这个阶段,图书区的空间可以适当扩大,图书的种类也可以相应增加。图书的陈列方式应有利于幼儿自主收拾和整理图书。(见图2-1-9)

大班图书区:随着幼儿认知能力,以及对同伴间自由交往的需求的不断增强,大班图书区的空间应该更为宽松和自由。可以适当增加一些适合幼儿结伴阅读的组合沙发、地毯等。同时,还应该适当扩大图书区的开放性,以促使活动材料、人员等在不同的区域之间流动起来。大班图书区图书种类应更为丰富、多元,文学类、科普类、益智类、漫画类等图书都可以提供。此外,图书的陈列方式也应该更加多样化,书橱、书柜、书架、书筐等的综合运用,不仅可以满足摆放更多图书的需求,也能够对幼儿自主收拾图书形成更多的挑战。(见图2-1-10)

图2-1-8

图2-1-9

图2-1-10

5. 规则的建立

图书区规则的建立是为了给幼儿营造一个更为有序的阅读环境，使他们有机会充分地接触图书、了解图书，并最终喜欢阅读。实践证明，不必要或者不适宜的规则不仅起不到这些作用，还有可能遏制幼儿的阅读需要，破坏幼儿的阅读兴趣，并最终影响幼儿阅读习惯的养成。所以，我们需要根据幼儿的年龄特点以及阅读活动的特点建立一些积极有效的规则。

（1）摆放图书的要求

为了方便幼儿自主收拾图书，需要在图书区中设置一些明确的标志。对于中、大班年龄段的幼儿，教师可以和幼儿共同商议图书摆放规则，并请幼儿将共同商议出的摆放规则用画画的方式记录下来，粘贴在书柜或是书架上，方便幼儿根据这些标志进行有序整理。

（2）取放图书的要求

幼儿园阶段是幼儿参与集体生活的起始阶段，是幼儿养成良好习惯的重要时期。幼儿从哪里拿书、轻拿轻放，以及最后将书放回原处等都是最基本的阅读要求，这些规则的建立有助于幼儿秩序感的形成，同时也是保证幼儿能够愉快地开展阅读活动的前提。对于中、大班年龄段的幼儿，教师可以和幼儿共同商议取放图书的规则，并请幼儿将这些规则用画画的方式记录下来。随后，教师可以适当增添一些文字，以图加文的形式布置在图书区中。

（3）阅读图书的要求

随着教师和家长的引导和激发，幼儿对阅读活动的兴趣将逐渐增强，他们进行自主阅读的需要也随之产生。如何看书、翻书、爱护图书，以及阅读过程中不打扰他人等要求就成了阅读活动中必要的规则（见图2-1-11）。对于中、大班年龄段的幼儿，教师可以和幼儿共同商议图书阅读规则，并请幼儿

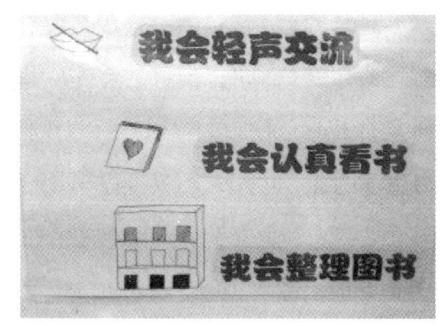

图 2-1-11

将这些规则用画画的方式记录下来,布置在图书区中。随后,教师可以适当增添一些文字,以图加文的形式布置在图书区中。(见图 2-1-12)

图 2-1-12

(4)图书的更新方式

通常,幼儿园图书区里的图书都是由幼儿园提供的。由于各种原因,图书的更新速度较慢,往往不能及时地满足幼儿的发展需要。针对这一问题,我们通过"图书分享日""我喜爱的书"等活动,鼓励幼儿和家长定期向大家分享和推荐自己喜爱的书。当教师与小朋友共同阅读他们自己带来的书时,图书的小主人总是特别满足,所以,这样的图书更新方式得到了幼儿和家长的积极相应。

(5)自主阅读与共享阅读相结合

幼儿的认知特点决定了幼儿的阅读主要是成人带领和指导下的阅读,当然,随着幼儿年龄的增长以及对图书的不断熟悉,幼儿会逐渐从共享阅读向自主阅读过渡。教师可以和幼儿共同商议并确定何时选哪本书开展自主阅读或共享阅读,形成规律后幼儿就会养成习惯。

6. 图书区里的其他活动

(1)图书医院

幼儿使用图书的频率比较高,图书破损的现象在所难免。以往,我们鼓励幼儿将破损图书及时交给教师修补,可随着时间的推移,破损的图书越来越多,不仅教师难以应付,更为重要的是这种形式难以发挥幼儿的主动性和积极性。于是我们与幼儿围绕这一话题展开讨论,讨论的结果是在图书区建立一个"图书医院"。我们准备了一个贴着红十字的藤筐放在图书区,幼儿可以将破损的图书暂时放在里面。针对大班年龄段的幼儿,

图 2-1-13

我们还在图书区中提供剪刀、胶棒、透明胶、双面胶、订书机等材料，鼓励幼儿根据不同图书的不同破损情况，自主选择材料开展修补工作。（见图2-1-13、图2-1-14）

（2）图书制作

在图书区里，图书制作也是幼儿十分喜欢的一项活动。小班幼儿可以利用一些现成的废旧图片、照片等，贴贴画画，满足自己写和画的愿望。中、大班幼儿则可以根据自己的想法制作图书。在这个过程中，幼儿既能够进一步了解图书的结构和特点，又能够自己大胆创编完整的故事情节，还能够用画画、手工制作等方式将自己的想法表现出来。这样一来，故事就不只是存在于幼儿的头脑中，还能够呈现出来，让其他人看到，并且能够进行交流和分享。不仅如此，幼儿在制作图书的过程中，还常常边绘制图书边自言自语地讲述图片的内容，偶尔也会和同伴交流一下自己的想法。这些既发展了幼儿的想象力和语言表达能力，同时又能够使幼儿体会到可以运用各种图示、标志，用绘画或书写的方式将自己的想法表达出来。（见图2-1-15、图2-1-16、图2-1-17）

（3）"休闲吧"

所谓"休闲吧"指的是图书区中的一块区域，在这块区域中，教师提供地毯、玩偶、

图2-1-14

图2-1-15

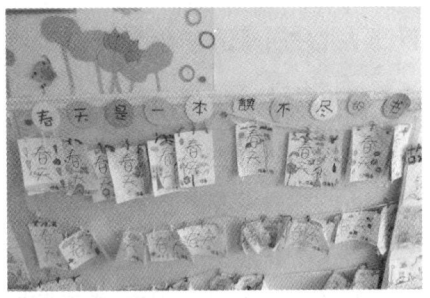

图2-1-16

图2-1-17

自制指偶、图书等材料供幼儿自由交流和游戏。幼儿可以自由确定交流的话题，也可以根据文学作品中的情节和角色开展表演和对话游戏。阅读图书可以和这些"想想演演"的活动结合在一起，特别是当我们将图书区里的绘本引入到主题活动之后，幼儿对绘本的兴趣就得到了极大激发，这一作品可被幼儿接受和挖掘的空间也会更加广泛而深刻。例如，在"是谁嗯嗯在我头上"的主题活动中，教师提供的自制指偶就被幼儿反复拿来操作摆弄：他们时而模仿故事中角色之间的对话，时而又会拿着指偶创编出不同的故事情节。（见图2-1-18、图2-1-19）

（4）故事大王

到了中、大班，我们会组织幼儿开展"故事大王"的活动。鼓励幼儿在集体面前讲故事，能够使幼儿的胆量、讲述能力、表演能力等都得到提升。教师会事先准备报名表，并向班级幼儿宣传，每周准备好故事的幼儿可以跟教师预约讲故事的时间，教师则会将幼儿讲故事的信息公布在"故事大王"专栏。（见图2-1-20）

图2-1-18

图2-1-19

图2-1-20

第二节　在班级各类区域活动中渗透早期阅读经验的策略

语言在人的发展中具有根基性，也就是说，语言作为一种中介是人进行学习、获得发展的重要手段，人的很多活动都离不开语言。因此，在各类区域活动中渗透早期阅读经验就既具有必要性又具有可能性。正是基于这样的一种理念和认识，我们尝试将早期阅读经验渗透在班级的各类区域活动中，从而为幼儿创设更加自由、更加适宜的早期阅读环境。

那么，早期阅读经验可以渗透在哪些类型的班级区域活动中呢？通过不断的探索和尝试，我们发现，在一个学前教室中，除图书区以外，还有大量其他类型的区域，如语言区（语言区中本身就包含一些涉及早期阅读经验的活动）、科学区、建构区、美工区等学习性区域，以及各种角色扮演区等，而这些区域活动中都可以融入早期阅读，特别是一些激发幼儿对符号和文字的兴趣的活动和激发幼儿对写写画画的兴趣的活动。

我们之所以特别重视将早期阅读经验与各区域活动进行整合，是因为幼儿，特别是年龄较大的幼儿往往对文字和符号充满了探究的兴趣和学习的欲望，而两者的整合则一方面有助于幼儿在各种各样的活动中体验阅读和书写的作用和意义，另一方面有助于幼儿在实际运用中增加早期阅读经验，从而能够更好地激发幼儿阅读和书写的兴趣，并且使幼儿有关早期阅读的经验得到更多的拓展和丰富。在这里，我们尝试举一些较为典型的例子来展现我们在这方面的探索与尝试。

一、语言区

我设计的标志

适合年龄：4～6岁

层次一（4～5岁）

材料准备

1. 日常生活中常见的各种标志图片。（见图2-2-1）
2. 禁令标志和指令标志的底板。
3. 水彩笔、勾线笔若干。

图2-2-1

活动过程

迁移已有经验，利用底板制作禁令标志和指令标志，并用自己的话说一说标志的含义。

层次二（5～6岁）

材料准备

1. 日常生活中常见的各种标志图片。
2. 白色复印纸、彩色复印纸若干。
3. 水彩笔、勾线笔若干。

活动过程

迁移已有经验，自己设计某一个场景中（例如教室中、走廊上、运动场上、马路上、超市里等）所需要的标志，并用自己的话和同伴说一说标志的含义。（见图2-2-2）

图2-2-2

名字我知道

适合年龄：5~6岁

材料准备

1. 在钢琴背面用KT板布置成"名字我知道"展板，其中有组名和插卡袋。（见图2-2-3）

2. 贴有姓名和照片的不同样式的卡片。

3. 与姓名卡配套的字卡。

活动过程

将班级所有幼儿的名字插入对应的卡袋内，并将幼儿的名字补充完整。（见图2-2-4~2-2-6）

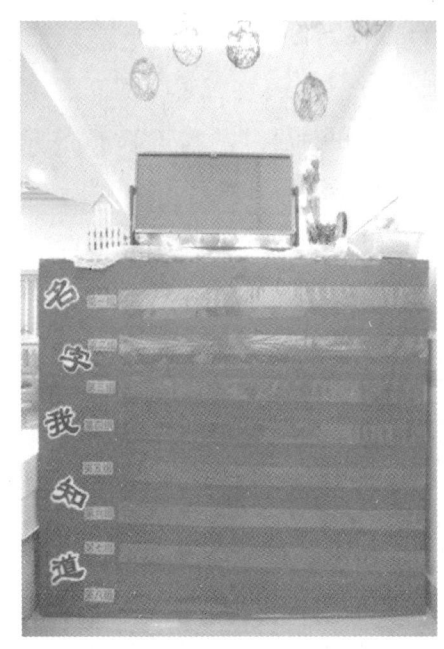

图 2-2-3

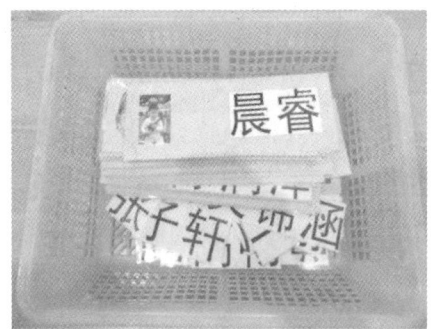

图 2-2-4

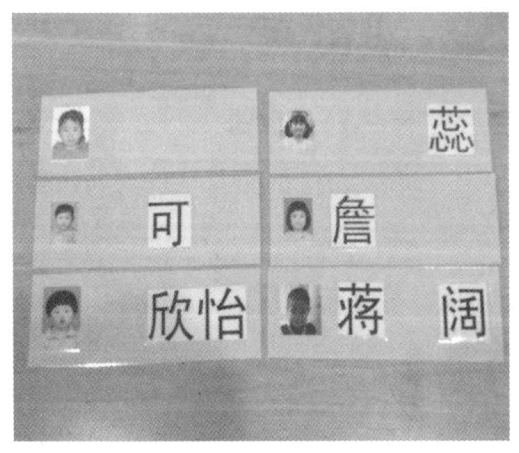

图 2-2-5

图 2-2-6

数一数

适合年龄：3~4岁

材料准备

1. 根据儿歌《数一数》的内容制作影子底板。（见图2-2-7）
2. 与影子底板相匹配的场景和动物的图片。

活动过程

借助图片与影子底板的匹配将儿歌念出来。（见图2-2-8）

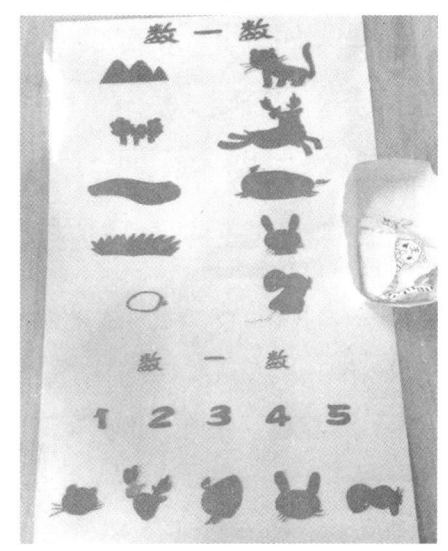

图2-2-7

二、美工区

给妈妈（爸爸）的一封信

适合年龄：4~6岁

层次一（4~5岁）

材料准备

1. 白色复印纸。
2. 已经剪好但还没有粘贴的信封。
3. 水彩笔、勾线笔若干。

活动过程

1. 为妈妈（爸爸）画一幅画，并说几句

图2-2-8

祝福的话，教师帮助幼儿将祝福写下来。

2. 粘贴并装饰信封，并将送给妈妈（爸爸）的画放进信封中。

层次二（5~6岁）

材料准备

1. 彩色复印纸。

2. 信封制作底板（幼儿需要剪贴才能将信封制作出来）。

3. 水彩笔、勾线笔若干。

图 2-2-9

活动过程

1. 用画画的方式给妈妈（爸爸）写一封信，教师帮助幼儿将信的内容用文字记录下来。

2. 观察信封制作底板，利用剪贴的方法制作信封并装饰。（见图 2-2-9、图 2-2-10）

图 2-2-10

有趣的折纸

适合年龄：4~6岁

层次一（4~5岁）

材料准备

1. 教师制作由箭头、数字等组成的大幅折纸步骤图。（见图 2-2-11）

2. 各种颜色的正方形、长方形折纸若干。

3. 水彩笔、勾线笔若干。

4. 白色复印纸。

图 2-2-11

活动过程

在观察教师制作的折纸步骤图的基础上尝试自己将物品折出来。

层次二（5~6岁）

材料准备

1. 幼儿折纸书一本或多本。
2. 各种颜色的正方形、长方形折纸若干。
3. 水彩笔、勾线笔若干。
4. 白色复印纸。

活动过程

1. 挑选自己喜欢的折纸内容，在仔细阅读折纸书的基础上尝试独立将物品折出来。
2. 用添画的方法装饰物品的细节以及画面的情境。

三、科学区

小灯泡亮起来

适合年龄：5~6岁

材料准备

1. 电路说明书若干。
2. 电路元件。

活动过程

在仔细观察电路说明书的基础上尝试组装电路使小灯泡发光。（见图2-2-12）

图2-2-12

四、建构区

世界著名建筑巡礼

适合年龄：5~6岁

材料准备

  1. 各种形状的积木。

  2. 奶粉罐、纸盒、易拉罐等辅助材料。

  3. 介绍世界著名建筑的图书若干。

  4. 白色复印纸。

  5. 水彩笔、勾线笔若干。

活动过程

  1. 阅读介绍世界著名建筑的图书，并用积木和辅助材料将建筑建构出来。（见图2-2-13）

  2. 将自己建构的世界著名建筑画下来，并配上一些介绍和说明。

  3. 将自己的作品展示在建构区中，并与同伴交流分享。（见图2-2-14）

图 2-2-13

图 2-2-14

五、广告公司

创意广告

适合年龄：5~6岁

材料准备

1. 各种颜色的卡纸、彩色复印纸。
2. 水彩笔、勾线笔、蜡笔若干。
3. 透明胶、双面胶、剪刀。

活动过程

为小吃店里的美食或小超市中的物品制作广告，并向顾客做介绍。（见图2-2-15、图2-2-16）

实际上，将早期阅读经验渗透在各类区域活动中还有很多种方式和方法，例如，在益智区中投放层次分明的各类棋类游戏；每名幼儿都有一本属于自己的画本，可以根据自己的需要在美工区里写写画画；幼儿每周末都要利用绘画日记本记录自己一周的生活，并由家长帮助幼儿用文字的形式记录下来，周一带到幼儿园，在语言区中与同伴进行分享，等等。

图2-2-15

图2-2-16

第三节 在班级整体环境中渗透早期阅读经验的策略

创设自由的早期阅读环境的一个重要方面是要使班级的整体环境也渗透早期阅读的经验，从而使幼儿始终沉浸在阅读的氛围中，充分地与文字和符号接触，并根据自身的需要进行写写画画，大胆表达自己的愿望、想法和观点等。只有这样，整个班级环境才是真正的能够满足幼儿发展需要和学习兴趣的自由的早期阅读环境。通过长期的探索和实践，我们总结出了大量的在班级环境中渗透早期阅读经验的策略和方法，在这里，我们尝试举一些较为典型的策略来加以说明。

策略一：将幼儿在主题活动中学习过的儿歌、散文、诗歌等，用图加文的形式呈现在主题墙上，供幼儿进一步学习，并与图画和文字进行充分的接触和互动（见图2-3-1）。主题墙上除了呈现与主题学习相关的照片、图片，还会重点呈现幼儿与家长共同完成的调查表、操作单等。（见图2-3-2）

图 2-3-1

图 2-3-2

策略二：将幼儿和教师共同商议制定的班级规则、各活动区域规则等用图加文的形式呈现在班级各个区域中，作为师幼共同的行为准则。（见图2-3-3、图2-3-4）

图2-3-3

图2-3-4

策略三：由幼儿和家长定期推荐优秀的图书或分享家庭阅读经验，制作宣传海报等张贴在班级中，供其他幼儿和家长进行阅读。（见图2-3-5、图2-3-6）

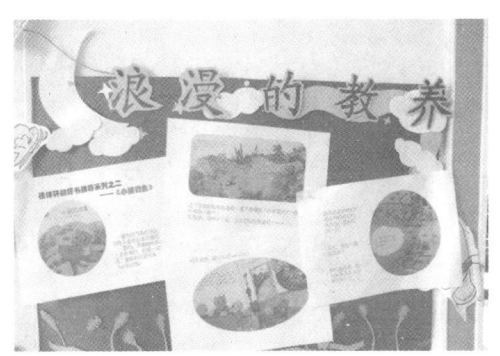
图2-3-5

图2-3-6

策略四：在教室中大量使用幼儿的姓名或幼儿自己的标志，例如，签到牌（见图2-3-7）、日历牌、作品盒、作品墙、储物筐（见图2-3-8）、鞋柜、茶杯架等，帮助幼儿充分地熟悉自己的姓名和标志。

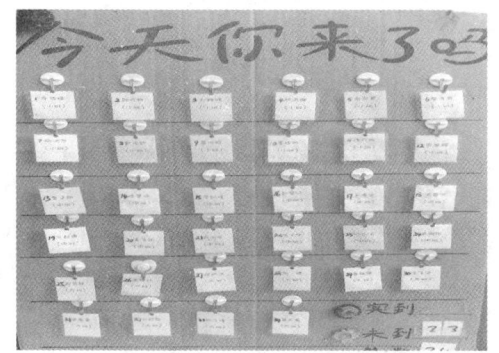

图 2-3-7

图 2-3-8

策略五：每天早上开展晨间谈话，每天下午开展一日总结，鼓励幼儿积极准备与同伴分享的内容并用一句话总结幼儿园一天的生活，教师将幼儿的分享和总结记录下来，做成"晨谈记录表"和"每日一句"表，呈现在教室中供幼儿阅读分享。（见图2-3-9）

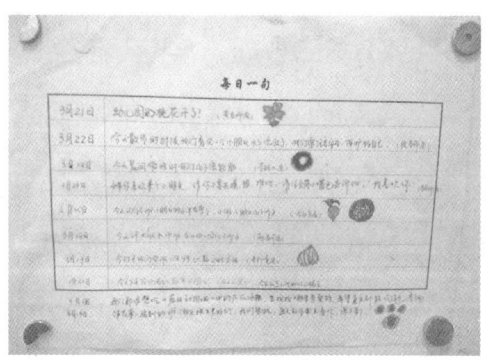

图 2-3-9

第三章
幼儿园创设自由的早期阅读环境的实践探索

第三章　幼儿园创设自由的早期阅读环境的实践探索

为了能够使幼儿沉浸在更加自由的早期阅读环境中，我们不仅在班级层面上营造自由、自主、自发、自律的环境和氛围，还在整个幼儿园中创设自由的早期阅读环境，具体表现在幼儿园一年一度的全园"阅读节"的开展和幼儿园童书馆的建立。在本章中，我们将重点介绍我园在开展"阅读节"活动和打造童书馆过程中探索出的有益经验，以期为读者提供一定的借鉴和启示。

第一节　"阅读节"的实践探索

每年的 4 月 2 日是世界儿童图书日，4 月 23 日是世界阅读日，于是，我园在每年的 4 月 1 日至 4 月 24 日之间开展全园的"阅读节"活动。从 2012 年起，我园已累计举办了五届"阅读节"。从最初的"摸着石头过河"到现在的"初具规模并不断创新"，形成了幼儿、家长参与度高，活动质量高，社会知名度与认可度高的特点。全园教职工精心筹划，通力协作，敢于创新，不断对"阅读节"方案进行修改和调整，不断将最新的理念和实践融入"阅读节"，以期能够调动幼儿、教师和家长的阅读兴趣，使幼儿、教师和家长能够真正地喜欢上阅读，热爱阅读。目前，我园已初步形成了一些组织和开展"阅读节"的有效策略。

一、精心策划"阅读节"活动方案，凸显阅读特色

每年"阅读节"活动开始前，我园都会精心策划活动方案，并力求不断创新。"阅读节"

的活动方案通常包含班级层面的活动和幼儿园层面的活动两个块面，特别关注为幼儿提供丰富、适宜、有趣的阅读活动，满足不同年龄段幼儿的阅读需要；创设包含阅读和图书元素的班级和园所环境（见图3-1-1），以及向家长和社会推广早期阅读的理念和实践，共同建构家园一致的早期阅读氛围。为了"阅读节"活动的顺利开展，针对每年的"阅读节"活动方案，我们都会从活动目标、环境准备、材料准备、部门安排、各系列活动的具体内容与实施、责任人等方面进行统筹安排。

图 3-1-1

二、制作绘本活动展板，展示各个班级开展绘本主题教学活动的脉络

每年的"阅读节"，园部都会在幼儿园最醒目的位置制作展板，用来呈现全园各个

班级开展绘本主题教学活动的过程（见图3-1-2）。各班级的教师不仅会用照片、幼儿作品等形式记录活动开展的过程，还会以文字的形式说明这一主题的来源以及幼儿参与活动的情况。一张张照片、一幅幅作品、一段段说明、一行行记录，不仅使本班幼儿更加清晰地认识了活动开展的脉络，体验到了活动的乐趣，也使其他班级的幼儿了解到了更多有意义的绘本和有趣的活动。每天入园和离园时，都能看到许多幼儿和家长驻足在展板前，观看、阅读、交流，因此，展板的功能不仅在于记录幼儿和教师共同开展活动的过程，它还能增进幼儿与家长、教师，幼儿园与家庭之间的沟通和交流。只有让家长更好地了解幼儿园和班级所开展的活动，教师与家长之间才能更好地形成教育合力，更大限度地促进幼儿的发展。

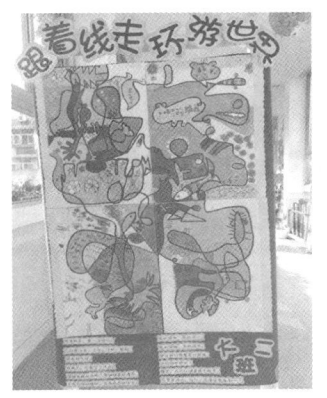  

图3-1-2

三、围绕早期阅读开展专家讲座，引领家长的育儿观念

家长在幼儿教育中起着重要的作用。我们会在"阅读节"活动中邀请相关专家为家长开展讲座（见图3-1-3）。专家用通俗的语言传达正确的阅读理念，用生动的案例向家长传授科学开展早期阅读的策略和方法。除了开展讲座，我们还举办相应的沙龙。

图3-1-3

在沙龙中，家长们自由表达自己的困惑和想法，专家及时进行有针对性的解读，帮助家长厘清相关概念，并提出适宜的做法。家长在与专家面对面交流的过程中，获得了很多有益的经验，自身的教育能力也得到了提升。

四、征集与评选《家庭阅读小报》，推广有益的家庭早期阅读经验

为了让家庭与家庭之间能够更好地进行信息交流与共享，幼儿园以"阅读节"为契机，在全园范围内征集家长和幼儿共同制作的《家庭阅读小报》。《家庭阅读小报》的征集与评选活动得到了家长和幼儿的积极响应。家长与幼儿一起以照片、图片、绘画、文字、手工制作等多种形式，展现家庭早期阅读的环境与氛围，幼儿在家中开展早期阅读的情景，以及幼儿和家长交流阅读心得等内容。幼儿园将征集来的《家庭阅读小报》进行集中展示，供幼儿之间相互欣赏，家长之间相互观摩、借鉴（见图3-1-4）。一张张《家庭阅读小报》传递的其实是一个个家庭的阅读文化。通过展示、欣赏与观摩《家庭阅读小报》，促进了不同家庭之间早期阅读经验的分享与交流，使更多有益的家庭早期阅读经验在家长的心中生根发芽。

图 3-1-4

五、开展"图书漂流"活动，共享阅读心得与体会

"图书漂流"是一段奇妙的旅程，这种好书共享的阅读方式，让"知识因传播而美

丽"。我园借鉴这种形式,在"阅读节"中开展了"图书漂流"活动。园部为每个班级准备了精美的漂流信笺和漂流盒(见图3-1-5);幼儿和教师共同选择想要漂流的图书,每名幼儿在漂流图书中选择自己想要阅读的图书,用标记记录下来;幼儿把漂流盒(装有漂流图书和漂流信笺)带回家,和家长一起阅读,阅读后,家长以文字形式把幼儿的理解和感受记录下来,同时,幼儿也可以用图画的方式记录自己的理解和感受;幼儿把漂流盒带回幼儿园,然后再传递给下一位幼儿。在所有幼儿都进行过"图书漂流"活动后,教师制作"漂流信笺"展示墙,将幼儿和家长共同"书写"的漂流信笺展览出来(见图3-1-6),教师和幼儿一起阅读。最后,教师将同一本书的漂流信笺装订成册(见图3-1-7),制作成精美的漂流本放在童书馆,供其他幼儿阅读。图书的"漂流"使得每一名阅读同一本书的幼儿有机会了解别人在阅读这本书时的所思所想,而这种不同阅读体验的分享则会给幼儿带来不一样的阅读感受和体验。

图 3-1-5

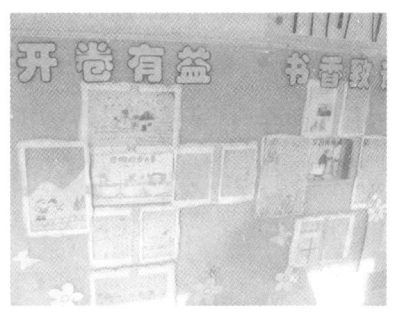

图 3-1-6

图 3-1-7

六、发起"为爱发声"亲子朗读活动

在第四届"阅读节"中,我园发起了"为爱发声"亲子朗读活动,得到了全园幼儿与家长的热烈响应。"为爱发声"亲子朗读活动以家庭为单位,幼儿与家长在共同阅读一本绘本后进行分角色朗读,家长利用各种方式将朗读

图 3-1-8

内容录制下来,并将录音传给班级教师,教师将幼儿与家长录制的朗读录音作为班级资源,在"师幼共享阅读时光"等环节中播放给幼儿听。

"为爱发声"亲子朗读活动还成了一种爱的传递。班级教师在将亲子朗读录音上交至幼儿园后,幼儿园将这些录音作品上传到幼儿园网络资料库,并定期在幼儿园微信公众号中推送,家长们可以从网络资源库中下载,也可以在线收听。幼儿园还将这些有声作品汇制成了光碟(见图3-1-8),通过江苏人民广播电台,向所有爱阅读的家庭传播。同时,幼儿园还将这些光碟赠送给盲校学生,在帮助盲校学生拓展阅读范围的同时,也使他们感受到了社会各界的关怀,感受到了爱的温暖。"为爱发声"亲子朗读活动被江苏省、南京市多家主流媒体报道,得到了社会各界的广泛关注和高度肯定。

七、幼儿自制绘本

结合绘本主题教学,各班级经常会在区域中开展以绘制故事、手工制作为主的活动,引导幼儿进行故事联想、故事创编、故事创作。在我园第五届"阅读节"中,我们开展了幼儿自制绘本的特色活动。在绘本主题活动中,幼儿根据绘本内容,延伸出集体创作的故事,如在主题"蜘蛛日记"活动中,幼儿集体创作了《小蜘蛛的冒险日记》;在主题"勇敢的面条"活动中,幼儿把自己制作面条的过程记录下来,绘制了《面条奇遇记》。更多的幼儿,把自己所想象的故事内容,创作到自己的故事中,他们的原创作品,稚嫩而童真,展现了儿童的思维和无限的想象。幼儿园把师幼商讨后推荐的幼儿原创绘本故

图 3-1-9

事,进行设计、装帧、印刷,制作成绘本,放置在童书馆,供大家借阅(见图 3-1-9)。读者们为这些原创作品赞叹喝彩,也激发了其他幼儿尝试绘制原创故事的愿望。幼儿园"阅读节"为幼儿提供了平台,让幼儿的思想看得见,帮助他们实现更多的可能性,这也是幼儿园"阅读节"的意义所在。

八、举办"阅读之夜"活动,将"阅读节"活动推向高潮

2016 年 4 月 23 日的世界阅读日这天,省一幼举办了一场特殊的活动。在夜色中,幼儿和家长们一起,在操场上支起帐篷,赏着月亮,数着星星,共同品味书香,开展了一次以亲子共读为主题的浪漫活动——"星星下的约会——阅读之夜"。(见图 3-1-10)

图 3-1-10

整个活动以照片呈现、绘本剧表演等形式回顾了 2015 年第四届"阅读节"开展过程中的精彩花絮。如梦如幻的舞台效果和现场氛围，拉近了阅读与幼儿、教师和家长之间的距离，满天繁星下幼儿与家长在帐篷里共读一本绘本的环节也给幼儿、教师和家长带来了前所未有的阅读体验。新颖的活动形式，温馨的活动氛围，深刻的活动立意，"阅读之夜"活动将整个"阅读节"推向了高潮，也在全园范围内掀起了一场"爱读书，多读书，读好书"的热潮。

九、附第五届（2016 年）"阅读节"活动方案

（一）活动主题：爱·阅·读

播下一粒种子，收获一份希望，如果这粒种子是阅读，收获的将是智慧，如果这粒种子是爱，收获的将是满满的甜蜜和快乐。

我——爱阅读，我——爱和老师一起阅读，我——爱和爸爸妈妈一起阅读，我还爱——成为播种爱的人。

让我的这份爱，载着智慧、托着甜蜜、串起快乐，传递给渴望阅读的好朋友们！

让爱飞扬，就从阅读开始。

（二）活动时间

4 月份三周时间（4 月 1 日—24 日）

（三）环境创设

布置"图书漂流"主题展台以及"阅读节"活动宣传展板（大展板：4 月 1 日，主题展示台：4 月 10 日），在幼儿园大屏幕上进行滚动宣传。（负责人：部门负责人）

（四）活动版块

1. 绘本主题课程

2. 课程延伸活动——偶戏巡演

3. "图书漂流"

4. "为爱发声"

5. "星星下的约会——阅读之夜"

6. 推荐"阅读节"观摩班级

（五）活动内容

1. 绘本主题课程（负责人：各部门分管领导）

时间：4月1日—24日

园部提供往届"阅读节"上汇总的各班级绘本主题活动教案，教师按照幼儿年龄段进行选择，并在班级开展绘本主题教学实践，完善主题方案，教学开展周期为2~3周。

园部拟定绘本主题教学方案的书写格式，经班级实践并进行调整后，按照格式进行书写、整理活动文稿，"阅读节"结束时上交。

选择优秀活动方案，编入园部《绘本主题活动方案》集册。（请各班长把关文稿质量，提交给各负责人，负责人统整、督促、修改、完善）

观摩国际部绘本主题区域活动（4月17日）。

2. 课程延伸活动——偶戏巡演（负责人：各年级组长）

时间：4月20日—24日

结合绘本主题教学，开展区域延伸活动。在班级区域中开展以手工制偶为主的活动，引导幼儿进行绘本偶戏表演。

国际部——缝制桌偶，偶戏表演，进班巡演。

中大班——选择油泥、超轻黏土、纸质等材料制偶，进行各种形式表演。

天使、托小班——亲子绘本表演。

（提醒：选择幼儿成熟的作品，录制视频，作为教学资料）

3. "图书漂流"（负责人：各班班长）

时间：4月1日—24日

班级以往届"图书漂流"活动的形式，用读书信笺、绘本、漂流盒相结合的方式进行"漂流"，保证活动期间，每位幼儿都有机会被传递到。活动结束时教师把漂流信笺装帧集结成册，交由园部汇总展示留存。

教师根据班级幼儿年龄特点选择漂流读本，托班、小天使班每班4本以上，中、大、国际班每班 6 本以上。

4. "为爱发声"（负责人：后勤园长）

时间：4 月 1 日—17 日

宣传动员家长，积极参加"为爱发声"亲子朗读活动。邀请资深故事妈妈走进我园，开办一期绘本阅读讲座，传授绘本朗读技巧和注意事项，辅导家长学习录制高质量有声作品的方法。

在班级里积极动员，以家庭为单位，亲子共同完成一部绘本阅读（最好是我园童书馆内藏书），并把阅读的作品进行亲子分角色朗读、录音后，以 MP3 格式上传至班级，作为班级资源，播放给幼儿听，班级推选 2～3 个优秀作品给园部。

"阅读节"活动结束时，班级把家长录制的有声资料上传至资料室和幼儿园网站，便于日常阅读活动选用。

5. "星星下的约会——阅读之夜"（负责人：园长）

拟定于 4 月 23 日开展"星星下的约会——阅读之夜"活动，借此把阅读节推向高潮。

时间：晚上 7 点—8 点

地点：园内大操场

环境：各家庭支起帐篷，园部提供投影仪播放"阅读节"活动精彩花絮

参加人员：全体幼儿、教师及家长，南京盲校学生

让我们相邀于月夜，一同赏着月亮，数着星星，为来自南京盲校的孩子们，分享我们心中的美丽故事，同时为"为爱发声"获奖家庭颁奖，并把优秀作品录制成碟赠予盲童，让阅读与爱一齐飞扬。

6. 推荐"阅读节"观摩班级（负责人：业务园长）

时间：4 月 27 日—30 日

推荐班级环境、区角、论坛等中均有体现绘本主题活动、"图书漂流"、偶戏巡演、"为爱发声"活动轨迹。（分天使、托小班、中大班、国际部进行观摩后，推荐给全园观摩）

第二节 幼儿园童书馆的实践探索

近年来,随着少儿出版市场的日益发展,和家长们对幼儿早期阅读的日益关注,大量的儿童读物开始走进千家万户,幼儿和家长们对于绘本等儿童读物的需求量也越来越大。我园是一所历史悠久的幼儿园,在几十年的发展历程中,一直以幼儿语言教育作为课程的主要特色,并围绕着幼儿的语言发展和幼儿园语言领域的教育教学开展了长期扎实的研究。正是基于这两点,我园在课题研究的过程中于2012年集全园之力开设了儿童图书馆,取名童书馆。经过近5年的实践探索,我园在童书馆日常运营和管理方面积累了一些有益的经验和方法。

一、幼儿园童书馆的定位

童书馆,顾名思义,就是为儿童开设的图书馆,而幼儿园童书馆,就是幼儿园内开办的专门供幼儿阅读的图书馆,它服务的对象就是幼儿园的幼儿。与此同时,童书馆还负责向家长宣传早期阅读信息和知识,引领家庭亲子阅读实践,以及为全园早期阅读教学活动的开展提供支持。

二、幼儿园童书馆的社会性价值

为幼儿提供儿童图书馆、儿童博物馆等基础文化设施,是文明社会基本的职能和任务之一。在我国,受社会经济和文化发展水平的限制,特别是受人们对幼儿发展及幼儿社会教育的认识的影响,真正的儿童图书馆和儿童博物馆为数不多。因此,在有条件的幼儿园建立儿童图书馆,对满足在园幼儿的阅读需求就显得极为重要。童书馆虽建立在幼儿园内,但对家庭、对社区的辐射能够在一定程度上增进整个社会对儿童阅读的关心和重视,对"书香社会"的建立具有一定的推动作用。

三、幼儿园童书馆的使用性价值

1. 童书馆与图书区（角）的区别

在幼儿园中，几乎每个班级都有图书区（角），那为什么还要建立童书馆呢？这主要是因为，童书馆与班级图书区（角）给予幼儿的阅读体验是不完全相同的，它们对幼儿发展所起到的作用也是不完全相同的。童书馆和图书区（角）的区别主要体现在以下几个方面。

（1）硬件条件不同

班级图书区（角）是整个教室中较为安静、温馨的一块区域，这块区域里往往摆放着若干个书架、书柜或书橱，书架、书柜或书橱上则陈列着几十本图书，这几十本图书与班级幼儿人数的比例几乎是1:1，有的班级甚至更少。图书的更新速度也较为缓慢，往往是一学期，甚至是一学年才能有几本新书的加入。由于班级空间所限，进入图书区（角）同时开展阅读活动的人数往往也是受到限制的。

童书馆是幼儿园建立的，空间比较大，藏书量更是图书区(角)的几十倍，多达几千本。童书馆轮流向班级开放。幼儿可以和家长一起在馆阅读，也可以将图书借回家阅读。

（2）幼儿阅读的专注度不同

在整个教室环境中，图书区（角）只是众多区角之一，在专门的区角活动时间段向班级幼儿开放。尽管教师会将图书区（角）安排在一个相对而言较为安静、不太受干扰的位置，但与众多可以走动交流的区角相比，图书区（角）的处境还是比较"尴尬"的。观察幼儿在图书区（角）开展阅读活动的情况就会发现，幼儿进入图书区（角）后往往翻翻书、说说话，并时不时地关注周围正在开展其他区角活动的同伴，幼儿之间相互交流的内容也往往与阅读的图书无太大的关联。也许图书区（角）受到幼儿的喜爱，正是由于这里的轻松、愉悦、不受约束，但这样一来，图书区（角）就变成了休闲区（角），与享受阅读、沉浸阅读的初衷大相径庭。也有的班级图书区（角）给幼儿的限制较少，只要幼儿有意愿，在非教学活动时段都可以进入，但幼儿真正能够自己将一本书看完的机会还是比较少的。

而当幼儿进入童书馆后就仿佛进入了一个图书的海洋，阅读的世界。在这里，所有的人都只做一件事，那就是阅读。没有游戏时的嘈杂，也没有其他活动时的频繁走动，有的只是认真地挑选图书、专注地阅读图书、细细地品味图书、轻声地交流着与图书相关的话题。在这样的阅读氛围的影响和感召下，渐渐地，幼儿会越来越关注图书，越来越专注地阅读图书，对图书和阅读的兴趣也会越来越浓。

（3）教师的指导不同

在班级进行区角活动时，教师的指导重心往往是观察幼儿的活动情况，或是留心幼儿交流频繁的区域，而图书区（角）往往是最容易被忽视的地方，只要教师没有发现幼儿出现纠纷，就可以了。

幼儿进入童书馆开展阅读活动时的情况就不同了。幼儿进入童书馆后，由班级教师和专门的图书管理人员一起对幼儿的阅读情况进行指导，如推荐好书、个别交流、答疑解惑等。也有的教师会选择一本适合全班幼儿的图书朗读给大家听。总而言之，在童书馆里，教师对幼儿的阅读指导卓有成效，这是因为，在童书馆环境中，教师对幼儿阅读情况的观察会更加细致、投入，而教师的指导则都聚焦在了幼儿的阅读情况上。

2. 童书馆与阅读室的区别

不少幼儿园都有自己的阅读室，班级幼儿轮流进入活动，室内的藏书也较多，有专门的教师进行日常管理。较之童书馆，其差异主要体现在藏书量和图书种类，以及图书的更新频率上，特别是阅读室只向班级、幼儿开放，呈封闭式，而童书馆则呈开放式的模式，有家长的参与。图书可以借回家阅读让阅读活动真正深入到幼儿的生活中，让阅读成为幼儿生活中不可或缺的一种习惯，也让阅读成为连接幼儿园和家长的纽带。

四、幼儿园童书馆场馆的建立

1. 场地规划

童书馆设立在幼儿园的入口附近，方便家长和幼儿借阅图书。

图 3-2-1

2. 室内布局

童书馆整体设计风格简洁大方、温馨舒适、宽敞明亮。（见图 3-2-1）

童书馆分为内外两间。在童书馆内，墙边设立了大面积的陈列架，房屋中央则摆放高低错落的隔架，其高度与幼儿的身高及视线相符，陈列架的造型各异，方便幼儿自主查找图书。馆内还布置有休息区，供家长和幼儿坐下来舒适地阅读。空间布局留有幼儿走动的通道。绿色植物点缀其中，使得整个阅读空间更加温馨怡人。

3. 图书来源

书籍的购置是一笔不小的投入，这让有些幼儿园望而却步。其实，分几步走，化整为零，集多方力量，这个问题是可以解决的。

（1）自筹：有实力或是有财政拨款的幼儿园可以申请经费，或是申请部分经费。

（2）捐赠：在幼儿的节日里，会有很多社会机构、单位团体和个人走入幼儿园，此时就可以适当地表达捐赠的需求。毕业班幼儿也可以在毕业时给母校捐赠图书。

（3）合作：和图书发行企业合作，做到互惠双赢，让童书馆藏书更加丰富。

4. 图书选购

应从质量、数量和需求三方面对图书进行把关。童书馆应储备足够的图书，并建立图书更新机制，保证幼儿能够进行可持续的、广泛的阅读。

5. 图书摆放方法

图书摆放方法可以分为陈列式和归类式两大类，具体可分为以下 5 种。

（1）平放式摆放：封面对外陈列，幼儿可以很容易地观察到书籍的封面和书名。这种形式适合摆放向幼儿重点推荐的图书，或是低龄段幼儿经常选择的图书，但这种图书摆放形式占用空间较大，建议和其他陈列方法综合运用。

（2）立放式摆放：成册的书立着放，书的侧面对外。这种摆放方式，适宜在书架的较高处使用，方便家长按目录进行图书查找，取放图书。这种摆放方式占据的空间也较小。

（3）主题式摆放：将图书按照不同的内容主题进行分类，例如，与情绪有关的书、与生命有关的书、与友谊有关的书、与成长有关的书等。同一主题的书集结在一起摆放，有利于读者有针对性地选取。

（4）按年龄段分类摆放：将适合相同年龄段幼儿阅读的图书摆放在同一区域内，这样可以使幼儿在选书时更加直观明确，指向性也更强。

（5）按照图书的作者摆放：这种摆放方法可以帮助幼儿在阅读的同时关注到作者，从而引导幼儿感受不同作者的创作风格。

当然，图书陈列方式多种多样，可根据空间、场地、图书数量等因素综合考量。

6. 管理制度

（1）运用软件管理

我园童书馆在日常运行和管理的过程中使用了一整套图书馆管理系统软件，这套管理系统软件的运用使得童书馆的日常运营和管理更加现代化、规范化、科学化、便捷化。

童书馆每月会运用管理软件整理出"幼儿借书量排行榜"和"图书流通排行榜"，帮助图书管理员了解各班级幼儿阅读状况以及分析幼儿喜爱的图书特点。经数据分析，截至 2016 年 10 月，已有数名幼儿累计借阅图书的次数达到 700 次以上，其中，借阅次数最多的幼儿达到了 775 次。例如，从 2013 年 9 月 1 日到 2014 年 6 月 30 日统计的数据显示，共有 530 人到馆借阅，到馆率为 94.31%，共借书 37 183 册，图书流通率为 469.423%，借阅最多的班级共借阅图书 3 108 本，相当于人均借阅 107.17 本。由此看来，童书馆对全园幼儿的辐射作用还是十分明显的，全园幼儿对童书馆的利用率也是比较高的。

（2）图书借阅制度

结合幼儿园自身状况，我们制定了详细的借阅制度，规定了童书馆的开放时间、会员卡办理流程、图书的借阅数量及时长、人员进入童书馆的要求，以及图书的保管赔偿等细则，以规范幼儿和家长的借阅行为。

（3）图书消毒管理

图书的消毒也不容忽视。为了避免图书流通过程中可能产生的卫生隐患，童书馆购置了图书专用消毒柜，每天定时采用紫外线消毒的方法为图书消毒，尽量减少对图书造成的伤害，并利用臭氧进行空气消毒。

五、开展丰富多彩的阅读活动

童书馆是幼儿园一道独特的风景线，幼儿园经常借助童书馆这个平台，以各种形式开展阅读推广活动。

每周，童书馆的负责教师都会在童书馆门口贴出新书推荐，并附上图书封面照片和文字介绍。与此同时，幼儿园网站和幼儿园微信公众号也会进行同步宣传，以吸引更多的幼儿和家长借阅新书。对于那些不经常到馆借阅的会员，童书馆的负责教师会制作专门的邀请卡，并通过班级教师，将邀请卡交到这些小会员和家长的手中。

每一学年结束时，童书馆的负责教师都会将"图书流通排行榜"和"幼儿借书量排行榜"整理出来，张贴在童书馆外，供读者了解。对于借阅量较大的幼儿，童书馆还会给予他们特殊的"精神激励"，例如，优先邀请他们参加幼儿园的早期阅读活动。

童书馆的负责教师还会邀请一些经常到馆借阅的小朋友和家长撰写阅读心得，并将这些阅读心得张贴在童书馆中，与其他幼儿和家长分享。

对于不同幼儿为什么爱借同一本书，为什么幼儿喜爱借阅画面文字少的图书等困扰家长的问题，童书馆开辟了"小问答"专栏，引导家长关注幼儿阅读的年龄特点及需求，帮助家长成为能够读懂孩子的人。

童书馆不仅是借书的地方，也是听故事的好地方。每天，都有不同的家长志愿者到馆（见图3-2-2），为幼儿朗读故事，馆内提供了象征"故事大王"荣耀的大圆椅，志愿者坐在这张特殊的椅子上，幼儿便知道故事要开讲了，围拢过来，在志愿者准备好的故事讲完之后，小听众们还意犹未尽，递上自己借阅的书，"故事大王"便继续讲下去，这里也成了幼儿视、听、阅的乐园，最大化地发挥了童书馆的价值。

图 3-2-2

第四章
班级开展绘本主题教育活动的实践经验

第四章　班级开展绘本主题教育活动的实践经验

第一节　绘本主题活动方案的生成与建构

一、课程的来源

随着绘本逐渐进入人们的视野，关注阅读的人们发现，作为阅读素材，绘本蕴含着丰富的教育资源——不仅有丰富的情感、美学和人生哲理，还几乎涵盖了儿童生活、成长等方方面面的内容，并且常常能触碰到读者群——孩子们的情感深处而引起共鸣。于是，教师喜爱选择绘本来开展教学研讨活动，教研团队在研讨活动中对绘本的选材、分析、教学目标的制定以及教学策略的运用，让教师充分感受到小绘本中的大学问。

在我园每月开展的班级绘本教学活动中，教师更是精挑细选作品展开教学，分享彼此的收获。在我园的童书馆里，幼儿可以每天借阅两本绘本，回家和父母一起阅读，一起交流。而班级开展的每日"快乐阅读时光"中，幼儿也喜爱选取绘本，让教师给大家朗读分享，感受阅读的快乐。

在省一幼浓浓的阅读氛围中，在班级的阅读角里，常常可以看到，幼儿对教师、家长朗读过的绘本故事特别感兴趣，会反复翻看、阅读，他们对故事中的人物、情节、画面有着自己的关注方式，喜爱和同伴交流自己的观察、发现和联想。

绘本故事吸引着幼儿，绘本故事教学被教师所认同，而一本绘本内涵盖的多样化元素，仅仅靠开展一两节语言领域的教学活动，是无法被逐一挖掘、体现的。为加深幼儿对绘本内容的深层次理解，满足幼儿的认知和需求，我们运用了绘本主题活动的形式开展教学，结合绘本中的多样化内容，与各领域结合和渗透，把绘本内所能给予幼儿的见闻、思想、感悟，随着幼儿的探究欲望和故事的情感历程，逐一展开在各领域活动中，也就是从绘本中来，到主题中去，从绘本中来，到领域中去，促进幼儿全面、整体地发展。

二、主题与领域的结合

以幼儿为教育对象的幼儿园课程，要求教育者更多地关注个体儿童的发展水平。因此，幼儿园课程的首要特点是个体适宜性，幼儿园课程应努力做到适合个体幼儿的发展，注重儿童个体身心发展的需要，而不是更多地强调社会需要和知识体系。针对整体性，"完整儿童"已成为现代幼儿教育的新观念。幼儿园课程作为培养完整儿童的载体，要致力于促进幼儿的全面协调发展，而不是孤立地、片面地发展儿童某一方面的技能。针对实践性，由于幼儿认知发展的局限，幼儿园课程注重的是儿童直接经验的获得，而不是间接知识的传授。幼儿园课程实践较多采用活动的形式进行，让幼儿运用感官进行生动的生活实践，从而积累直接经验。[1]

绘本故事往往以情感发展变化的内容居多，主题活动会在情感态度方面不断挖掘，因而容易在语言以及社会等领域产生较多内容，如果我们以幼儿原有经验与主题内容相结合为开端，主题的深入与幼儿现有需求相促进，主题的升华与幼儿的个体发展相结合，这种只侧重主题的建构课程设置模式，其结果就会形成重视幼儿在主题中的感受以及发展，却很难把握住在主题建构中幼儿发展的均衡性和整体性。

领域是知识和经验的一种组成方式，领域具有综合性和操作性的特点，幼儿教师这个实践群体，熟知领域的特征，并且熟知不同年龄段幼儿发展特点和学习特点，这些都为幼儿个体化和整体性发展奠定了基础，那么在个体化、整体发展、实践性并存的课程理念下，主题和领域的凝结便能更好地落实初衷。

主题与领域的结合，是指该主题内容中的某些知识点，与某领域的核心目标相吻合，能更好地开展实施，从而促进幼儿的全面发展，这个结合不是想当然和随意的结合。在

1.香坊区早教中心.如何将幼儿园课程的领域与主题相结合.哈尔滨市香坊区教育新政网,2014-9-3.

绘本主题活动中，绘本教学活动的核心与语言领域中的早期阅读活动相吻合，针对早期阅读的核心目标、幼儿的年龄特点，结合主题绘本的特点开展的教学活动，能更好地带领幼儿与绘本互动和碰撞，引导幼儿再次阅读、再次理解，能不断激发幼儿探究感兴趣的主题活动，这也就是主题与领域结合的优势所在。

一本绘本故事里拥有丰厚、独特的教育资源，开展主题活动时，不仅可以开展语言领域活动，还可以从绘本中挖掘其中的某些元素点，结合领域特点开展活动，使得主题内容更加丰富和有趣，从而促进幼儿均衡发展。

领域与主题结合，在保持自身系统性的同时，也会产生横向联系。如绘本故事中针对勇气这个点，可以开展健康领域中的体育活动，帮助幼儿在身体运动中战胜困难、产生勇气，也可以在社会领域中开展教学，帮助幼儿与更多的同伴携手获得勇气。即主题中的一个元素点，可以横向开展多个领域的活动，从而帮助幼儿不断深入理解主题，更好地攫取主题内涵。

三、主题总目标和网络图

《3~6岁儿童学习与发展指南》（以下简称《指南》）中，给我们梳理出了五个领域的32个目标、87条建议，让我们知道了三个年龄段的幼儿，应该知道什么，能做什么，大致可以达到什么发展水平，从而帮助教师进行合理预期。《指南》还明确提出要重视幼儿的学习品质，幼儿在活动中表现出的积极态度和良好的行为倾向，是终身学习和发展的必须品质。[1] 这些都为我们主题目标的设置提供了理论依据。

我们依据《指南》，从幼儿园五大领域的活动目标和幼儿学习品质这几方面，结合主题开展的核心价值综合提出绘本主题活动的总目标设置。

在网络图中，我们把主题活动依据五大领域画出分支，结合主题中的每个领域开展相应活动。在主题框架建构中，教师依据框架，把握领域的均衡性，同时，从主题出发，

---

1. 中华人民共和国教育部.3-6岁幼儿学习与发展指南[M].北京：首都师范大学出版社.2012.

关注领域特点，追随主题的发展。

在主题开展前期，教师们已先预成了一些与主题结合的领域活动，但是这不是完整的主题活动框架，后面随着主题活动的开展，针对幼儿关注的热点，追随幼儿的兴趣和发展，教师会继续生成活动，从而把主题框架丰富起来，建构成完整的主题网络。

在网络图中，能看到领域分支下面有两种文本框：预成活动为实线框，是教师在活动之前，根据绘本中幼儿已有的经验和兴趣点创设的活动；而生成活动为虚线框，是教师追随幼儿在活动进行中生成的活动。

从主题行进中不断建构和完善的网络图，能看到幼儿在主题活动中的主导地位，也能看到教师在活动中的引领、追随以及支持作用。

四、课程的实施

1. 教学目标的确定

教学活动目标一般从三个方面确定：第一条为重点目标，针对该领域的核心价值，提出本教学活动的目标，一般是认知、技能上的发展目标；第二条为教学中的方法和策略，主要是解决活动中的重难点；第三条从情感、态度、社会性、学习品质等角度来提出。

活动中的重点是从教师的预期出发，反映该活动的核心内容，体现活动的价值。即活动开展过程中最能帮助到幼儿的部分，一般就是活动重点目标内容。

活动中的难点是教师在了解幼儿实际水平的基础上提出来的，从幼儿的发展现状出发，反映本班幼儿在该活动中难掌握的内容，需要教师在活动过程中加以引导。这点，也就要求教师要在日常生活中多关注幼儿、观察幼儿、了解幼儿，树立正确的儿童观。

在主题实施过程中，教师对每次活动的教学目标，特别是对核心目标的准确把握，可以帮助幼儿对绘本主题内容不断深入理解，而对各活动的核心目标的汇总，能让我们更清楚地看到幼儿在主题活动中的需求脉络。

2. 教学组织策略

教学活动中，活动过程体现了教学目标的落实程度，反映了教学活动的主要步骤。

在活动过程中，最需要明了的是运用了哪些教学策略以及落实教学目标的具体方法。

在绘本主题活动方案中，运用了关键性提问、交流、小组合作、操作、表演、参观、总结等策略来展开教学。第一次教学活动的开展一定是绘本教学活动。教学中，会运用自我阅读、亲子阅读、分段阅读、问答、画面观察、猜想、回顾等策略，引导幼儿大致了解绘本故事情节，对故事画面直观感受，对主要人物初步认识，从而揭开绘本主题活动的序幕。在随后的主题活动中，逐步渗透其他领域的内容，结合领域的特点，运用相应的教学策略，帮助幼儿对绘本主题深入探究。

每一节教学活动中，教学策略的运用要合理组合和搭配，一节教学活动中的教学策略以不超过三种组合为宜。

在主题活动的开展中，区域以及小组化的组织活动尤为重要，这些活动让幼儿更加独立自主，对绘本主题的开展也有进一步探究的欲望。此时，教师是一名观察者，要关注幼儿对主题的需求，捕捉幼儿的兴趣点，从而更好地建构主题走向，生成更多适宜本班幼儿的活动。

3. 环境材料

环境是最好的老师，因此，在主题活动开展期间，班级环境的布置也很重要。主题墙，应以班级主题活动开展过程性的记录为主，尽量展现活动的脉络，同时专门辟出幼儿作品展示区，鼓励和肯定幼儿在主题活动中的自我展现。

环境布置的方式方法也不同，有张贴、悬挂、集中摆放、介绍说明等，应结合各班级的环境格局，合理利用布置。

区域设置包括了建构区、图书区、语言区、美工区、生活区、益智区、科学区、数学区、运动区等，每个班级要针对本班开展的绘本主题内容，选择不同的区域开展活动，遵循从绘本主题中挖掘、以幼儿的需求为主的原则。

在材料准备中，教师可以和幼儿一起收集，可以一物多用，也可以为幼儿提供半成品材料等，但材料应以低结构为主，归类摆放，方便幼儿自由选取。

五、主题活动的总结

绘本主题的开展，遵循了幼儿身心发展需求，满足了他们的认知意愿。在活动中，各领域多元素的结合，促进了幼儿整体的均衡发展。

在活动中，我们主要以幼儿和家长的亲子互动来关注幼儿的个体发展情况，以评价幼儿的发展水平。

在活动开始以及过程中，我们运用亲子调查问卷，帮助教师了解幼儿对该主题的认知状况，同时也帮助家长了解绘本主题活动的概况。在主题活动结束时，家长就绘本主题开展阶段中幼儿与家长互动的行为，用文字记录的方式提交给班级教师，这样教师和家长从中都能看到、感受到幼儿在主题活动开展中的成长和变化。

主题活动方案结尾处，我们开辟了"我和爸爸妈妈的话"栏目，把有代表性的亲子互动内容呈现出来，给此方案一个更好地回应，也帮助施教者更好更全面地评价此主题方案，以便后续能不断地修改和完善。

第二节 绘本主题活动方案集锦

方案一：小班绘本主题活动"小黄和小蓝"

一、心动之源

李欧·李奥尼的经典绘本《小蓝和小黄》是一本无字绘本，通过丰富的画面描述了一个有趣的故事：两个好朋友"小蓝"和"小黄"在一起玩，相互抱一抱后，他们都变成了绿色，回到家，爸爸、妈妈都不认识他们了，于是他们伤心地哭了起来，有趣的是泪珠又让他们变回了原来的自己。曲折的情节、常见的场景、惊奇的变化，是这本绘本带给小朋友的好玩、新奇的体验。

小班的幼儿年龄较小，他们对那些文字简单图画丰富的绘本更感兴趣且更易理解，而无字绘本的特点便满足了小班幼儿的这种需要。这本绘本的图案虽然简单，但画面却能给幼儿丰富的想象空间，有的图案像苗条的妈妈，有的像可爱的笑脸……这些简单的图案在想象中变得生动、亲切，充满生活的乐趣，也如一把钥匙打开了幼儿想象的空间。

绘本中的小蓝和小黄相结合就会产生绿色，这种奇妙的现象也让幼儿感到好奇，他们很想知道这是不是真的，为什么会这样，其他颜色合起来是不是还会变出更多颜色呢？他们渴望走进色彩世界里探寻更多的奥秘。

幼儿的兴趣与需要都将在这个绘本主题的学习中一一得到满足，他们将会了解颜色的丰富变化，也将在生动有趣的绘本故事中，大胆想象，创新思维，并在阅读中感受和好朋友一起游戏的快乐，获得成长和进步。

二、主题总目标

1. 喜爱阅读绘本故事，认识蓝色、黄色，理解故事中有趣的情节，能简单地复述故事内容。

2. 能跟随熟悉的《找朋友》音乐做相应的身体动作，在游戏中巩固对蓝色、黄色的认识，"小蓝"和"小黄"愿意互相找朋友一起跳舞。

3. 喜欢并愿意参加手指点画活动，能在指定的范围内用各种颜色表现五彩糖，感受色彩丰富的美，体验玩色的乐趣。

4. 对蓝色与黄色混在一起会变成绿色这一现象感兴趣，能在制作彩色棒棒糖与蓝色、黄色水混合实验中自由探索与验证，体验变化与操作的乐趣。

5. 初步认识除蓝色、黄色以外更多的颜色，能在"送糖果"与"水果回家"的活动中巩固对颜色的认识。

6. 愿意结交好朋友，知道好朋友之间要友爱相处、互相关心和帮助，感受与好朋友一起游戏的快乐。

三、主题开展网络图

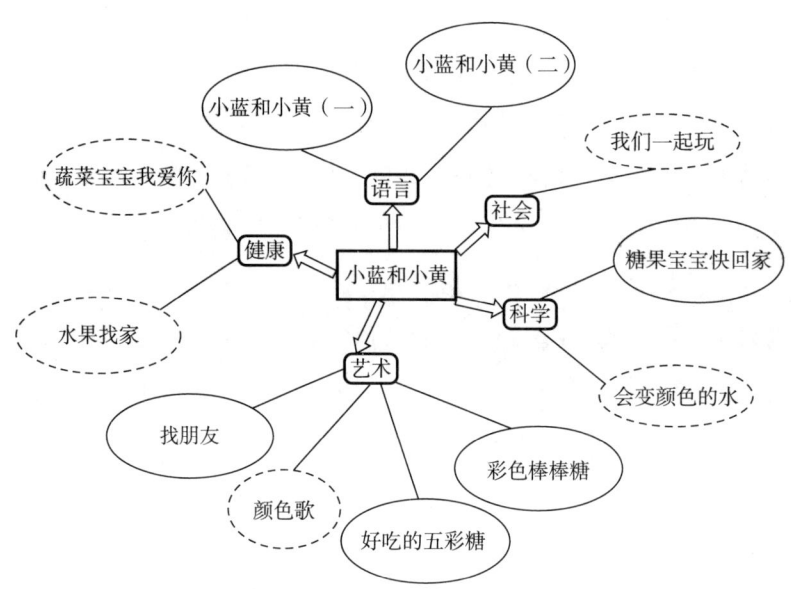

备注：预成活动为实线框，生成活动为虚线框。

四、集体活动

活动一：小蓝和小黄（一）（语言）

活动目标

1. 熟悉故事内容，感知故事中的角色形象和画面情节。
2. 通过观察画面大胆猜测故事情节，能在游戏中用简单、清楚的语言表达。
3. 感受同伴间友好的情感，喜欢和朋友一起做游戏。

活动重难点

重点：能仔细观察并根据图片大胆猜测故事情节。

难点：能用较清楚完整的语言表述故事内容。

活动准备

经验准备：幼儿已认识基本的颜色，如红色、黄色、蓝色。

物质准备：

1. 教师制作与绘本《小蓝和小黄》相配套的 PPT，绘本《小蓝和小黄》幼儿人手 1 本（第 8 页之后的页面用夹子夹起来以便下次阅读）。

2. 与绘本图片类似的蓝色与黄色圆片纸。

3. 欢快的背景音乐：杨沛宜《左手右手》，安静的背景音乐：钢琴曲《雨的印记》。

活动过程

一、教师出示"小蓝"和"小黄"彩色圆片纸，激发幼儿的兴趣。

1. 教师：今天我们班来了两个好朋友，先来看看第一个好朋友是谁。

2. 教师出示"小蓝"，并模仿"小蓝"和幼儿打招呼。

3. 教师出示"小黄"，请幼儿猜测其名字，与"小黄"打招呼。

二、师幼共同欣赏《小蓝和小黄》配套 PPT，教师有感情地讲述第一段故事。

1. 教师：刚刚我们认识了小蓝和小黄两位新朋友，现在我们和他们一起回家吧！

2. 教师出示绘本第 1 页：介绍小蓝家，幼儿观察画面。

教师：小蓝家里有谁呢？

3. 教师引导幼儿大胆想象人物形象：为什么觉得他（她）是爸爸（妈妈）？

4. 师幼共同小结：小蓝的家里有爸爸有妈妈还有小蓝。

教师：我们一起数数他们家有几口人？真是相亲相爱的一家人。

5. 教师出示绘本第 2 页：介绍小黄家，幼儿观察画面。

教师：小黄就住在街对面，小黄的家里有几口人？都有谁？

6. 教师引导幼儿大胆想象人物形象：为什么觉得他（她）是爸爸（妈妈）？

三、教师有感情地讲述第二段故事，师幼共同讨论。

1. 教师出示绘本第 3 页：介绍小蓝和他的朋友。

2. 幼儿观察画面。

教师：小蓝有许多好朋友，你们认识吗？他们都是谁？谁愿意来找一找小蓝的朋友？

3. 教师引导幼儿逐一说说颜色朋友的名字，并和他们打招呼。

4. 教师出示绘本第 4 页：小蓝还有一个最要好的朋友，他是小黄。

四、教师有感情地讲述第三段故事，师幼共同讨论。

1. 教师出示绘本第 5 页：小蓝和朋友的游戏——捉迷藏。

2. 教师：小蓝和他的朋友经常在一起玩游戏，你们知道他们最喜欢玩什么游戏吗？你是怎么看出来的？

3. 幼儿观察画面，根据自己的经验自由猜测、讲述。

4. 教师："捉迷藏"游戏怎么玩呢？幼儿根据已有经验回答。

五、教师有感情地讲述第四段故事，师幼共同讨论。

1. 教师出示绘本第 6 页：小蓝和朋友的游戏——拉圈圈。

2. 教师：小蓝和小黄又在干什么？你是怎么知道的？

3. 幼儿观察图片，教师引导其大胆想象。

4. 教师播放歌曲《左手右手》，带领幼儿玩拉圈圈游戏，感受朋友游戏的愉悦。

5. 教师出示绘本第 7 页：小蓝、小黄学本领。

6. 教师播放歌曲《雨的印记》：他们在干什么呢？小蓝和小黄整整齐齐地坐在座位上学本领呢！你们看他们坐得多神气啊，我们跟他们比一比，看看谁神气。

六、教师引导幼儿猜测小蓝和小黄两位好朋友之间还会发生什么事。

1. 教师出示绘本第 8 页：放学啦，看，现在他们又在干什么了呢？

2. 幼儿自由讨论自己放学后会和好朋友做些什么事情，并讲述给同伴听。

七、幼儿自主阅读绘本。

教师引导幼儿自己翻看绘本第 1 页到第 8 页，鼓励幼儿根据图片大胆讲述故事。

活动二：找朋友（艺术）

活动目标

 1. 感受歌曲的欢快气氛，学习自然地边唱歌边做表演动作。

 2. 在游戏中巩固对蓝色、黄色的认识，"小蓝"和"小黄"能跟随音乐互相找朋友一起跳舞。

 3. 愿意和教师、同伴一起愉快地参加音乐活动。

活动重难点

 重点：能根据歌词做动作进行韵律活动。

 难点：小黄和小蓝互相找朋友一起跳舞。

活动准备

 经验准备：

 1. 已认识蓝色和黄色。

 2. 听过歌曲《找朋友》。

 物质准备：

 1. 小蓝和小黄指偶、小蓝和小黄的标记人手1个。

 2. 音乐《找朋友》。

活动过程

 一、教师通过故事导入引发幼儿兴趣。

 1. 教师出示小蓝图片：这是谁啊？小蓝想和大家一起跳舞，可是他找不到好朋友小黄了，你们快帮他找找吧！

 2. 教师和幼儿一起说：小黄，小黄你在哪里？

 3. 教师（从背后拿出黄色的图片）：嗨，我在这里！

4. 小蓝：谢谢你们帮我找到了好朋友，我们一起来跳舞吧！

5. 教师边操作图片边唱歌曲《找朋友》。

二、教师演唱歌曲《找朋友》，幼儿欣赏并理解歌曲内容。

1. 教师出示蓝色指偶，边唱边用手指演示。

2. 教师：找呀找呀找朋友，找到一个好朋友（教师出示黄色指偶）。敬个礼，握个手，你是我的好朋友！再见！

3. 教师：小蓝找到好朋友后怎么做的？

4. 幼儿根据歌曲回忆歌词内容。

5. 教师带领幼儿边唱歌边做相应动作。

6. 教师：和好朋友在一起还可以干什么？做什么动作呢？

7. 教师根据幼儿提供的动作改编歌词并和幼儿共同演唱歌曲。

三、师幼共同玩"找朋友"游戏。

1. 幼儿集体跟随音乐玩"找朋友"游戏。

2. 幼儿根据歌词内容做相应动作，找到好朋友。

3. 教师：这次我们都来当"小蓝"和"小黄"，每个"小蓝"要找到一个"小黄"跟他一起跳舞。教师给一半幼儿挂上蓝色标记，给另一半幼儿挂上黄色标记，并请幼儿记住自己是小蓝还是小黄。

4. 幼儿扮演小蓝、小黄玩"找朋友"的游戏。

5. 教师根据幼儿实际情况调整游戏次数，鼓励"小蓝""小黄"互相找朋友，一起跳舞、游戏。

四、结束活动。

教师总结：和好朋友在一起是最开心的事情，每个人再去找一个好朋友抱抱吧！

附歌曲

找朋友

活动三：小蓝和小黄（二）（语言）

活动目标

1. 理解绘本的主要内容，了解黄色和蓝色合在一起能够变成绿色。

2. 在观察、猜测中进行感知和表达，并尝试用连贯的语言讲述故事的主要情节。

3. 能安静地倾听同伴说话，积极交流，体验共同学习的快乐。

活动重难点

重点：知道黄色和蓝色合在一起能变成绿色。

难点：尝试用连贯的语言讲述故事的主要情节。

活动准备

经验准备：幼儿已阅读过绘本《小蓝和小黄》前 8 页。

物质准备：

1. 教师制作绘本《小蓝和小黄》配套 PPT、幼儿人手 1 本绘本。

2. "蓝爸爸""蓝妈妈"和"黄爸爸""黄妈妈"的录音。

活动过程

一、教师出示绘本《小蓝和小黄》，引发幼儿回忆已有阅读经验。

教师：这本绘本是我们之前阅读过的，你们还记得它叫什么名字吗？里面有哪些颜色？他们在干什么？

二、教师引导幼儿仔细阅读绘本画面，讲述第一段故事。

1. 教师出示第 8 页画面：小蓝和小黄见面之后做了什么？他们抱在一起会发生什么？

2. 师幼共同小结：原来小蓝和小黄抱在一起变成了绿色。

三、教师引导幼儿仔细阅读绘本画面，教师讲述第二段故事。

1. 教师连贯讲述后面几幅画面：可是，他们不知道，然后他们一起去公园玩，他们穿过隧道、追着小橙玩，又爬上一座大山。啊，好累呀，他们回家去了。

四、教师引导幼儿仔细阅读绘本画面，讲述第三段故事。

1. 教师：小蓝和小黄回到家，他们的爸爸、妈妈会对他们说些什么呢？

2. 幼儿结合已有经验大胆回答。

3. 教师播放录音（"蓝爸爸"和"蓝妈妈"）：你不是我们的小蓝，你是绿的。

4. 教师播放录音（"黄爸爸"和"黄妈妈"）：你不是我们的小黄，你是绿的。

5. 教师：爸爸、妈妈怎么不认识自己的孩子了？听了爸爸妈妈的话，小蓝和小黄怎么了？

五、教师引导幼儿仔细阅读绘本画面，讲述第四段故事。

1. 教师继续讲述：小蓝和小黄好伤心，他们哭了，流出了眼泪。蓝色的眼泪变成了什么？黄色的眼泪又变成了什么？他们最后回家了吗？这一切到底是怎么回事呢？

六、师幼完整欣赏故事。

教师带领幼儿完整阅读绘本内容，引导幼儿大胆讲述。

七、幼儿自主阅读绘本，体会"好朋友""抱一抱"的含义。

师幼共同总结：小蓝和小黄是好朋友，在一起抱一抱之后会变成绿色。他们之间非常相亲相爱，小朋友们也应该像他们一样友好相处。

活动四：彩色棒棒糖（艺术）

活动目标

1. 观察棒棒糖的外形，尝试用蓝色和黄色的超轻黏土混合制作彩色棒棒糖。
2. 能在混合蓝色黄色超轻黏土的过程中发现用力混合揉捏能将两种颜色混合成绿色。
3. 能够大胆制作多种棒棒糖，感受混色的奇妙，体验手工活动的乐趣。

活动重难点

重点：尝试用两种颜色的超轻黏土混合制作彩色棒棒糖。

难点：将黄、蓝两种颜色的超轻黏土充分混合成绿色。

活动准备

经验准备：

1. 幼儿完整欣赏过绘本《小蓝和小黄》。
2. 幼儿知道蓝色和黄色混合在一起会变成绿色。

物质准备：

1. 蓝、黄两种颜色的超轻黏土每人各两小团装在小盘子里。
2. 泥工板人手1块，棉签棒人手2根。

3. 棒棒糖支架 1 个，各种各样成品、自制棒棒糖若干。

活动过程

一、师幼共同欣赏各种各样的棒棒糖，激发幼儿的制作兴趣。

教师：今天老师带来了一样好吃的东西，你们看，是什么？这些棒棒糖都是什么样子的？有哪些颜色？你还见过什么样子的棒棒糖？

二、幼儿探索彩色棒棒糖的制作方法。

1. 幼儿自由探索操作，看看怎样才能把两个泥团变成一个彩色的小球。

2. 请操作成功且动作迅速的幼儿来示范自己的操作方法。

3. 全体幼儿按照示范的方法再搓一搓试一试，搓成小球后，插上小棒制成彩色"棒棒糖"。

4. 教师提醒幼儿在插小棒时将小球放在手心里，从上向下插进去。如幼儿插小棒时将小球捏扁，可请幼儿将泥团重新团圆。

三、幼儿探索绿色棒棒糖的制作方法。

1. 教师出示绿色的棒棒糖：这是什么颜色？这个颜色的油泥是从哪里来的？

2. 教师：绿色的油泥是用蓝色和黄色油泥变出来的，请小朋友们自己用两种油泥揉一揉变一变。

3. 在操作的过程中教师提醒幼儿需要用力揉捏才能将两种油泥揉成绿色。

4. 幼儿将油泥揉成绿色后，再团成小圆，插上小棒，制作成一个绿色棒棒糖。

四、作品展览，请幼儿向同伴介绍自己的棒棒糖。

1. 请幼儿将制作好的棒棒糖插在泡沫板上展示，引导幼儿与同伴互相欣赏。

2. 教师：今天小朋友们做了好多棒棒糖，这是谁做的？你是怎么做的？请你给大家介绍一下。

3. 教师：有了这么多棒棒糖，我们的糖果店很快就可以开张了，大家记得来买棒棒糖哦！

活动五：糖果宝宝快回家（科学）

活动目标

1. 能将相同颜色的糖果送到对应的"家"里，学会按同种特征分类。
2. 会按颜色标记和点子数匹配相应颜色和数量的糖果。
3. 能积极参加活动，体验成功的快乐。

活动重难点

重点：能根据颜色将糖果分类。

难点：能按照要求匹配相应颜色和数量的糖果。

活动准备

经验准备：幼儿认识红、黄、蓝、绿四种颜色。

物质准备：

1. 红、黄、蓝、绿色的"家"，糖果若干。
2. 分类盒上插有相应的颜色标记。

活动过程

一、教师创设游戏情境，引起幼儿的兴趣。

教师以糖果身份导入活动：嗨，小朋友们，我是一颗红色的糖果，我找不到家了，你们能帮帮我吗？

二、师幼共同观察各种颜色的"家"，引导幼儿按颜色分类。

1. 教师呈现四种颜色的"家"，师幼共同观察。
2. 教师：这是什么颜色的"家"？什么颜色的糖果应该送到这个"家"？
3. 引导幼儿根据"家"的颜色，说出应将糖果摆放在相应颜色的"家"里。
4. 教师：我这里有好多糖果宝宝都找不到家了，你们能帮帮他们吗？让我们一起送他们回家吧!

5. 教师鼓励幼儿一边送糖果回家一边说:"× 颜色的糖果送到 × 颜色的家里。"

6. 师幼共同检查糖果是否都回到了自己家,一边检查一边引导幼儿说:"× 颜色的家里都是 × 颜色的糖果。"

三、幼儿分组操作——送糖果宝宝回家。

1. 教师介绍并引导幼儿观察每组活动材料。

(1)红、黄、蓝、绿四色糖果每人一碗,教师提供与糖果颜色相匹配的标记、分类盒,请幼儿按照颜色将糖果分类。

(2)五种颜色的彩色珠子每人一碗,教师提供与珠子颜色相匹配的标记、分类盒,请幼儿按照颜色将珠子分类。

2. 幼儿操作,教师观察指导。

四、师幼共同分享幼儿操作结果。

1. 教师:说说看,你刚才是怎么分的?所有颜色的糖果宝宝都回家了吗?

2. 教师鼓励幼儿大胆地介绍自己的操作活动。

3. 教师:我们会将混在一起的东西分开来,真能干!我们再试试将糖果和珠子放回到小碗里,不要让他们掉下来哦,看谁最细心。

4. 教师有意识地请 1~2 位幼儿说说他们是如何整理材料的。

活动六:颜色歌(艺术)

活动目标

1. 学习用对唱的方式演唱歌曲,尝试对即兴提问做出快速反应的演唱。

2. 注意倾听问句,能根据自己手上的颜色判断是否接唱。

3. 愿意参与问答式对唱游戏,能积极与教师、同伴共同游戏。

活动重难点

重点：对即兴提问做出快速反应的演唱。

难点：知道自己手里的卡片颜色，能根据手上的颜色判断是否接唱。

活动准备

经验准备：幼儿会唱同样曲调的歌曲《拇指歌》，认识红、黄、蓝、绿四种颜色。

物质准备：教师准备可供幼儿自选的卡片（颜色为红、黄、蓝、绿四种颜色）。

活动过程

一、师幼共同复习已学过的歌曲《拇指歌》，教师帮助幼儿熟悉歌曲旋律。

1. 师幼共同演唱歌曲《拇指歌》。

2. 教师引导幼儿边唱边根据歌词做相应的动作。

二、幼儿自选一张卡片，教师帮助幼儿认识并巩固自己手中卡片的颜色。

1. 教师：×颜色，×颜色，你在哪里？

2. 拿相应颜色卡片的幼儿起立并说：我在这里，我在这里，你好不好？

3. 教师重复以上问句，直至所有幼儿都清楚自己手中的卡片颜色。

三、师幼共同将《拇指歌》改编成《颜色歌》进行演唱。

1. 教师：你能把我们刚才的提问、回答编成一首歌吗？

2. 教师用《拇指歌》的曲调提示第一句，引导幼儿模仿并创编。

3. 教师：除了红颜色，还有哪些颜色呢？

4. 教师唱问句，提醒幼儿注意倾听，根据问句内容出示相应卡片并用歌唱的形式回答。

四、师幼共同玩音乐游戏。

1. 幼儿一边伴随歌曲做动作，一边出示与歌曲中提示的颜色相匹配的卡片。

2. 教师演唱第一句：×颜色，×颜色，你在哪里？幼儿根据颜色做出回应。

3. 拿着与教师唱到的颜色一样卡片的幼儿，站起来拿出卡片边挥舞边演唱。

附歌曲

颜色歌

$1=C \dfrac{2}{4}$

3 4　5	3 4　5	5　5　$\dot{1}$	5　－
红 颜　色，	红 颜　色，	你 在 哪	里？
黄 颜　色，	黄 颜　色，	你 在 哪	里？
蓝 颜　色，	蓝 颜　色，	你 在 哪	里？
绿 颜　色，	绿 颜　色，	你 在 哪	里？

$\dot{1}$ $\dot{1}$　5 5	$\dot{1}$ $\dot{1}$　5 5	3	2　3	1　－
我 在　这 里，	我 在　这 里，	你	好 不	好？
我 在　这 里，	我 在　这 里，	你	好 不	好？
我 在　这 里，	我 在　这 里，	你	好 不	好？
我 在　这 里，	我 在　这 里，	你	好 不	好？

活动七：好吃的五彩糖（艺术）

活动目标

1. 愿意用手指点画的方式在指定的范围内表现五彩糖。
2. 知道换色的方法，换颜色前会用湿纸巾把手擦干净。
3. 喜欢并愿意参加手指点画活动，在活动中体验玩色的乐趣。

活动重难点

重点：在指定的范围内用手指点画五彩糖。

难点：蘸取第二种颜色之前要先用湿纸巾把手指擦干净。

活动准备

经验准备：幼儿见过并品尝过彩虹糖，知道不同的颜色代表不同的味道。

物质准备：

1. 装有五彩糖的透明瓶子1个、盒子1个。（把瓶子装在盒子里）

2. 红色、黄色、蓝色、绿色的印泥。

3. 湿纸巾每人1张。

4. 画有玻璃瓶子图案的操作单。

活动过程

一、教师通过摇动盒子吸引幼儿兴趣，引发幼儿大胆猜想盒子里的内容。

1. 教师摇手中的盒子，让幼儿听一听、猜一猜。

2. 教师：咦，盒子里怎么会发出声音？你们知道盒子里装的是什么吗？

二、师幼共同欣赏五彩糖，感知色彩的多样性。

教师：这些糖是什么样的？你发现了什么颜色？这么多漂亮的颜色在一起，你们觉得怎么样呀？

三、教师引导幼儿探索五彩糖的点画方法。

1. 教师：在每组的桌上，都有不同颜色的印泥和湿纸巾，该怎么制作五彩糖呢？每个小朋友先选取一个颜色，用右手的食指蘸一种颜色进行点画，如果想换颜色了怎么办？

2. 教师引导幼儿说出用湿纸巾把手指擦干净再换颜色。

四、教师提供操作单并交代操作要求，幼儿自由选择颜色制作五彩糖。

1. 教师：现在请小朋友们选择一种彩色的印泥在瓶子里点画五彩糖吧，要制作出好多颜色哦！

2. 教师提醒幼儿在瓶子内点画，不要点到瓶子外边；在换颜色的时候要将手擦干净。

3. 幼儿操作，教师指导幼儿注意点画的方法，鼓励幼儿大胆、细心地点画。

五、展示幼儿作品，师幼共同欣赏。

教师展示幼儿作品，带领幼儿一起欣赏同伴的作品，引导幼儿相互欣赏和交流。

活动八：会变颜色的水（科学）

活动目标

1. 对水的变色现象感兴趣，知道水变色是由颜料加入产生的。
2. 能大胆尝试摇瓶娃娃，知道将颜料混合也可以使颜色发生变化。
3. 能积极动手操作，体验颜色变化的乐趣。

活动重难点

重点：知道水的变色是由颜料加入产生的。

难点：能成功变出绿色的水。

活动准备

经验准备：幼儿知道黄色和蓝色合在一起会变成绿色。

物质准备：

1. 人手1个透明矿泉水瓶（教师事先撕掉瓶子标签）。
2. 2个瓶盖（瓶盖内放上黄色、蓝色两种颜料，黄色先盖在瓶子上，蓝色放在每组中间的托盘里由幼儿自由操作）。

活动过程

一、教师通过魔术导入活动，吸引幼儿兴趣。

1. 教师：今天老师要给你们变个魔术，仔细看哦！教师将涂满黄色颜料的瓶盖盖在瓶子上，双手边用力摇瓶娃娃，边念咒语："变！变！变！"

2. 教师：瓶子里发生了什么变化？我是怎么变的？你们想不想也来变一变？

二、师幼共同认识操作材料，教师引导幼儿大胆尝试操作。

1. 教师：在每个人的座位上，都摆放了一个和老师一样的塑料瓶，请你去试试看，你的瓶子会变魔法吗？你变出了什么颜色？

2. 幼儿大胆操作瓶娃娃，教师观察指导。

三、师幼共同探讨水变色的原因。

1. 教师：咦，为什么我们瓶子里面的水都变颜色了呢？请你猜猜看，颜色是从哪里变出来的？

2. 教师引导幼儿在瓶盖上找一找，并说说水变色的原因。

3. 教师小结：原来每个瓶盖上都有颜料，颜料加入水中，水就变颜色了。

四、教师提出问题，引发幼儿猜想。

1. 教师：如果换个有蓝色颜料的瓶盖，水会发生什么变化？请你猜猜会变成什么颜色。

2. 幼儿大胆猜测，教师根据幼儿猜想做简单记录。

五、幼儿通过实验验证自己的猜想。

1. 幼儿更换瓶盖进行操作，体验颜色变化的奇妙。

2. 教师：现在，请你更换蓝色的瓶盖再试试吧！水变成了什么颜色？和你刚才想的一样吗？

3. 教师小结：我们阅读绘本，知道小蓝和小黄抱在一起会变成绿色，用超轻黏土将蓝色和黄色完全揉在一起也会变成绿色，今天我们用蓝色和黄色的颜料混合，发现也会变成绿色。可真奇妙啊！

活动九：水果找家（健康）

活动目标

1. 能有序地钻、爬、跳过各种障碍，平稳地上下小山坡，将水果卡片送到对应颜色的筐里。

2. 知道每次只拿一种水果卡片，并能有序地排队送水果宝宝回家。

3. 遵守游戏规则，体验游戏的乐趣。

活动重难点

重点：能有序地钻、爬、上下小山坡，跳圈。

难点：游戏中不拥挤，知道排队送水果。

活动准备

经验准备：幼儿有钻、爬、跳圈的经验。

物质准备：

1. 垫子、平衡木、拱门、塑料圈。

2. 各种颜色的水果卡片，与水果颜色相匹配的筐子。

3. 户外有小山坡的空地，歌曲《水果拳》。

（舞蹈视频请参考网址：http://www.iqiyi.com/w_19rqyxlemh.html）

活动过程

一、教师带领幼儿做热身运动。

师幼一起边念儿歌边做"幼儿健康操"。

二、教师激发幼儿帮助水果宝宝回家的愿望，并引导幼儿了解送水果的方法。

1. 教师出示水果卡片，引导幼儿结合已有经验回答水果的名称。

教师：我这里有很多水果宝宝，他们分别是谁呀？

2. 教师激发幼儿送水果宝宝回家的愿望。

教师：水果宝宝们都找不到自己的家了，你能帮帮他们吗？

3. 教师引导幼儿观察游戏场地，思考送水果宝宝回家的方法。

教师：这里有草地（垫子）、山洞（拱门）、小桥（平衡木）、大石块（圈）、小山坡，我们该怎么通过这些障碍，才能把水果宝宝送回家呢？

4. 邀请一名幼儿示范通过各种障碍的方法，幼儿边示范教师边讲解。

5. 教师引导幼儿根据水果卡片的颜色找到水果宝宝正确的家。

三、幼儿排队送水果宝宝。

1. 教师指导幼儿有序地排队送水果宝宝。

教师：我们要先从小筐子里选一个自己喜欢的水果宝宝，然后爬过草地，钻过山洞，走过小桥，跳过石块。哇！终于到家了。小朋友们要根据水果宝宝的颜色把他送到自己的家里！

2. 幼儿依次排队进行游戏，教师指导。

3. 如果有幼儿在起点时选择了2张水果卡片，教师要明确要求：一次只能送一个水果宝宝回家。

4. 如果幼儿没有从起点出发或拿了水果卡片直接跑到终点，教师可带领幼儿游戏一次，帮助其了解游戏规则。

四、放松活动。

教师和幼儿共同跳《水果拳》舞蹈。

附幼儿健康操

幼儿健康操

摇摇头，摆摆手，（两手叉腰，头向左右各点一次，双手在胸前向左右各摆动一次）

我们一起来做操，（手臂摆动踏步走）

一、二、三、四，（两手叉腰，上体向左侧弯曲两次）

二、二、三、四，（动作同前，方向相反）

弯弯腰来踢踢腿，（两手叉腰，上体向前弯曲两次，左右腿各踢一次）

转个圈来蹦蹦跳，（边拍手边后踢腿并自转一圈）

天天运动身体好。（两臂摆动，左右脚原地踏步各一次，身体微前倾，两手伸出大拇指作"好"状）

活动十：我们一起玩（社会）

活动目标

    1. 尝试用谦让、轮流、合作等方式化解游戏中的矛盾、冲突。

    2. 学会说"没关系，你先玩"和"我们一起玩"等礼貌用语。

    3. 乐意与同伴友好合作游戏。

活动重难点

    重点：知道在解决矛盾过程中使用文明礼貌用语。

    难点：能用多种方式解决游戏中的矛盾。

活动准备

    经验准备：幼儿有用积木搭建房子的经验。

    物质准备：桌面或大型积木人手10个左右。

活动过程

    一、教师创设游戏情境，幼儿集体操作。

    1. 教师：小建筑师们，今天我们要用积木来盖房子，现在请你们找一个空位置，开始搭建吧！

    2. 幼儿自由选择操作材料和空位置，开始搭建房子。

    二、教师针对搭建过程中出现的问题，引导幼儿学习解决矛盾的方法。

    1. 幼儿自由搭建房子，教师注意观察，发现幼儿之间有冲突时（如：两人同时争抢一块积木，或一方想要而另一方不肯给），教师暂停所有幼儿的游戏。

    2. 教师提问，引导幼儿思考和讨论。

    （1）教师：××小朋友和××小朋友，你们怎么了？遇到这样的情况该怎么办呢？用抢的方法能解决吗？那我们应该怎么办？谁有好主意？

（2）幼儿自由发表意见。

3. 教师引导幼儿学习解决矛盾的常用语句。如："我再帮你找一块""那我们一起玩吧""你玩一会儿就还给我好不好""你能借我玩一会儿吗"等。

三、幼儿再次搭建房子，教师重点观察幼儿在活动中有无冲突、矛盾。

1. 教师请个别幼儿介绍和同伴游戏的情况。

2. 讨论：你搭房子的时候材料够吗？不够的时候你是怎么办的？你跟同伴说了什么他就把积木给你了？

3. 幼儿说出文明用语。

4. 教师给予这类幼儿肯定，鼓励大家也像他们一样学说文明用语。

四、教师小结幼儿活动，并给予贴画作为鼓励。

教师：小朋友们搭的房子真漂亮，希望你们在玩游戏时，如果出现矛盾，也会用这些文明的语言，互相谦让，和好朋友一起分享玩具。我们要常常帮助别人，只有这样才能解决问题，拥有更多的好朋友。

活动十一：蔬菜宝宝我爱你（健康）

活动目标

1. 知道常见的蔬菜名称，了解其颜色、外形等基本特征和营养价值。
2. 通过观察、分类，了解蔬菜有不同的品种和味道，愿意吃不同的蔬菜。
3. 养成不挑食、不浪费的好习惯。

活动重难点

重点：知道蔬菜的不同品种，喜欢吃蔬菜。

难点：能说出常见的蔬菜名称与特征，了解其营养价值。

活动准备

经验准备：幼儿认识并吃过常见的蔬菜。

物质准备：

1. 胡萝卜、芹菜、大蒜宝宝的手指偶。

2. 西红柿、茄子、土豆、黄瓜、芹菜、萝卜、辣椒、青菜、包菜等蔬菜实物或图片。

3. 红色、绿色、紫色、黄色、白色卡片各1张。

4. 各种蔬菜的头饰。

5. 音乐《燃烧吧，蔬菜》。

（舞蹈视频请参考网址：http://www.tudou.com/programs/view/_URSPYOBJhU/）

活动过程

一、教师通过猜谜导入活动，引起幼儿兴趣。

1. 像柿子，没有盖，又当水果，又当菜。（谜底：西红柿）

2. 头戴绿帽子，身穿紫袍子，小小芝麻子，装满一肚子。（谜底：茄子）

二、师幼共同探讨各种颜色的蔬菜。

1. 教师：你们知道还有哪些蔬菜吗？

2. 幼儿结合已有经验自由讲述。

3. 教师根据幼儿讲述出示相应图片。

4. 教师：这些蔬菜分别是什么颜色的？萝卜是什么颜色？青菜呢？

5. 教师根据幼儿的回答将蔬菜的图片放至相应颜色卡片的下面。

三、师幼共同讨论分类，了解蔬菜的特征与营养价值。

1. 教师利用各种蔬菜图片，引导幼儿根据颜色、外形等特征对蔬菜进行分类。

2. 教师：你们喜欢吃蔬菜吗？喜欢吃哪些蔬菜？为什么？

3. 幼儿自由讲述，表达自己的想法。

4. 教师出示几种蔬菜的手指偶，并用蔬菜口吻说出其营养价值。

（1）教师：你们知道每种蔬菜都有哪些营养价值吗？我们听听蔬菜宝宝是怎么

说的。

（2）教师出示胡萝卜手指偶：嗨，大家好，我是胡萝卜，我身体里有丰富的蛋白质和胡萝卜素，维生素C和维生素B族含量也很高，我还可以帮助你保护眼睛呢！你们记得要多吃我哦！

（3）教师出示大蒜手指偶：我的本领可真大，小朋友和我做朋友，我可以帮你杀死细菌，保护你的身体健康。

（4）教师出示芹菜手指偶：我长得绿绿的，身体里有各种维生素和膳食纤维，小朋友吃了，可以大便顺畅。

四、幼儿自选蔬菜头饰，和教师一起跳《蔬菜舞》。

1. 教师：蔬菜宝宝们不仅颜色漂亮、外形可爱，营养也很丰富。小朋友们想不想也变成一个蔬菜宝宝，跟着音乐一起跳跳舞呢？

2. 幼儿自选蔬菜头饰，在教师的带领下跟着音乐跳《蔬菜舞》。

五、区域活动

生活区

扣纽扣

图 4-1-1

材料准备

1. 橘子图案的纽扣底板，上面钉有相同颜色的扣子、配套形状扣布。（见图4-1-1）

2. 小鱼图案的纽扣底板，上面钉有不同颜色的扣子、配套形状扣布。（见图4-1-2）

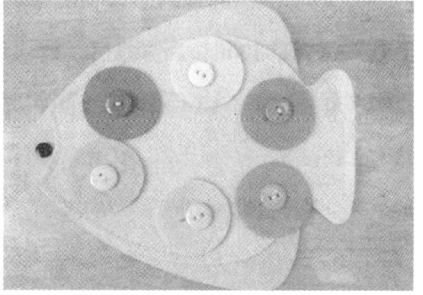

图 4-1-2

操作要点

1. 在小筐子中找到与橘子图案的纽扣底板颜色一样的纽扣，扣在橘子底板上的扣布上。

2. 在小筐子中找出和小鱼图案上扣布一样颜色的纽扣，扣在小鱼底板上的扣布上。

拉拉链

材料准备

1. 两边不分开的小动物底板（上面有同色或不同色的纽扣）、配套形状扣布。（见图4-1-3）

2. 两边分开的小动物底板（上面有同色或不同色的纽扣）、配套形状扣布。（见图4-1-4）

 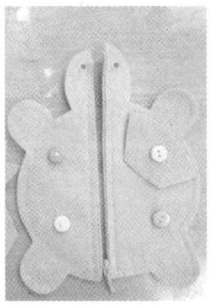

图 4-1-3　　　　图 4-1-4

操作要点

1. 选取两边不分开的小动物底板，先尝试拉上拉链，再按照纽扣颜色扣上相同颜色的扣布。

2. 选取两边分开的小动物底板，先找到相同的两半并拉上拉链，再按照纽扣颜色扣上相同颜色的扣布。

夹夹乐

材料准备

各种形状与大小的木珠、大夹子。（见图 4-1-5）

图 4-1-5

操作要点

1. 用一只手捏住夹子靠近开口的位置，并将夹子开口向下，夹住一个木珠后，送进有相同颜色标记的小筐子里。

2. 重复动作，直到将大筐里的木珠分别全部夹进相同颜色的小筐里。

益智区

配对蛋

材料准备

各种两半颜色相同或形状相同的玩具蛋。（见图 4-1-6）

操作要点

1. 从筐子里取出一个打开的蛋。

2. 按颜色或形状找出它的另一半并将两半合上。

图 4-1-6

3. 全部完成之后再将蛋打开，重复游戏。

组合毛毛虫

材料准备

1. 各种颜色的圆形底板，上面分别配有 1～5 种数量的扣子（包括纽扣、魔术扣、按扣）。（见图 4-1-7、图 4-1-8、图 4-1-9、图 4-1-10）
2. 配套颜色与形状的扣布。

操作要点

1. 选取一种颜色的底板。
2. 按照颜色与扣子类型找到对应的扣布并扣上。
3. 尝试将扣好扣子的圆形底板，按 1～5 的数量顺序组合成一只大毛毛虫，并在每个底板的衔接处将扣子扣好。

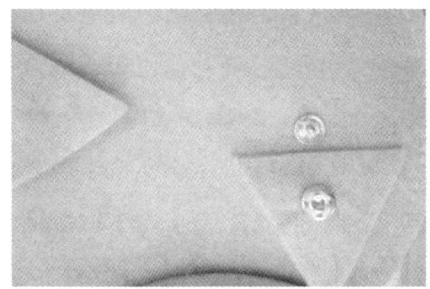

图 4-1-7

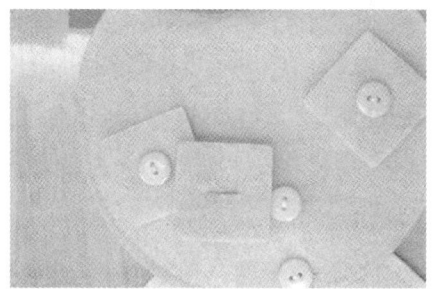

图 4-1-8

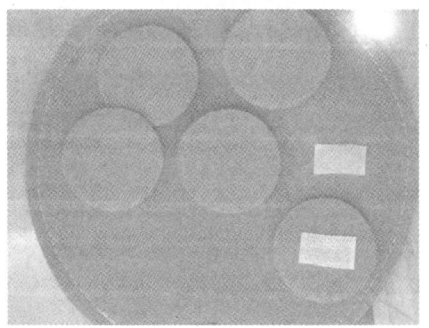

图 4-1-9

图 4-1-10

漂亮的毛毛虫

材料准备（见图 4-1-11）

1. 毛毛虫样子的底板。（上面有一条魔术扣）

2. 蓝、黄、红、橙色的圆形扣布。（背面有魔术扣）

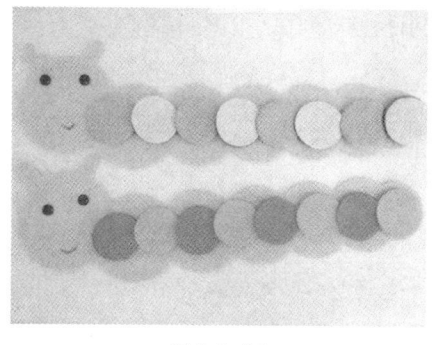

图 4-1-11

操作要点

1. 自选两种颜色的圆形扣布，将它们一个挨着一个扣在"毛毛虫"上。

2. 自选两种颜色的圆形扣布，尝试按照交替排列的方式一个挨着一个扣在"毛毛虫"上。

小瓶盖排队

图 4-1-12

材料准备（见图 4-1-12）

1. 红、黄、蓝色的小瓶盖。

2. 画有圆形轮廓的图案底板。（一种有颜色排列暗示图，一种空白）

操作要点

1. 自选一张画有颜色排列暗示图的底板，按照相同颜色的排列方式并对照小图将小瓶盖排列在小圆圈轮廓内。

2. 自选一张画有空白圆形轮廓的底板，对照小图尝试将小瓶盖一个挨着一个排列在小圆圈轮廓内。

运动区

水果找家

材料准备

1. 水果图片若干。（见图 4-1-13、图 4-1-14）

2. 拱门、垫子、圈、小型障碍物等器械。（见图 4-1-15）

操作要点

1. 从拱门的起点处任意取一张水果图片。

2. 尝试钻拱门、跳圈、跨越障碍、爬过垫子，把水果送到相应颜色的"家"里。

3. 送完后从旁边走回起点，继续游戏。

六、主题环境创设

《小蓝和小黄》主题环境的创设中，我们利用主题墙展示了绘本的封面和相关内容，同时随着主题教学活动的深入，我们选取了部分幼儿兴趣高、代表性强的活动，以活动照片并配有简明注释的方式，按主题

图 4-1-13

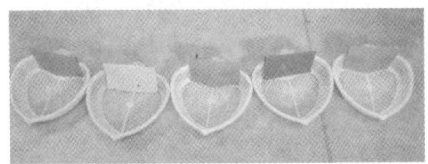

图 4-1-14

图 4-1-15

进程逐步呈现在主题墙上（见图 4-1-16），让幼儿发现自己在活动中的身影，引起他们的关注与讨论，为主题活动的开展起到支持作用。教室门口的"家园之窗"中，我们也将绘本主题的背景、教学总目标、具体活动安排张贴出来（见图 4-1-17），让家长们及时了解班级活动开展的情况。在主题活动的不断进行中，幼儿充分地参与各种活动，也从中积累了不少经验，如活动调查表、手指点画（见图 4-1-18）、泥工制作等，这些都可以有选择性地呈现在环境布置中。另外在绘本主题活动进行的同时，园部"阅读节"也如火如荼地进行着，我们也结合这一活动，创设了"图书到我家"和"乐阅读 乐分享"的墙面（见图 4-1-19、图 4-1-20），将班级漂流的绘本封面及漂流相关绘本的幼

图 4-1-16

图 4-1-17

图 4-1-18

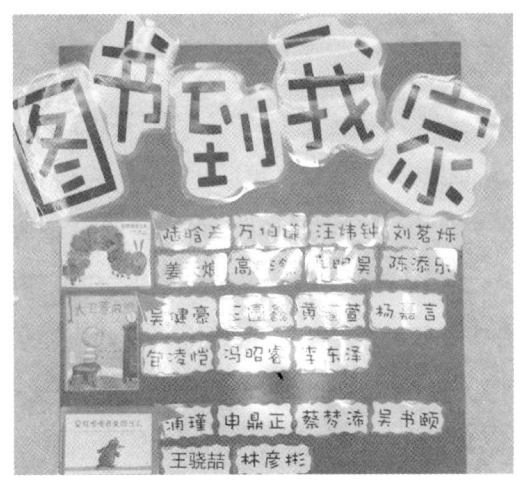

图 4-1-19

图 4-1-20

儿名字展示在教室门口，让每个幼儿与家长都能及时了解自己漂流的绘本与漂流时间。同时我们将幼儿在漂流中亲子阅读的体会和趣事展示在主题墙上，也引起了幼儿的关注与交流。

七、我和爸爸妈妈的话

川川：

小蓝和小黄是一对非常要好的朋友，有一天，小蓝费尽心思地找到了小黄，开心极了，他们拥抱在一起变成了小绿后相约出去玩耍。可当小蓝和小黄玩累了回到各自的家时，却给他们的父母造成了困扰，他们坚决否认小绿是他们的孩子，小绿伤心极了，哭着哭着变回了自己原本的样子，这下爸爸、妈妈终于认出了自己的孩子，同时还发现了黄色和蓝色是可以融合变成绿色的，也学着小黄和小蓝的样子彼此拥抱变成了绿色。所以，家长们不应该武断地判定孩子做事的对错，需要给予孩子解释的机会，并尽可能去倾听，以孩子的方式去理解及帮助孩子回忆、梳理当时的状况。同样孩子也是大人们的老师和朋友，他们在成长中有许多值得我们去学习的地方，同时也会给我们的生活增添色彩，让孩子们拥有永远值得回忆的童年吧。

洋洋：

"妈妈，妈妈，小蓝和小黄在一起会变成小绿！"今天接儿子放学，儿子手上拿着老师发的绘本《小蓝和小黄》一蹦一跳、兴奋地告诉我。回到家，和儿子一起分享《小蓝和小黄》。读完这本书后，儿子愣住了，还有点哭泣地问我："妈妈，如果有一天你们认不出我了，会不要我吗？"我告诉他："爸爸、妈妈永远都爱你，永远都会呵护你！"这时，儿子点点头，说："我在幼儿园有好多好多好朋友，我很喜欢和他们一起玩，那儿还有我的老师妈妈！"儿子脸上洋溢出灿烂的笑容！想不到两块没有任何表情的色块，加上爸爸、妈妈和其他好朋友，却演绎出了一段温情的故事，让儿子有如此的感触。

苹果：

打开绘本，看到一个蓝色的色块，这是什么？"这是小蓝。""哦，这是小蓝啊！"孩子本能地探索追问和作者简洁的回答，故事就这样开始了。快速浏览整个绘本，起于色块，终于色块，满纸都是跳动的色块，这是一个用色块讲述的故事。小蓝有爸爸、妈妈，还有一个幸福的家，没有家具，没有房间，没有堆放的玩具，只有一个对比强烈的橙色色块，灵动而跳跃的色彩，形象地展示了一个无比完整温馨的家。两个蓝色块，哪个是爸爸，哪个是妈妈呢？答案会非常有趣。小蓝还有很多好朋友，包括最好的朋友小黄，都是自由而随意的色块，给孩子带来无限的想象空间。他们在一起，藏猫猫、转啊转圈圈、排排坐、又跑又跳……一如孩子们自己的生活。色块的灵动、跳跃和布局，把天性和快乐真实地传递给了每一颗童心。阅读能带给人直抵心灵深处的温暖与感动。这样的绘本，与孩子的天性对话，让孩子爱不释手，在发展孩子颜色认知的同时，也默默点燃了孩子的阅读梦。

方案二：小班绘本主题活动"好饿的小蛇"

一、心动之源

《好饿的小蛇》故事内容简单，画面形象有趣。故事中有很多拟声词，如"啊呜""咕嘟"，反复出现，使故事充满了趣味性，小蛇滑稽、贪吃的模样深深吸引着幼儿，适合小班年龄段幼儿模仿与表演。

可以想象此绘本开展的活动中有一群好饿的"小蛇"扭来扭去散步，看见好吃的食物，"啊呜""咕嘟"吃下肚，摸着肚子惬意地说："真好吃！"这是个多么有趣的画面。

不同于我们人类的直立行走，小蛇的行动方式是扭来扭去的，幼儿乐意体验小蛇的行动方式，在地板上扭来扭去地爬行。如果把一根根彩带舞动起来像不像扭来扭去的小蛇呢？

幼儿一定会用各种手段把有趣的小蛇打扮起来，让他们美美地出现在教室的各个角落,把他们当成我们班级的一员,和大家一起捉迷藏!

在这个主题活动中教师以游戏贯穿始终,牢牢抓住故事中小蛇"饿、贪吃"的形象特点,引导幼儿用自己的理解方式去感受小蛇的滑稽,体验小蛇的贪吃,模仿小蛇的稚笨与有趣,并鼓励幼儿用简短的语句描述自己观察到的内容及表达自己的猜测与想象,感受小蛇身上一系列有趣事件所带来的童真、童趣,让幼儿真正地融入故事情境中,体验阅读的快乐和有趣。

二、主题总目标

1. 在体育活动中增强手部动作的灵活性和协调性,有一定的力量和耐力。
2. 乐意与同伴一起参与藏、找的游戏,感受游戏的乐趣。
3. 在阅读活动中能大胆想象推测故事情节,喜欢用肢体语言表现绘本情节。
4. 感知物体形状、颜色的多样性,目测物体的粗细并会按照粗细进行配对。
5. 乐于在涂涂画画、粘粘贴贴中表现小蛇的形象。
6. 在熟悉的曲调中唱出绘本中的内容,体验歌唱的快乐。

三、主题开展网络图

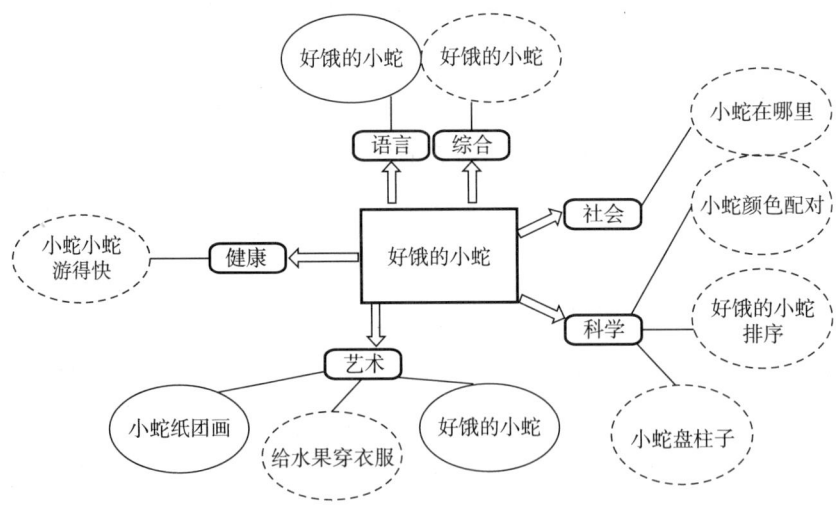

备注:预成活动为实线框,生成活动为虚线框。

四、集体活动

活动一：好饿的小蛇（语言）

活动目标

1. 和教师一起阅读故事，感受、理解小蛇吃各种食物后身体变形的有趣情节。
2. 运用跳跃式的阅读方式进行阅读，大胆推测故事情节，乐意表达自己的观察与想象。
3. 在理解故事内容的基础上，大胆模仿故事中的拟声词，感受故事的有趣。

活动重难点

重点：理解小蛇吃各种食物后身体变形的故事情节。

难点：能用恰当的词汇描述物体的颜色与形状。

活动准备

经验准备：幼儿有阅读绘本的经验。

物质准备：

1. 绘本《好饿的小蛇》。
2. 将绘本扫描成一页一页的图片。
3. 制作文字卡片（A4纸大小）："第一天""第二天"……"第六天"共6张，"啊呜，咕嘟"1张，"真好吃"1张。

活动过程

一、教师出示绘本《好饿的小蛇》封面，引导幼儿观察，激发幼儿的兴趣。

教师：这是一本有趣的绘本，我们一起来看一下，封面上有什么？小蛇的身体是怎样的呢？小蛇在森林里干什么呢？小蛇为什么张着大嘴巴呀？

二、教师引导幼儿观察绘本画面，初步阅读绘本。

1. 师幼共同阅读。

（1） 教师打开绘本第 1 页：好饿的小蛇扭来扭去，在森林里散步，他发现了什么？什么样的苹果？好饿的小蛇看到苹果会怎样呢？

（2） 教师打开绘本第 2 页——吃下苹果的小蛇的图片：苹果去哪儿了呢？小蛇的肚子变成什么样了？

（3） 教师打开绘本第 3 页——小蛇和香蕉的图片：第二天，好饿的小蛇扭来扭去在散步，他发现了什么？什么颜色的香蕉？好饿的小蛇看见香蕉会怎么样？

（4） 教师打开绘本第 4 页——吃下香蕉的小蛇图片：小蛇张开嘴巴"啊呜，咕嘟"一声把香蕉吃到了肚子里！啊，真好吃！小蛇的肚子像什么？

2. 教师请个别幼儿阅读。

（1） 请一位幼儿打开绘本第 5 页——小蛇和饭团的图片：第三天，好饿的小蛇扭来扭去在散步，他发现了什么？什么形状的饭团？你猜猜好饿的小蛇会怎么样？那小蛇会怎样吃饭团呢？（教师带领幼儿模仿小蛇吃饭团）

（2） 请另一名幼儿打开绘本第 6 页——吃下饭团的小蛇图片：小蛇的肚子变成什么样子了呢？

（3） 教师：第四天，好饿的小蛇扭来扭去在散步，这次小蛇会吃掉什么呢？（这里教师停顿，让幼儿充分想象，他们想到小蛇吃了什么食物后，教师进行追问：如果吃下去的是 ××，小蛇的肚子会变成什么样呢？幼儿可以离开座位，尝试用身体动作表现自己的想象和预期。）

3. 教师引导幼儿用跳跃式的方式进行阅读。

（1） 教师翻开第 8 页的图片，引导幼儿观看小蛇肚子的形状变化：小蛇现在的肚子是什么样子了？他吃了什么东西把肚子变成这样了？

（2） 教师带领幼儿回溯：打开绘本第 7 页，验证小蛇吃的是不是刚才大家想到的食物。（吃下葡萄的图片）如果是葡萄，那葡萄是什么样子的？（小蛇和葡萄的图片）这次好饿的小蛇吃了一串紫色的葡萄。（幼儿模仿小蛇吃东西的声音）

4. 全体幼儿自主阅读。

（1）教师：后来好饿的小蛇还是没有吃饱，他又吃掉了什么呢？

（2）师幼一起看吃了大树的小蛇图片。

（3）教师：小蛇到哪儿去了？小蛇变成了什么？

三、教师运用文字卡片和扫描图片匹配，完整地讲述故事，帮助幼儿理清故事情节、顺序，体会故事的幽默、有趣。

1. 教师：好饿的小蛇是怎样走路的呢？（教师和小朋友一起模仿：扭来扭去）

2. 教师：小蛇都找到了什么好吃的呢？（一一出示小蛇吃过的东西的图片）

教师：他吃苹果（香蕉、饭团……）时发出了什么声音？

教师：好饿的小蛇吃下苹果（香蕉、饭团……）后，他的肚子变得怎样了呢？

3. 教师小结：原来小蛇吃了什么形状的东西，他的肚子就会变成什么形状。

活动二：好饿的小蛇（艺术）

活动目标

1. 熟悉歌曲的旋律，能够完整地演唱歌曲。

2. 会跟着歌曲的节奏拍手、拍腿。

3. 愿意尝试用不同的动作表现歌词内容，感受把绘本唱进歌曲里的乐趣。

活动重难点

重点：会唱歌曲《好饿的小蛇》。

难点：在熟悉歌曲节奏的基础上会跟着节奏拍手、拍腿。

活动准备

经验准备：幼儿已熟悉绘本《好饿的小蛇》的故事内容。

物质准备：苹果、香蕉、葡萄、饭团、苹果树图片，绘本《好饿的小蛇》。

活动过程

一、教师出示绘本《好饿的小蛇》，引发幼儿对绘本的回忆。

教师：好饿的小蛇吃过哪些东西？我们一起来回忆一下。

二、教师呈现绘本中的部分图片，带领幼儿学习歌曲。

1. 教师把幼儿回忆出来的小蛇吃过的食物一一用图片呈现在白板上：我们今天把好饿的小蛇用好听的歌唱出来，你们想怎么唱呢？

2. 幼儿自由尝试。

3. 幼儿学习新歌。

（1）教师完整演唱后请幼儿回忆这首歌像以前唱过的哪首歌。

（2）幼儿和教师一起在钢琴伴奏下学唱歌曲。

（3）教师看着图片和幼儿一起演唱，帮助幼儿记忆歌词。

（4）教师带领幼儿边唱边做动作。

三、教师请幼儿根据故事中水果的形象，进行歌唱表演。

1. 播放歌曲CD，唱到某个水果形象时相应的表演者就要用身体动作做出相应的水果造型。（例如：唱到苹果可以将双手放在头上比画一下圆的造型）

四、师幼玩手指游戏"我是一个大苹果"，结束活动。

手指儿歌：我是一个大苹果，小朋友们都爱我，请你先去洗洗手，要是手脏别碰我。

附歌曲

好饿的小蛇

仇光庆 词
陈惠玲 曲

$1=C$ $\frac{4}{4}$

5 5 3 35	i 5 0 0	6 5 3 2	3 3 - 0
苹果 香蕉 饭团，	啊呜 咕 嘟 吃掉，		

| 5 5 3 <u>3 5</u> | i 5 0 0 | 6 5 3 2 | 1 1 - 0 ||

葡 萄 菠 萝 大 树， 啊 呜 咕 嘟 好 吃。

活动三：给水果穿衣服（艺术）

活动目标

1. 学习用三根手指固定油画棒在边框内涂色。
2. 能够均匀地涂色，保持画面的整洁、美观。
3. 体验绘画活动带来的乐趣。

活动重难点

重点：用三根手指固定油画棒在水果轮廓线内涂色。

难点：能均匀地涂色。

活动准备

经验准备：幼儿尝试过用三根手指握笔绘画。

物质准备：

1. 画好外轮廓线未涂色的苹果、香蕉、饭团、葡萄、菠萝、苹果树。
2. 教师涂好色的苹果、香蕉、饭团、葡萄、菠萝、苹果树图片。

活动过程

一、教师出示涂好色的苹果、香蕉、饭团、葡萄、菠萝、苹果树图片，幼儿欣赏各种食物的颜色。

教师：小蛇吃过什么？它们是什么颜色的？

二、教师出示未涂色的作业单，引导幼儿为它们涂色。

教师：这些好吃的东西忘了穿衣服了，我都有点不认识它们了，谁来帮它们把衣服穿上？涂色的时候要注意什么？怎样能把它们的衣服穿在黑线以内的身体里面？怎么拿油画棒呢？

三、幼儿自己尝试用三根手指握笔的方法进行涂色。

1. 教师巡视观察幼儿握笔的姿势是否正确，对姿势不正确的幼儿给予指导帮助。
2. 教师观察幼儿是否在轮廓框内涂色。
3. 幼儿涂色用力过轻时，教师握住幼儿的手进行涂色，让幼儿感受握笔的力度。
4. 幼儿若涂色不满、轮廓内空白处过多，教师要提醒幼儿将绘画作品涂满。

四、师幼共同欣赏作品。

教师：谁帮小蛇穿的衣服最漂亮、最整洁？

活动四：小蛇小蛇游得快（健康）

活动目标

1. 学习手臂左右快速摆动的动作。
2. 能将很长的彩带当作小蛇进行舞动，锻炼手臂的力量。
3. 感受和小蛇赛跑的乐趣，体验体育游戏的快乐，激发幼儿对体育游戏的兴趣。

活动重难点

学习手臂左右快速摆动的动作。

活动准备

经验准备：幼儿会做上肢的相关动作。（如：扔、抛）

物质准备：彩带做成的小蛇，音乐《健康歌》《迷雾森林》。

活动过程

一、运动准备，听音乐做各种模仿动作，幼儿活动上下肢及躯干。

幼儿听音乐《健康歌》做模仿动作。（附《健康歌》音乐网址：http://music.baidu.com/song/262109809）

二、教师带领幼儿回忆绘本故事中小蛇是怎么游的（双手手心并拢，左右摆动），引出活动内容。

1. 教师出示长长的彩带：我们怎么把它变成一条会游的小蛇呢？教师请幼儿站在做操的大圈上，幼儿想办法变变变，把彩带变成会动的小蛇，幼儿分享变小蛇的经验。

2. 教师和幼儿在圈上一起玩游戏"看哪条小蛇游得快"，练习用手抓住彩带一端快速地左右摆动。

三、幼儿玩游戏"我和小蛇来赛跑"。

1. 幼儿一手拿彩带，围着房屋外围跑一圈。

2. 教师：现在小蛇要和大家玩赛跑的游戏，看看谁能带着小蛇跑得又快、又不碰到别人。

四、放松活动：送小蛇回家休息。

教师播放音乐《迷雾森林》，幼儿集体做放松活动：送小蛇回家。（将彩带整齐地卷起送回到游戏筐内摆放整齐）

活动五：好饿的小蛇排序（科学）

活动目标

1. 能够根据故事内容中出现的物品进行影子的配对。

2. 根据故事情节给小蛇所吃的食物排序。

3. 乐意参与活动，感受配对、排序带来的乐趣。

活动重难点

重点：影子配对。

难点：能够根据故事情节给小蛇吃的食物排序。

活动准备

经验准备：幼儿玩过找影子的游戏。

物质准备：涂好颜色的苹果、香蕉、饭团、葡萄、菠萝、苹果树图片及外轮廓的图片，绘本《好饿的小蛇》。

活动过程

一、教师出示小蛇吃过的食物的图片，引起幼儿注意。

教师：小朋友们，你们知道这些是谁爱吃的东西吗？（苹果、香蕉、葡萄、饭团……）

二、师幼共同玩找影子的游戏，激发幼儿参与活动的兴趣。

教师：这些好吃的食物都有一个好朋友，我们来帮助它们找一找。

三、师幼共同进行影子图片的配对。

1. 师幼共同根据图片回忆绘本故事情节。

教师：我们这些图片都找到了它们的好朋友，那你们知道这些图片是在哪个绘本里出现的吗？（引出绘本《好饿的小蛇》）

2. 师幼共同按小蛇所吃食物的先后顺序将食物进行排序。

3. 师幼根据图片一起讲述绘本的大致内容。

4. 幼儿把小蛇吃过的食物按序排好，再找到和它们一样外轮廓的"影子"图片，然后把图片放在"影子"上比对进行验证。

四、检查活动。

师幼共同翻阅绘本验证自己摆的顺序是否正确。

活动六：小蛇盘柱子（科学）

活动目标

1. 感知、操作、比较 5 个物体间粗细的差别。
2. 用比对的方法进行粗细配对。
3. 愿意参加数学活动，感受数学活动带来的乐趣。

活动重难点

重点：能够正确分辨最粗、最细的物体。

难点：比较 5 个物体间粗细的差别。

活动准备

经验准备：幼儿会给 2 个物体比较粗细。

物质准备：不同粗细的油泥做成的小蛇 5 条，不同粗细的圆柱体 5 个。

活动过程

一、教师以谈话引入活动，激发幼儿参与活动的热情。

教师（出示油泥小蛇）：这是蛇妈妈的宝宝，大家数数有几条小蛇。（教师拿出粗细不同的圆柱体）今天蛇妈妈要请他们比赛盘柱子。

二、幼儿观察、比较"小蛇"的粗和细，进行排序。

1. 幼儿分别观察、比较"小蛇"以及柱子的粗细，找到最粗的、最细的"小蛇"和柱子。

2. 将小蛇和柱子按粗细不同，正确配对摆放。

三、幼儿操作。

1. 给粗细不同的柱子进行排序，先找出最粗的排在第一个，然后再找出第二粗的排在第一个后面，依次进行，每次都找出剩下来最粗的那个进行排序，5 个柱子从粗到细排成一行后,用同样的方法开始找最粗的"小蛇"排在最粗的柱子下面,一直到5个柱子下面都摆好相应粗细的"小蛇"。

2. 尝试把最粗的"小蛇"螺旋缠绕在最粗的柱子上,依次完成其他4组。

3. 师幼共同欣赏配对结果,引导幼儿说出最粗和最细。

活动七:小蛇纸团画(艺术)

活动目标

1. 学习在小蛇轮廓线内用纸团印画来装饰小蛇。

2. 尝试选择自己喜欢的颜色印画,把用过的纸团放在指定的地方。

3. 喜欢印画活动,感受印画活动的乐趣。

活动重难点

重点:在一定的范围内用纸团印画。

难点:用纸团印画来装饰小蛇。

活动准备

经验准备:幼儿有点画、搓纸团的经验。

物质准备:

1. 装纸团的盘子每组2只。

2. 不同颜色的颜料装在不同的颜料盘里(红、黄、绿)。

3. 搓好的纸团若干。

4. 小蛇轮廓图每人1张。

活动过程

一、幼儿制作纸团，玩纸团游戏"碰一碰"。

1. 教师出示报纸，团成纸团。

教师：这是什么？它能变成什么？（教师搓球）让我们一起来变一下。（全体幼儿搓纸团：报纸团一团，搓成小纸团）

2. 师幼共同与纸团玩游戏。

教师：纸团做好了，让我们和纸团玩一玩"碰一碰"的游戏。小纸团玩累了，送他回家休息吧。小纸团，我送你回家。（玩法：手握好纸团，在颜料里面蘸一蘸，用带颜料的纸团在白纸上碰一碰）

二、幼儿学习印画。

1. 教师出示小蛇轮廓图。

教师：请小朋友们看看，这个小蛇漂亮吗？

幼儿：不漂亮。

教师：现在老师能把这只小蛇变得美美的，请小朋友们闭上眼睛，老师要来变魔术了。（教师纸团印画）

2. 请小朋友们睁开眼睛欣赏。

3. 教师揭谜：现在小蛇漂亮吗？哪里漂亮了？这些漂亮的颜色是怎么变上去的呢？谁来试一试？这种画画方法叫作纸团印画。

4. 幼儿尝试纸团印画的方法，教师用儿歌帮助幼儿理解印画方法。

儿歌：捏住小纸团，蘸蘸颜料水，慢慢刮一刮，轻轻压一压，换个地方再压压，换个颜色再来一遍，最后要把纸团送回家。

三、幼儿进行印画活动，教师鼓励幼儿在小蛇的轮廓线内印画。

教师：让我们来试试把你的小蛇打扮得漂漂亮亮的吧！

教师辅导幼儿印画，提醒幼儿把用过的纸团放在托盘里。

四、作品欣赏。

1. 教师请小朋友介绍自己漂亮的小蛇，说说用了什么颜色打扮他的，印画时是不是在小蛇的轮廓线里面印的。

2. 教师：让我们来看看哪张桌子最干净。

活动八：小蛇颜色配对（科学）

活动目标

1. 通过游戏，尝试认识颜色：红、黄、绿、白、黑、紫。

2. 敢于表达自己的想法，积极地参与到活动中。

3. 在游戏中体验学习的乐趣。

活动重难点

重点：尝试认识颜色红、黄、绿、白、黑、紫。

难点：认识黑色、紫色。

活动准备

经验准备：幼儿已认识红、黄、绿三种颜色。

物质准备：

1. 巧虎（一名教师扮演）。

2. 苹果、香蕉、葡萄、西瓜、伊丽莎白香瓜若干，6种颜色的小蛇毛绒玩具。

活动过程

一、"巧虎"出场，引起幼儿的注意，激发幼儿参与活动的热情。

教师：小朋友们看，谁来啦？让我们一起向"巧虎"问个好。

二、教师带领幼儿认识红、黄、绿、黑、白、紫几种颜色，并学会给相同颜色配对。

1. 教师：今天，巧虎给小朋友带来了好多漂亮的小蛇，我们看看有什么颜色的小蛇。

2. 教师出示6种颜色的小蛇，请幼儿逐一说出小蛇的颜色。（认知过程中教师重点拿出黑色、紫色的小蛇请幼儿说出颜色的名称）

3. 教师出示各种颜色的水果请幼儿识别颜色。

4. 幼儿进行颜色配对。

教师：今天每条小蛇都要吃和他一样颜色的水果。

教师（拿出红色的小蛇）：红色的小蛇应该吃什么水果？

请幼儿找到苹果放在红色小蛇下面。（依次给其他颜色的小蛇和水果配对）

三、师幼共同检查，并一起把配对的结果表述出来。

四、"巧虎"和小朋友们共同分享好吃的水果。

活动九：小蛇在哪里（社会）

活动目标

1. 尝试用自己的方法，寻找藏起来的物品和人。
2. 知道旁边的同伴是谁，愿意和同伴一起游戏。
3. 喜欢玩寻人游戏，体验游戏带来的乐趣。

活动重难点

重点：说出藏起来的同伴叫什么名字。

难点：能找到藏起来的人。

活动准备

经验准备：幼儿玩过游戏"捉迷藏"。

物质准备：小蛇手偶若干，用红、黄、蓝、绿、白5种颜色打印纸剪出"小蛇"6条，其中红色2条，在上课前把其中的1条红色小蛇藏在教室某处。

活动过程

一、教师和幼儿一起演唱歌曲《好饿的小蛇》，引入活动。

教师（在板上出示5条不同颜色的小蛇）：今天好多好多的小蛇一起出来找吃的，可是走着走着，（请小朋友闭上眼睛，教师快速地拿走1条小红蛇）哪条小蛇不见了？怎么办呢？让我们一起来找一找可爱的小红蛇去哪里了？

二、幼儿寻找小红蛇。

1. 请幼儿尝试用自己的方法去寻找藏在教室里的小红蛇。

2. 请找到小红蛇的幼儿分享自己是在哪里找到的，怎么找到的。

三、师幼共同玩"谁不见了"的游戏。

1. 教师给每位幼儿都戴上一个小蛇的头饰，将幼儿装扮成小蛇。请小朋友们闭上眼睛后配班教师悄悄地拽走一名小朋友躲在其他小朋友看不到的地方，然后请幼儿睁开眼睛看一看哪个小朋友不见了，说出哪个小朋友不见了后，再请一个幼儿在教室里寻找，找到躲藏的小朋友后分享自己是在哪里找到他的。

2. 幼儿了解玩法后，教师可以一次摸多个幼儿的头，被摸到头的幼儿在配班教师的帮助下分别躲藏好，没被摸到头的幼儿去找，找到后说说自己找到了谁，在哪找到的。

3. 幼儿两两结伴游戏。

请幼儿坐成面对面的两排，一排幼儿每人发一张小蛇图片，另一排幼儿不发，听到教师口令后，手上没有小蛇图片的幼儿把眼睛闭上，手上有小蛇图片的幼儿拿着"小蛇"找个地方把"小蛇"藏好再坐回自己的凳子上，然后闭眼睛的幼儿听口令睁开眼睛，去找小蛇。

4. 幼儿集体分享是在哪里找到好朋友藏的"小蛇"的。

活动十：好饿的小蛇（综合）

活动目标

1. 在熟悉绘本内容、故事发展情节的基础上用身体动作表演绘本故事。
2. 尝试在舞台上和同伴、教师、父母共同表演。
3. 感受在舞台上表演的自豪和快乐。

活动准备

经验准备：

1. 幼儿熟悉故事发展的情节，会说句子"啊呜、咕嘟真好吃"，能扮演小蛇。
2. 家长熟悉绘本，做好小蛇所吃食物的头饰或胸饰，扮演绘本中的食物。
3. 教师当旁白者。

物质准备：

1. 小蛇头饰（服饰、胸饰也可以）。（幼儿用）
2. 小蛇所吃食物的头饰（胸饰、衣服也可以）。（家长用）
3. 在舞台上用大纸盒制作树林场景。

活动过程

一、幼儿和家长围坐成两个半圆，幼儿坐在家长身体前方，回忆绘本故事。

教师重点提问幼儿：小蛇怎么去散步的？怎么吃食物的？吃完说了什么话？

二、家长、幼儿讨论舞台空间布置。

1. 布置树林场景：通过讨论请家长和幼儿将自己制作的场景合理布置在舞台偏后方的位置。
2. 家长帮助幼儿了解舞台的空间方位，分清候场区域以及舞台表演区域。

三、亲子绘本剧表演。

1. 全体演员介绍自己在绘本剧中所扮演的角色。

2. 介绍绘本故事旁白者,在旁白者的讲述提示下进行表演。

3. 幼儿和家长共同表演绘本剧《好饿的小蛇》。

四、所有人共同欣赏、讨论并总结合作表演的绘本剧。

1. 表演者到舞台上找到合适的角色站位。

2. 表演后针对角色的站位进行讨论。(如:是否长时间背对观众,在舞台上是否有不按情节随意走动的情况等。)

五、根据讨论结果再次进行表演。

五、区域活动

美工区

毛根小蛇

材料准备(见图 4-2-1)

1. 毛根。
2. 卡纸做的小蛇头。
3. 透明胶带。

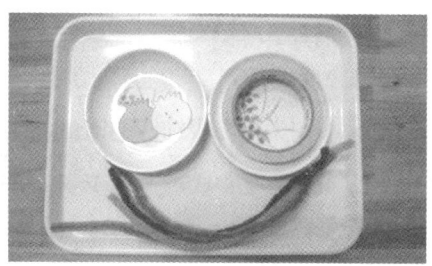

图 4-2-1

操作要点

　　自由发挥将毛根卷成螺旋状,将卷好的毛根贴在可爱的小蛇头上,一条漂亮的毛根小蛇就做好喽!(见图 4-2-2)

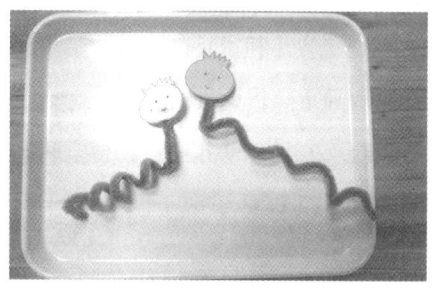

图 4-2-2

小蛇穿衣服

材料准备（见图 4-2-3）

1. 小蛇轮廓底图。
2. 油画棒。

图 4-2-3

操作要点

用三根手指握住蜡笔，在小蛇的黑色轮廓线内涂色，保持画面整洁。（见图 4-2-4）

图 4-2-4

盘在瓶子上的小蛇

材料准备（见图 4-2-5）

1. 油泥。
2. 玻璃瓶。
3. 小蛇头像。

图 4-2-5

操作要点

用手掌将油泥搓成条状，然后将搓好的油泥盘在小蛇瓶身上。（见图 4-2-6）

图 4-2-6

刺工小蛇

材料准备

　　小蛇轮廓图、小块软垫、刺工笔。（见图 4-2-7）

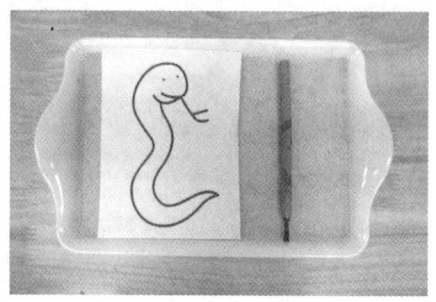

图 4-2-7

操作要点

　　用笔沿着小蛇黑色轮廓线紧密地刺下去，刺完之后的小蛇能被完整地拿下来。（见图 4-2-8）

图 4-2-8

美丽的小蛇

材料准备（见图 4-2-9）

　　1. 皱纹纸。
　　2. 胶棒。
　　3. 小蛇轮廓底图。

图 4-2-9

操作要点

　　把皱纹纸搓成团后抹上胶粘贴在小蛇黑色轮廓线内。（见图 4-2-10）

图 4-2-10

生活区

水果切切切

材料准备

木质水果切切切玩具。（见图 4-2-11）

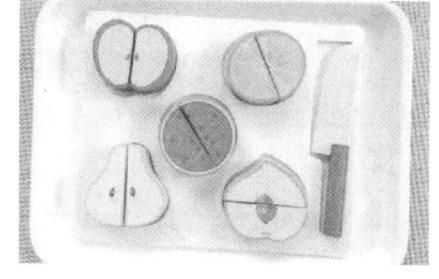

图 4-2-11

操作要点

能够将水果一分为二切下来，并能将水果图案放回嵌板槽内。

小蛇夹夹子

材料准备（见图 4-2-12）

1. 小蛇卡纸图形。
2. 夹子若干。

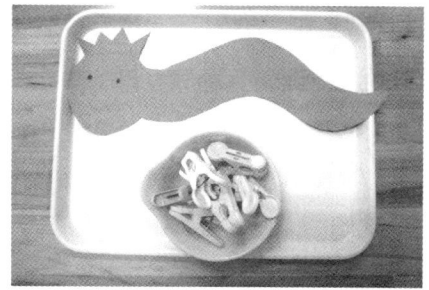

图 4-2-12

操作要点

用三根手指（大拇指、食指、中指）捏住夹子，夹在小蛇身体上。（见图 4-2-13）

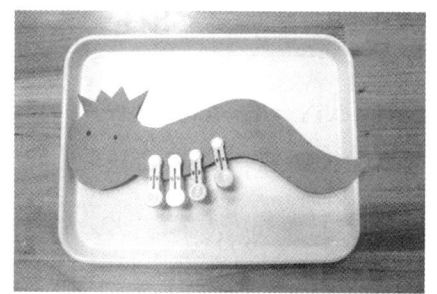

图 4-2-13

图钉小蛇

材料准备（见图 4-2-14）

1. 美工钉。
2. 粘有小蛇图案的软底板。

操作要点

运用大拇指将美工钉按在绿色小蛇身体的边缘线上。

图 4-2-14

科学区

分食物

材料准备

动物卡片和它们爱吃的食物配对卡片。（见图 4-2-15）

图 4-2-15

操作要点

将动物图片有序排列好，找到每个动物爱吃的食物放在该动物的下面进行配对。（见图 4-2-16）

图 4-2-16

小蛇与水果颜色配对

材料准备（见图 4-2-17）

1. 不同颜色的小蛇卡片。
2. 和小蛇身体颜色相同的水果图片。

操作要点

将不同颜色的小蛇有序排列，并能将和小蛇相同颜色的水果放在小蛇的旁边进行配对。（见图 4-2-18）

图 4-2-17

图 4-2-18

水果找影子

材料准备

苹果、香蕉、葡萄、苹果树、饭团图片和它们的"影子"图片。（见图 4-2-19）

操作要点

将彩色实物图进行有序排列，然后将"影子"图片和实物图一一配对。（见图 4-2-20）

图 4-2-19

图 4-2-20

水果接龙

材料准备

水果卡片若干（每张卡片上并排有两个水果）。（见图 4-2-21）

图 4-2-21

操作要点

先从盘子里取一张卡片放在桌上，看卡片上排在后面的水果是什么，然后到盘子里找一张卡片，这张卡片上的前一个水果要与前面一张卡片上的后一个水果一样，找到后把它排在前一张卡片的后面。（见图 4-2-22）

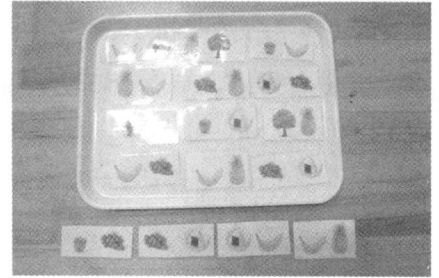

图 4-2-22

数学区

小蛇的花纹

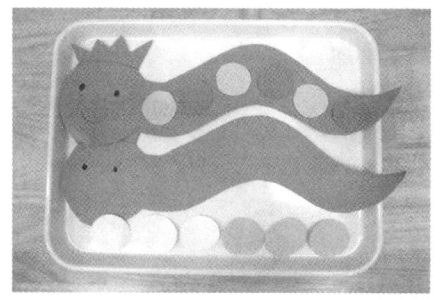

图 4-2-23

材料准备（见图 4-2-23）

1. 黄、绿圆片若干。
2. 小蛇花纹示范图 1 个。
3. 小蛇图 1 个。

操作要点

参照范例上的小蛇花纹图案进行图案排列。（见图 4-2-24）

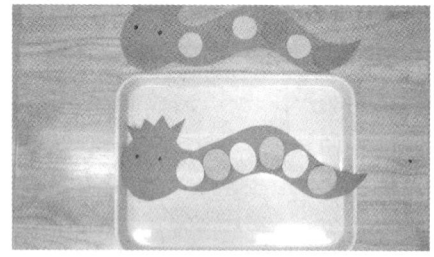

图 4-2-24

点点排队

材料准备（见图 4-2-25）

1. 饭团轮廓图形卡片。
2. 圆点木片。

操作要点

将小碟子里的圆片一个一个取出，沿饭团轮廓线一个靠着一个摆放。（见图 4-2-26）

图 4-2-25

图 4-2-26

六、环境创设

在《好饿的小蛇》绘本主题中，我们将绘本相关图片做成了展示墙，班级幼儿可以随时欣赏，既可以观察画面，又能了解故事内容。在活动中，我们还提供了形态各异的小蛇手偶，开展欣赏、表演活动，大大提高了活动的趣味性。运用美工材料制作成形象各异、可爱生动的小蛇造型并悬挂在班级的顶部横梁上。在区域活动中，幼儿也通过自己灵活的小手制作出了各种各样的"小蛇"，因此我们开辟了小小展示台，展示幼儿的手工作品。在主题活动开展过程中，我们还把开展的活动情景拍成照片，张贴在主题墙上，随着活动不断地深入，主题墙的内容也在不断地充实，班级环境始终保持着一种新鲜氛围，幼儿也始终保持着浓厚的参与热情。

绘本主题墙：展示《好饿的小蛇》绘本内容图片以及各项活动的照片。（见图 4-2-27）

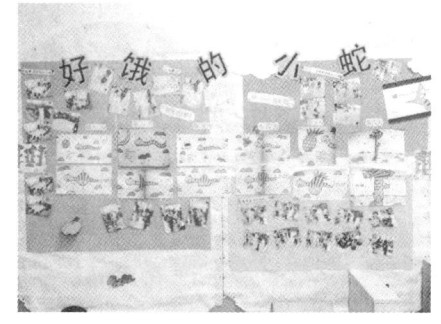

图 4-2-27

幼儿作品：毛根小蛇、小蛇粘贴画。（见图 4-2-28）

绘本主题开展时教室的整体环境。（见图 4-2-29）

图 4-2-28

图 4-2-29

绘本主题活动开展过程中幼儿进行绘本表演时的道具。（见图 4-2-30、图 4-2-31、图 4-2-32）

图 4-2-30

图 4-2-31

图 4-2-32

绘本主题活动开展过程中语言区的环境创设。（见图 4-2-33）

图 4-2-33

开展绘本主题时创设的吊饰、墙饰以及幼儿毛根小蛇作品展。（见图4-2-34、图4-2-35、图4-2-36、图4-2-37）

图4-2-34

图4-2-35

图4-2-36

图4-2-37

七、我和爸爸妈妈的话

一宝和妈妈：

《好饿的小蛇》这本绘本，一宝用了一个词来形容它——"神奇"。小蛇的"神奇"之处在于，没有腿没有脚，他却可以扭动着自己的身体，在地上、树上行走自如。他还有一张奇大无比的嘴巴，见到食物一口就能把它吞掉。一宝多么希望自己也能有一张如此之大的嘴巴呀！我告诉她人和蛇是不一样的，我们需要用牙齿把食物嚼碎了再吞下去，食物进到我们的胃里才能更好地消化。小宝宝没有牙齿，所以他们只喝奶。我们要保护好自己的牙齿，这样才能吃更多美味的食物！一宝敲着自己的小牙齿，一脸稚气地对我说："妈妈，你看我有牙齿，我不是小宝宝了，我已经长大了，我能吃更多的东西啦！"

贝贝妈妈：

《好饿的小蛇》是一本十分有趣的绘本，看似简单，却可念、可演、可互动。生动的图文加上小朋友天真的童声，让我们家长都恨不得坐上时光机回到无忧无虑的童年，重温美好的童年时光。更加有意思的是，每读一次小蛇的故事，似乎总能从不同角度跟小朋友"瞎掰"一些"小道理"：吃饭要细嚼慢咽，可不能像小蛇一样"啊呜"一口吞下去；不同的食物有不同的营养，每天吃饭不挑食，吃什么都要像小蛇那样"啊，真好吃"；吃完饭不能立刻躺下，要像小蛇一样扭来扭去地散步……所谓"开卷有益"，大概就是这个意思吧！

方案三：小班绘本主题活动"汉堡男孩"

一、心动之源

《汉堡男孩》这本绘本里的小主人公维尼的外形十分可爱，引起了幼儿极大的兴趣。故事的主要内容是一个爱吃汉堡的男孩，每顿饭因为只吃汉堡而变成了汉堡男孩，之后遇到了许多棘手的问题。牛呀，狗呀，甚至是其他的小男孩都开始追着他跑想吃他。故事的结尾，汉堡男孩在妈妈的帮助下吃了很多蔬菜，不再吃汉堡了，但是问题又出现了，他因为只吃胡萝卜又变成了胡萝卜男孩。一只小兔子拿着望远镜发现了变成胡萝卜男孩的维尼后，又会发生什么呢？故事给幼儿留下无限的想象空间。

通过阅读绘本，幼儿能够真切地感受到挑食带来的麻烦，也能够通过画面猜测故事的情节发展。在开展的一系列活动中，幼儿将认识各种不同的蔬菜和水果，并和他们做游戏，借此让幼儿认识常见的蔬菜和水果，了解饮食均衡的重要性，培养幼儿良好的饮食习惯。

此次绘本主题活动，不仅要帮助幼儿养成正确的饮食习惯，我们也想提醒家长注意幼儿的营养均衡。小朋友正处于成长阶段，身体所需的各种营养都要通过食物来获得。每一种蔬菜、肉类都含有生长发育所需的各种营养成分，只有均衡摄取才能帮助小朋友拥有健康的身体。

二、主题总目标

1. 具有初步的阅读理解能力，敢于表达自己的想法。
2. 初步养成良好的饮食习惯。
3. 喜爱接触大自然，并具有初步的探究能力。
4. 尝试运用多感官操作，了解常见蔬菜、水果的特征。
5. 喜欢涂涂画画，乐于表达自己的感受。
6. 能跟随熟悉的音乐做身体动作，能尝试用自然的声音边演唱歌曲边做动作。

三、主题开展网络图

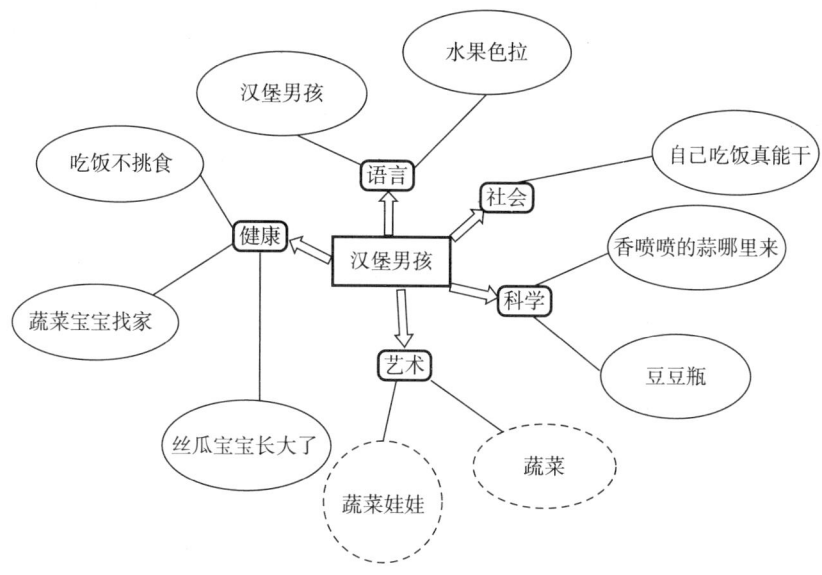

备注：预成活动为实线框，生成活动为虚线框。

四、集体活动

活动一：汉堡男孩（语言）

活动目标

  1. 理解故事内容，感知男孩维尼变成汉堡前后离奇而有趣的故事情节。

  2. 通过观察画面、学说故事中的对话、假设情景、猜测等多种方式，理解故事内容，大胆推测故事结尾。

  3. 喜爱阅读绘本，明白不挑食对身体有益。

活动重难点

  重点：理解故事内容，感受故事情节。

  难点：敢于大胆对故事内容进行猜测，并用语言表达出来。

活动准备

  经验准备：幼儿认识汉堡，认识常见蔬菜。

  物质准备：绘本《汉堡男孩》，《汉堡男孩》配套PPT（教师拍摄绘本画面后制作成PPT）。

活动过程

  一、教师出示绘本PPT，通过提问引导幼儿观察小男孩维尼最喜欢吃什么。

  1. 教师出示PPT第1页：小男孩叫维尼，他不吃任何蔬菜，像胡萝卜、青菜，他统统都讨厌，他最喜欢吃汉堡。

  2. 教师出示PPT第2页，请幼儿讨论：你觉得维尼只吃汉堡的行为好吗？为什么？

  二、教师出示PPT第3页至第10页，教师边讲故事边提问。

  1. 教师：只吃汉堡，不吃蔬菜的维尼真的变成了一个大大的汉堡。有一天，他从汉堡店走出来，他碰到谁了？

2. 教师：小狗为什么会追着维尼跑？（因为维尼变成了汉堡的样子）

3. 教师：维尼拔腿就跑，他跑到了哪里？（养牛场）

4. 教师：养牛场的牛为什么会这么生气地追着维尼？（因为汉堡是牛肉做的）

三、教师出示 PPT 第 11 页至结束，师幼共同猜测故事发展，进一步体验维尼所处的险境。

教师：维尼又会遇到什么危险的事情呢？（教师从第 11 页讲述故事至结束）

四、故事结束，师幼共同讨论总结。

1. 教师：从那以后，维尼决定听妈妈的话。蔬菜水果样样都吃，慢慢地，汉堡男孩又变成原来那个健康的小男孩维尼了。

2. 教师总结：维尼以前只吃汉堡，所以他变成了汉堡男孩。在妈妈的帮助下，他开始吃蔬菜、水果，才又变回健康的小男孩，所以小朋友们如果想要健康的身体，就要均衡饮食，蔬菜、水果都要吃，不能挑食。

活动二：吃饭不挑食（健康）

活动目标

1. 感知并了解蔬菜可以提供人体需要的各种营养。
2. 通过观察、讨论，懂得蔬菜和荤菜都要吃才有利于身体健康和生长发育。
3. 喜爱吃蔬菜，并知道吃蔬菜对身体的好处。

活动重难点

重点：感知并了解蔬菜可以提供人体需要的多种营养。

难点：通过多种方式懂得蔬菜荤菜都要吃才有利于身体健康和生长发育。

活动准备

经验准备：幼儿知道胖和瘦的区别。

物质准备：故事《三只小熊》，胖的白熊、瘦的黑熊、健康的棕熊图片各1张。

活动过程

一、教师同时出示白熊、黑熊、棕熊的图片，引导幼儿观察。

1. 教师：这三只熊一样吗？什么地方不一样？（引导幼儿仔细观察并比较区别）

2. 教师：你知道他们为什么会有的胖？有的瘦？（鼓励幼儿结合已有生活经验大胆表述自己的想法）

二、教师边操作图片边讲述故事《三只小熊》。

教师：在大大的森林里，住着相亲相爱的小熊一家。熊妈妈有三个孩子，一个是小白熊，他胖乎乎的；一个是小黑熊，他特别的瘦；还有一个是小棕熊，森林里的动物们都夸他是最漂亮的熊。午饭时间到了，熊妈妈喊三只小熊来吃饭。熊妈妈对小白熊说："别只吃肉，蔬菜也要吃。这样才健康！"小白熊说："我不要！"熊妈妈对小黑熊说："别只吃蔬菜，肉也要吃。这样才健康！"而小黑熊说："我不要！"妈妈看见小棕熊又吃蔬菜又吃肉，开心地笑了。

三、教师引导幼儿根据故事内容进行讨论。

1. 教师：小白熊为什么会那么胖？（因为他不吃蔬菜，只吃肉）

2. 教师：小黑熊为什么会那么瘦？（因为他只吃蔬菜，不吃肉）

3. 教师：为什么大家都夸小棕熊漂亮呢？（因为他不挑食，身体不胖不瘦）

4. 教师：你愿意做哪只小熊？为什么？

5. 教师：怎样才能像小棕熊那样漂亮呢？

四、教师小结。

教师：原来大家都想做漂亮的小棕熊，那我们大家就要向小棕熊学习，既吃蔬菜又吃肉，这样才会有健康的身体。

活动三：自己吃饭真能干（社会）

活动目标

　　1. 感受长大的快乐，学会自己吃饭。

　　2. 通过观察、对比、讨论的方式，在集体中大胆表述自己的想法，知道自己独立吃饭的重要性。

　　3. 知道良好的饮食习惯有益于身体健康。

活动重难点

　　重点：安静观看视频，体会成长的快乐。

　　难点：学会自己吃饭。

活动准备

　　经验准备：幼儿会自己握勺吃饭。

　　物质准备：

　　1.《蓝猫淘气之不挑食》视频。（附网址：http://www.iqiyi.com/v_19rroh7kuw.html）

　　2. 电视机、U盘（存有幼儿照片）：幼儿在家吃饭的照片（家长提供幼儿平时在家吃饭的真实照片），幼儿在幼儿园自己动手吃饭的照片。

　　3. 儿歌《不挑食》。

活动过程

　　一、教师出示幼儿在家和在幼儿园吃饭的照片，导入主题。

　　1. 教师先出示幼儿在家吃饭的照片：小朋友们在家是怎么吃饭的？

　　2. 教师出示幼儿在幼儿园吃饭的照片：小朋友们在幼儿园是怎么吃饭的？

　　3. 教师引导幼儿观察后进行比较并讨论：你们喜欢怎样吃饭的小朋友呢？

二、教师播放《蓝猫淘气之不挑食》的视频，引导幼儿说出自己的想法。

1. 教师：蓝猫、淘气、菲菲、咖喱是怎么吃饭的？

2. 教师：你喜欢他们吗？为什么？（引导幼儿了解饮食习惯的重要性）

三、师幼共同讨论：长大的孩子，会怎样吃饭？

1. 教师：我们都长大了，上幼儿园当能干的小哥哥小姐姐啦！我们要怎样吃饭呢？

2. 教师总结：在家和在幼儿园都要自己吃饭，才会越变越能干。

四、结合角色游戏，引导幼儿进一步感受饮食习惯的重要性。

1. 幼儿进行"开餐厅"的游戏，教师事先准备好各种食物和餐具。

2. 教师边播放儿歌《不挑食》，幼儿边游戏。

附儿歌

不挑食

我学小兔吃青菜，
我学小鸭吃鱼虾，
不挑食，样样吃，
自己吃，大口吃，
身体长得高又壮。

活动四：香喷喷的蒜哪里来（科学）

活动目标

1. 了解蒜的主要特征，知道蒜可以杀菌。

2. 初步了解蒜的成长过程及生长环境。

3. 知道蒜有营养，愿意吃蒜。

活动重难点

重点：了解蒜的主要特征。

难点：初步了解蒜的成长过程及生长环境。

活动准备

经验准备：幼儿能够说一些简单的形容词，如"白白的""长长的"等。

物质准备：

1. 种有蒜的种植园地，小篮子（每人1个）。

2.《蒜的成长过程》视频（也可用蒜的生长图片代替）。（附网址：http://v.youku.com/v_show/id_XNDYzNzk1Mjc2.html）

3. 新鲜蒜若干。

活动过程

一、教师出示蒜，引导幼儿观察。

1. 教师：你们知道这是什么吗？（可以让幼儿用鼻子闻一闻、用手轻轻摸一摸）鼓励幼儿大胆表述自己的看法。

2. 教师：这是蒜。它是什么颜色的？（绿绿的、白白的）它是什么样子的？（细细长长的、圆圆的）

二、教师带领幼儿到种植园地找蒜，并拔一些蒜放到菜篮中。

1. 教师（集中幼儿）：这是什么地方？蒜在哪里？我们一起找一找吧！（鼓励幼儿看一看，摸一摸蒜，发现蒜的主要特征）

2. 教师：我们拔一些蒜带回班上吧！（教师示范拔蒜的方法：连着蒜的根部拔起）

三、将拔出来的蒜带回教室，教师引导幼儿进一步观察、了解蒜。

1. 教师：蒜叶是细细长长的，摸上去滑滑的，闻上去香香的。

2. 教师：蒜的根部是白白胖胖的，根上有毛毛的小须须。

3. 引导幼儿说一说蒜是哪里来的。

四、师幼共同欣赏视频《蒜的成长过程》。

1. 教师：我们一起来看看蒜是怎么长大的？在这个过程中它有什么变化？

2. 教师播放视频《蒜的成长过程》。

3. 请幼儿说一说蒜的生长过程。

活动五：水果色拉（语言）

活动目标

1. 知道水果色拉里的水果名称。

2. 理解儿歌内容，学习词语"红红的""黄黄的""绿绿的"，会说"加点……"。

3. 喜爱跟读有节奏感的儿歌。

活动重难点

重点：学习词语"红红的""黄黄的""绿绿的"，创编儿歌内容。

难点：能跟随故事发展，会说"红红的""黄黄的""绿绿的"等叠词。

活动准备

经验准备：幼儿知道常见水果的名称。

物质准备：

1. 猕猴桃1个、香蕉1根、草莓2~3个（将准备好的水果切成小块分别放在盘子里），色拉酱，盘子、勺子若干。

2. 事先做好的水果沙拉1份。

活动过程

一、教师出示事先做好的水果色拉，引起幼儿的兴趣。

教师：维尼因为只吃汉堡变成了汉堡男孩，后来他在妈妈的帮助下，吃了蔬菜和水果，才变回了原来的模样。所以，小朋友们也要吃蔬菜和水果。今天老师带来了一份好吃的水果色拉，你们知道色拉是怎么做出来的吗？（将水果切片与色拉酱拌在一起）

二、师幼共同创编制作水果色拉的儿歌。

1. 教师出示准备好的水果制作水果色拉，请幼儿提示需要放什么水果。

教师：水果色拉加什么？（红红的草莓加一些）

请幼儿用勺子挖一勺草莓放到大碗里。

2. 教师：水果色拉加什么？（黄黄的香蕉加一些）

请幼儿用勺子挖一勺香蕉放到大碗里。

3. 教师：水果色拉加什么？（绿绿的猕猴桃加一些）（后半句请幼儿尝试回答）

请幼儿用勺子挖一勺猕猴桃放到大碗里。

4. 教师：水果色拉做好了吗？还缺点什么呢？（色拉酱）

教师：水果色拉加什么？（香香的色拉酱加一些）

三、师幼共同品尝做好的水果色拉，请幼儿说说水果色拉是什么味道的。

教师：我们品尝过了好吃的水果色拉，请你说一说水果色拉是什么味道的呢？（香香的、甜甜的）

四、师幼共同根据图片内容念儿歌《水果色拉》。

教师：我们根据图片一起说说看，水果色拉是怎么做成的？

附儿歌

水果色拉

水果色拉加什么？红红的草莓加一些。

水果色拉加什么？黄黄的香蕉加一些。

水果色拉加什么？绿绿的猕猴桃加一些。

水果色拉加什么？香香的色拉酱加一些。

水果色拉香又甜，美味可口营养佳。

活动六：蔬菜（艺术）

活动目标

1. 学习用自然的声音边演唱歌曲边做动作。
2. 借助对蔬菜的认知经验，尝试用工整替换的方式创编歌词。
3. 乐意参与演唱活动。

活动重难点

重点：理解歌词并学习用自然的声音歌唱。

难点：尝试用工整替换的方式创编歌词。

活动准备

经验准备：幼儿已经学会手提篮子摘果子的动作。

物质准备：

1. 歌谱《蔬菜》。
2. 幼儿常见的蔬菜图片，如红萝卜、青菜等。
3. 种有红萝卜（或其他蔬菜）的菜地图片。

活动过程

一、教师逐一出示蔬菜图片，请幼儿说说认识的蔬菜名称。

1. 教师：老师今天买了许多蔬菜，我们一起来看看都有哪些。

2. 教师出示蔬菜图片，鼓励幼儿在说出蔬菜名称后用一些形容词来描述蔬菜，如绿绿的青菜、红红的（或者白白的）萝卜等。

二、教师引导幼儿欣赏歌曲《蔬菜》，并理解歌词内容。

1. 教师引导幼儿观察菜地图片，激发幼儿倾听教师演唱的欲望。

教师：这是什么？这块地里种的是什么蔬菜？（引导幼儿说出地里有许多红萝卜等）想吃红萝卜了怎么办？怎么拔？

2. 教师示范演唱歌曲，幼儿初步熟悉歌曲的旋律和内容。

3. 教师逐步引导幼儿用歌词来回答，帮助幼儿理解歌词内容。

教师：菜地里有许多红萝卜，怎么拔出来？（引导幼儿说一个一个拔出来）谁喜欢吃萝卜？多吃萝卜会怎么样？

4. 教师再次慢唱歌曲，鼓励幼儿跟随教师有节奏地做相应动作。

5. 引导幼儿在摘蔬菜的情境中逐句创编、练习表演动作，并学习演唱。

教师：红萝卜在哪里？"一个一个拔下来"怎么做动作？谁喜欢吃萝卜？可以怎么做动作？"多吃萝卜身体好"怎么做动作？

6. 教师带领幼儿边慢速演唱边做相应的动作。

三、教师逐一出示种植的各种蔬菜图片，引导幼儿用工整替换的方式进行歌词创编。

1. 教师调动幼儿对蔬菜的已有认知创编歌词。

教师：我的菜地里还种了其他蔬菜，请你们猜猜是什么蔬菜？是什么颜色的？

2. 教师带领幼儿根据创编的歌词内容进行演唱。

四、师幼共同表演歌曲，体验歌唱活动的乐趣。

幼儿左手手腕放在腰间，假装手提篮子到菜地，边唱歌边表演动作。

附歌曲

蔬菜

1=C 4/4

| 5 5 3 6 | 5 5 3 - | 1 3 5 3 | 2 2 1 - |

地 里 许 多 红 萝 卜， 一 个 一 个 拔 出 来，

| 5 5 3 6 | 5 5 3 - | 1 3 5 3 | 2 2 1 - ‖

我 们 爱 吃 红 萝 卜， 身 体 健 康 多 快 活。

活动七：蔬菜宝宝找家（健康）

活动目标

1. 能在相距 25 厘米的平行线中间走，行走时，两臂自然侧平举，保持身体平衡。
2. 学习将蔬菜按种类摆放。
3. 熟悉集体生活的常规。

活动重难点

重点：在相距 25 厘米的平行线中间走。

难点：两臂自然侧平举，保持身体平衡，将蔬菜按种类摆放。

活动准备

经验准备：幼儿认识生活中常见的蔬菜，并能说出名称。

物质准备：

1. 做好标记的塑料筐 5~6 个，幼儿熟悉的蔬菜图片若干（数量是幼儿人数的 2~3 倍）。

2. 在场地中间画 4~5 条长 3~5 米、宽 25 厘米的小路，小路间有一定的间隔距离。

3. 放松音乐，播放器。

活动过程

一、师幼玩游戏"小飞机转转转"。

1. 教师带领幼儿念儿歌：小飞机转转转，转呀转呀转呀转，飞到机场我就停！

2. 幼儿边念儿歌边两臂侧平举在原地旋转，当念到"停"字时，幼儿马上停止旋转并站好。

二、教师介绍游戏"蔬菜宝宝找家"，与幼儿一起讨论游戏规则。

1. 全班幼儿站成两条平行线，教师站在中间介绍游戏玩法和规则。

教师：刚才蔬菜宝宝出来玩，可是他们现在找不到自己的家了。我们要把蔬菜宝宝找回来，找蔬菜宝宝时，一定要小心地走过一条小路，别踩到路边的小草，找到蔬菜宝宝后从小路走回来，把蔬菜宝宝放入有相应标记的筐里。（创设相应的游戏环境，吸引幼儿参与的兴趣）

2. 个别幼儿尝试进行游戏。

教师：怎样才能走得又快又稳呢？（请部分幼儿示范玩法和游戏全过程）

教师总结：原来，我们在走过小路时要照顾好蔬菜宝宝，行走中两臂要自然侧平举，这样才能保持身体的平衡。手里还要拿好蔬菜并从小路走回来，最后把蔬菜放入有相应标记的筐内。

三、幼儿分组游戏 2~3 次。

1. 幼儿分组自主进行游戏。

教师：小朋友走小路时要走中间，不要踩线。

2. 教师观察幼儿游戏的情况，及时表扬幼儿是能干的小帮手，并与幼儿一起检查蔬菜宝宝是否都放在规定的筐中。

四、播放音乐，师幼随音乐做简单的放松动作。

活动八：蔬菜娃娃（艺术）

活动目标

1. 在操作中运用各种感官，感知西红柿和黄瓜的外形特征。
2. 尝试将贴纸（眼睛、鼻子和嘴巴）粘贴在蔬菜上。
3. 愿意参加手工操作活动。

活动重难点

重点：尝试通过多感官感受蔬菜的外形特征。

难点：尝试将五官贴纸贴在蔬菜娃娃相应的位置。（眼睛在鼻子的上面，嘴巴在最下面等）

活动准备

经验准备：幼儿知道五官的名称。

物质准备：

1. 洗干净的黄瓜和西红柿各 6 个。
2. 神秘箱（留一个小孔的封闭纸盒）6 个。（每个神秘箱中各放 1 个黄瓜和西红柿）
3. 贴有各种表情的蔬菜娃娃。
4. 蔬菜（土豆、萝卜等）每人 1 个。
5. 剪好的五官图片分类摆放在小盘子里（每组一组材料），胶棒（每人 1 只）。

活动过程

一、师幼玩游戏："神秘箱内摸一摸、猜一猜"。

1. 教师：《汉堡男孩》的故事里出现了各种各样的蔬菜，今天我们一起来跟蔬菜娃娃做个游戏。

2. 教师出示神秘箱，引发幼儿参与的兴趣。

教师：蔬菜娃娃藏在我的神秘箱里呢！谁来摸一摸告诉我，是什么蔬菜娃娃藏在里面？摸上去有什么感觉？

3. 鼓励幼儿大胆表达，教师进行总结，丰富幼儿的词汇。

教师：一个是圆圆的、滑滑的；一个是长长的、麻麻的。

二、教师引导幼儿将自己摸到的蔬菜娃娃拿出来看一看，描述一下他的外形特征。

1. 教师：是什么蔬菜娃娃？他是什么颜色的？长什么样子？摸起来什么感觉？（引导幼儿从视觉和触觉上去感受蔬菜的特征）

2. 鼓励幼儿大胆表达自己的已有认识，教师再次进行总结：西红柿是红红的、圆圆的、滑滑的；黄瓜是绿绿的、长长的、麻麻的。

三、教师出示有表情的蔬菜娃娃，引导幼儿观察各种表情，鼓励幼儿给蔬菜娃娃贴表情。

1. 教师：蔬菜娃娃是什么样的表情？他的眼睛是什么样子的？嘴巴是什么样子的？谁来试试做一个蔬菜娃娃。

2. 幼儿自主选择材料操作，教师协助指导。（教师观察幼儿操作情况，有针对性地给予指导）

四、师幼共同欣赏作品。

教师将幼儿作品集中摆放。（便于幼儿相互欣赏）

教师：我们一起来看一看，小朋友都做了哪些蔬菜娃娃？

活动九：豆豆瓶（科学）

活动目标

1. 观察和发现豆子颜色的不同，并能根据颜色给豆子分类。

2. 能将同样的豆子放到相同颜色的瓶子里，能够边送豆子边讲述："红豆宝宝送回红色的家，绿豆宝宝送回绿色的家……"

3. 喜欢参加数学活动。

活动重难点

重点：观察和发现豆子颜色的不同，并能够根据豆子的颜色进行分类。

难点：能够耐心地将每一颗豆子送到相同颜色的瓶子里去。

活动准备

经验准备：幼儿认识红豆、黄豆、绿豆。

物质准备：

1. 将红豆、黄豆、绿豆混合放在一个盘子里。（每组1盘）

2. 人手3个小瓶子或者纸杯。（瓶子或纸杯上分别有红、黄、绿标记）

3. 音乐《王老先生有块地》。（附网址：http://bd.kuwo.cn/yinyue/6624442?from=dq360）

活动过程

一、幼儿观察豆宝宝的颜色，并给豆宝宝按颜色分类。

教师：瞧！这里有穿着三种不同颜色衣服的豆宝宝，这些豆宝宝们找不到家了，你们愿意帮助他们吗？他想住在和衣服颜色一样的家里。我们一起来帮助豆宝宝，把他们送回家。

二、教师鼓励幼儿尝试将相同颜色的豆豆装在一个瓶子里。

1. 引导幼儿先将豆子与瓶子的标记进行颜色配对。

2. 引导幼儿在装豆子时说"红豆宝宝送回红色的家，绿豆宝宝送回绿色的家……"。

3. 挑选相同颜色的豆子放在对应的瓶子里。

三、教师等所有幼儿将豆豆装完后，检查瓶子里的豆豆颜色是否一样。

教师：我们一起来看一看，豆宝宝是不是都回到自己家了！

四、教师鼓励幼儿将瓶盖盖好，摇一摇瓶子，听听声音，感受成功的喜悦。

1. 教师：豆宝宝是不是都回到自己的家了？摇一摇你的豆豆瓶，一起听一听豆宝宝开心的声音。

2. 教师带领幼儿随音乐《王老先生有块地》的节奏摇摆手中的豆豆瓶。

活动十：丝瓜宝宝长大了（健康）

活动目标

1. 能看准目标，屈膝用力双脚同时离地向上跳。
2. 通过模仿、练习等方法提高跳的协调性。
3. 感受一起劳动带来的快乐。

活动重难点

重点：看准目标，屈膝用力双脚同时向上跳。

难点：通过多种方式提高跳的协调性。

活动准备

经验准备：幼儿生活中看见或吃过丝瓜。

物质准备：

1. 长绳3~4根，上面挂着高矮不一的丝瓜图片若干。
2. 放松音乐《我的宝贝》（小野丽莎）。
3. 场地布置（见图4-3-1）

将绳子装饰成丝瓜藤，○代表丝瓜，圆柱代表篮子。

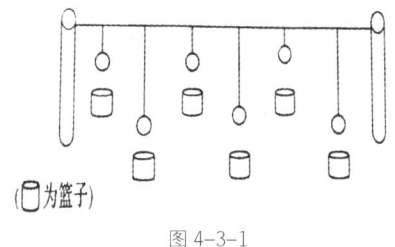

图 4-3-1

活动过程

一、创设情境，师幼进行队列练习。

教师：我种的丝瓜不知道长大了没有，快和我一起去看看吧！请你们排好队一个跟着一个走圆圈。（快走、慢走、跑、双脚跳等方式交替走圆圈）

二、幼儿练习纵跳触物。

1. 幼儿分散站在丝瓜藤下。

教师：我的丝瓜长大啦！今天我要用丝瓜做美味的汤，谁来帮帮我把丝瓜摘下来？

2. 幼儿集体尝试纵跳触物，用手摸丝瓜。

教师：谁摸到丝瓜了？你是怎么摸到的？谁来说一说？

3. 教师示范，边讲解跳得高的方法边做向上跳的动作。

教师：看准目标，屈膝用力双脚同时离地向上跳，用手摸丝瓜。

4. 幼儿模仿练习。教师观察指导幼儿，并根据幼儿的弹跳能力调整悬挂物的高度。

三、幼儿集体游戏：摘丝瓜。

1. 教师：丝瓜藤上的丝瓜太多了，我们要看准，用力跳起，将它们抓住，取下来放在篮子里。

2. 教师指导幼儿在游戏中摘下全部丝瓜，鼓励能力强的幼儿挑战摘高处的丝瓜。

四、教师总结活动，带领幼儿进行放松整理。

1. 教师总结活动。

2. 播放音乐《我的宝贝》，带领幼儿一起进行放松活动。

五、区域活动

美工区

给蔬菜宝宝穿衣服

材料准备（见图4-3-2）

1. 油画棒。

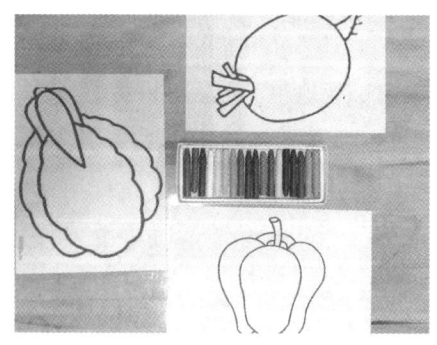

图4-3-2

2. 蔬菜简笔画。

操作要点

选择蔬菜对应的颜色,进行涂色。

> 益智区

蔬菜接龙

材料准备(见图 4-3-3)

1. 各类蔬菜水果图片。

2. 托盘。

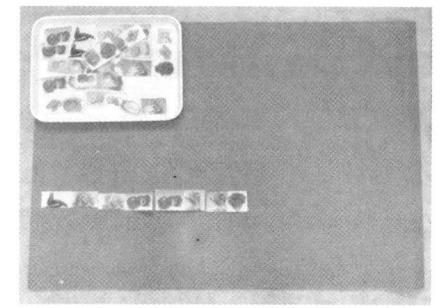

图 4-3-3

操作要点

从托盘中取出任意一张图片,摆放在桌上,根据图片上后一个蔬菜或水果的种类,在托盘中找一张前一个蔬菜或水果种类与之相同的图片摆放在该图片的后面,以此类推。

绘本拼图

材料准备(见图 4-3-4)

1. 完整的图片 5 张,拼图五组(4 块)。

2. 完整的图片 5 张,拼图五组(6 块)。

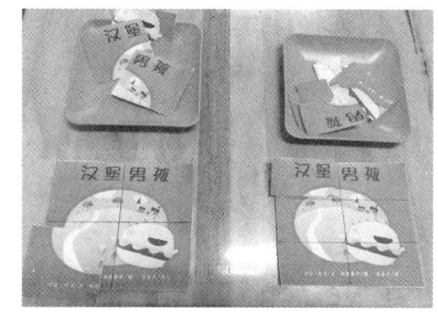

图 4-3-4

操作要点

观察完整的图片后,将拼图块放入对应的位置,完成拼图。

第四章　班级开展绘本主题教育活动的实践经验　143

> 科学区

喂动物宝宝吃东西

材料准备（见图 4-3-5）

    1. 抽纸盒，动物头像。

    2. 动物爱吃的食物图片。

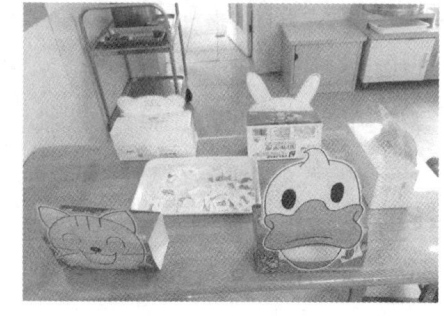

图 4-3-5

操作要点

    根据动物的食性，将动物爱吃的食物图片放进动物的嘴里。

大蒜生长过程排序

材料准备（见图 4-3-6）

    大蒜生长过程各阶段图片。

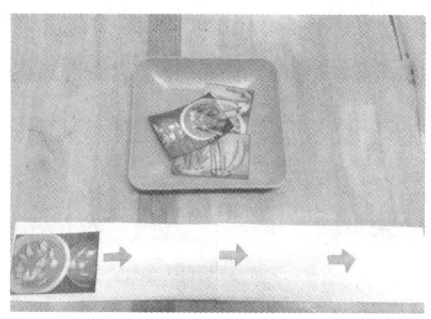

图 4-3-6

操作要点

    根据大蒜生长过程，将图片进行正确排序。

六、环境创设

    班级将主题墙分为了两大块面，其中一部分为正在进行中的《汉堡男孩》绘本主题，展示绘本《汉堡男孩》中的相关画面（见图

4-3-7），便于班级幼儿将活动过程汇总，并通过观察画面的方式尝试跟身边的同伴进行绘本内容的交流，提升幼儿的语言交往能力。而另一部分为同时进行的园部"阅读节"活动中的"绘本漂流"活动。班级将全体幼儿及家长共同参与的"图书漂流"活动中共同完成的漂流信笺展示在主题展示墙上（见图4-3-8）。信笺上有班级幼儿与家长共同画的令他们印象深刻的绘本画面及读后感。班级幼儿可以自由与同伴进行交流和分享，也便于教师将幼儿和家长在"漂流"活动中的收获和大家一起分享。

在《汉堡男孩》绘本主题活动中，我们将班级幼儿不爱吃的蔬菜都展示在主题墙上（见图4-3-9），并且帮助幼儿认识各种常见蔬菜，让幼儿对各种蔬菜的营养价值有了新的认识。在这一系列活动的开展过程中，教师带领班级幼儿与蔬菜水果做朋友一起玩游戏，如"汉堡涂色"活动（见图4-3-10），加深了他们对蔬菜和水果的喜爱。

图 4-3-7

图 4-3-8

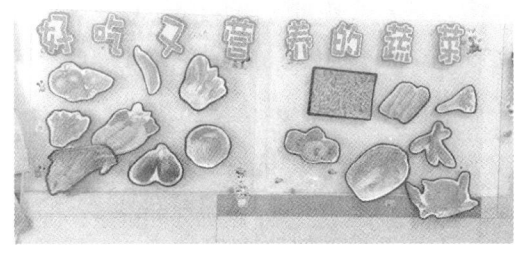

图 4-3-9

图 4-3-10

七、我和爸爸妈妈的话

瑷瑷：

打开《汉堡男孩》绘本，发现这本绘本以生动有趣的插画形式讲述了一个关于孩子挑食后变成食物，被一些孩子、动物追赶的故事。后来主人翁维尼因为吃各种蔬菜恢复了原来的模样，得以脱险。不过，最后的反转是维尼一个劲吃胡萝卜，又变成胡萝卜被兔子追赶了……开放的结局令人捧腹，值得回味又让人深思。女儿平时在家中颇为挑食，喜欢吃肉不吃蔬菜，导致她常常受到便秘的困扰。讲这个故事给女儿听后，她不断提问："维尼为什么变成汉堡？""维尼为什么会被动物追？""维尼为什么变成胡萝卜？"我都一一解释给女儿听。希望这本绘本能改掉她挑食的坏习惯！

高高：

利用晚上亲子阅读的时间，高高和爸爸一起阅读了《汉堡男孩》这本绘本，男孩维尼因为只爱吃汉堡而不爱吃蔬菜，结果自己变成了一个大汉堡。这可把维尼吓坏了，最后吃了很多蔬菜后才变回自己原来的样子。爸爸对高高说："我们要吃各种各样的蔬菜、水果、肉类，而不能像维尼一样只吃自己爱吃的，只有营养均衡，才能长得又高又结实。"高高点点头，认真地说："我不能学维尼，我要做个好孩子，所有有营养的东西都吃，不能挑食，对身体不好。"

文文：

有一个叫维尼的小男孩，他因为很挑食，只吃汉堡，最后变成了胖胖的汉堡。经历了这件很可怕的事情之后，维尼决定再也不吃汉堡了。以前讨厌吃的蔬菜，比如西兰花呀，圆白菜呀，西红柿呀，现在统统喜欢吃了。但是，也不能只吃蔬菜！一定要荤素搭配，不可以挑食。这样，营养才能均衡，身体才会强壮，才能长高，并且，不容易生病。所以，以后吃饭一定要养成一口饭一口菜搭配着吃，不要吃垃圾食品。这样才能健康长大！长高了才能跳舞弹琴，从现在开始努力加油吃饭！

方案四：中班绘本主题活动"是谁嗯嗯在我的头上"

一、心动之源

你有没有发现幼儿的眼中的"粑粑""屎"是和成人认识中完全不同的一种事物，他们好奇地观察着世界，世界的一切都变得美好而奇妙。《是谁嗯嗯在我的头上》这一绘本竟然让"粑粑"当上了主角，还给"拉屎"起了一个既文明又可爱的名字"嗯嗯"，这对幼儿来说是一件多么快乐的事情啊！绘本中的小鼹鼠到底有没有找到在自己头上"嗯嗯"的坏蛋呢？绘本一开始就抓住了幼儿的心，他们一边开心地阅读一边大大方方地将"嗯嗯"拿出来研究，从鸽子、兔子到最后的罪魁祸首——狗，几乎将幼儿常见的小动物研究了个遍。此外，家长们遭遇宝贝们便秘的情况比较常见，这些幼儿便秘的原因可能是挑食不爱吃蔬菜，也可能是饮水较少，不管何种原因都会让父母倍感困扰，同时还会引起幼儿身体上的不适，我们希望能够以这个绘本故事为切入点，让幼儿更关注自己的身体健康，从而改善便秘的情况。绘本故事本身的幽默风趣是又一亮点，这是一本值得一读、趣味性、知识性很强的绘本。

二、主题总目标

1. 能根据绘本中连续画面提供的信息，大致说出故事的情节。喜欢参与阅读及图书制作活动。

2. 喜欢吃瓜果、蔬菜，常喝白开水，知道这些食物对排便有帮助，养成良好的生活习惯。愿意用多种方法改善坏心情。

3. 勇于尝试与他人合作完成有一定难度的活动及任务，体验舞台表演的乐趣。

4. 了解调查表的记录方法，能在家长的帮助下用图文形式完成调查表，大胆分享自己了解到的内容。在探索活动中尝试正确配对和多角度的分类方法。

5. 了解中国传统水墨画，初步感知它的艺术特点，在不同的艺术活动中大胆表现及创新。

6. 乐于探索主题活动，不怕困难，勇于大胆提问，主动探究有关"嗯嗯"的信息。

三、主题开展网络图

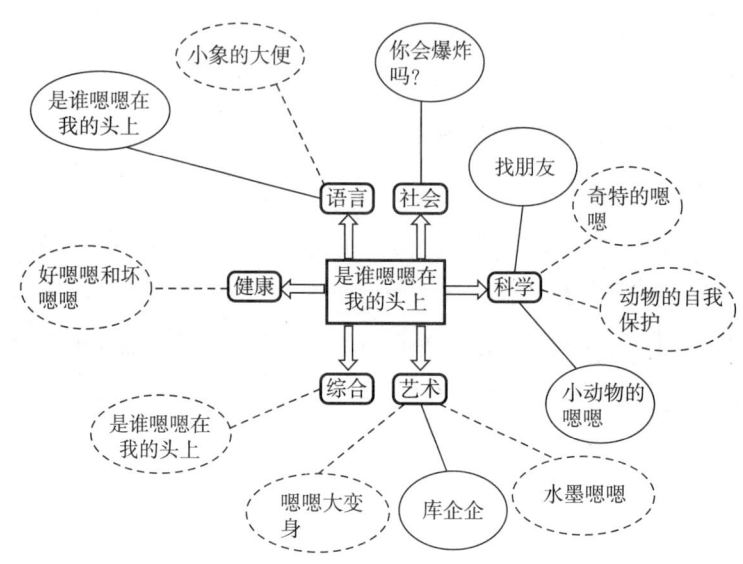

备注：预成活动为实线框，生成活动为虚线框。

四、集体活动

活动一：是谁嗯嗯在我的头上（语言）

活动目标

1. 师幼共同阅读绘本理解故事内容，学习使用问句："是不是你嗯嗯在我的头上？"
2. 关注绘本画面的细节，通过模仿表演理解故事中小鼹鼠的心理活动。
3. 体验阅读和想象带来的快乐，初步感受绘本的诙谐与幽默。

活动重难点

重点：引导幼儿在理解故事的基础上，能够自然地以角色身份进行询问"是不是你嗯嗯在我的头上"？

难点：关注绘本故事中角色的细微表情和动作，大胆表演，体验角色心理。

活动准备

经验准备：幼儿已经具备较好的阅读习惯。

物质准备：

1. 自制故事 PPT。

2. 自制绘本角色图片。

3. 绘本人手 1 本。

活动过程

一、教师引导幼儿关注故事封面，进入阅读活动。

1. 教师出示小鼹鼠的图片。

（1）教师：今天老师带来了一个故事，你想知道它说了什么有趣的事情吗？

（2）教师：这是谁？小鼹鼠的头上是什么？嗯嗯怎么会到头上去的呢？头上顶着一坨嗯嗯，小鼹鼠的心情会是怎样的？

2. 幼儿猜测故事的情节。

二、师生共同进行绘本阅读。

1. 教师出示自制的 PPT 开始阅读。

教师：接下来小鼹鼠会去做什么呢？我们一起来看看。

2. 教师引导幼儿观察小鼹鼠和鸽子的对话画面。

教师：猜猜小鼹鼠会对鸽子说什么？小鸽子是怎么回答的？

教师扮演小鼹鼠，幼儿扮演小鸽子，重现绘本中的对话。

3. 教师依次引导幼儿观察后面 2~3 个片段，请幼儿模仿小鼹鼠和其他的小动物。

4. 教师注意引导幼儿观察小鼹鼠的动作和表情。

教师：你们看看小鼹鼠说话的时候手是放在哪里的呢？脸上的表情又是怎样的？

三、幼儿自主阅读绘本，完整地感受故事。

1. 幼儿自主阅读绘本的其他部分。

教师：小鼹鼠后来又遇到了哪些动物？最后有没有找到在他头上嗯嗯的小动物呢？

2. 幼儿自主进行绘本阅读，完整地感受故事。

四、鼓励幼儿自己说说绘本中发生的故事。

教师：到底是谁嗯嗯在了鼹鼠的头上？小鼹鼠最后做了什么事情？你喜欢这个故事吗？为什么？

活动二：小动物的嗯嗯（科学）

活动目标

1. 了解各种小动物粪便的外形特征，知道不同的动物粪便是不同的。
2. 在阅读绘本《是谁嗯嗯在我的头上》的基础上结合生活经验，认识绘本中各种动物及常见小动物的粪便，进行小动物及其粪便的配对。
3. 有好奇心，愿意独立完成操作活动。

活动重难点

重点：引导幼儿从外形上观察小动物粪便的区别，并大胆进行表述。

难点：通过细节观察，能区分几种外形相近的动物粪便，并进行操作配对。

活动准备

经验准备：幼儿已经和教师共同阅读过《是谁嗯嗯在我的头上》的绘本故事。

物质准备：

1. 绘本中动物和粪便的图卡若干套。

2. 教师自制《小动物的嗯嗯》视频。

3. 幼儿操作卡片。

活动过程

一、教师带领幼儿回忆绘本内容，引入活动。

教师出示小鼹鼠图片，帮助幼儿回忆绘本《是谁嗯嗯在我的头上》的相关内容，调动幼儿参与活动的积极性。

二、教师引导幼儿观看《小动物嗯嗯》的视频，丰富幼儿对动物嗯嗯的认识。

1. 教师：大自然里还有很多小动物，他们是怎样嗯嗯的呢？

请幼儿观看后说一说。

2. 教师：刚刚你看见了哪些小动物在嗯嗯？他们的嗯嗯都是什么样子的？

三、游戏："嗯嗯大扫除"。

1. 教师向幼儿说明游戏的具体玩法。

游戏玩法：将小动物的头像贴在教室的白板上，小动物粪便的图卡事先藏在教室各处，请幼儿自由寻找小动物粪便图卡，找到后把它贴到对应的动物头像下方。

2. 幼儿分组进行游戏，并请幼儿相互进行检查。

四、活动小结。

教师鼓励幼儿用自己的话总结一种动物嗯嗯的显著特点。

五、幼儿使用操作卡片，将动物和他们的嗯嗯配对。

附自制视频说明

教师可结合地域和季节特点，用手机拍摄一些常见的小动物排泄的短视频，如，小狗、小兔、小鸡、小鸭、金鱼、猪、仓鼠、蚕等。视频中需要清楚拍摄动物排泄的过程，同时有小动物和其粪便的特写。

活动三：嗯嗯大变身（艺术）

活动目标

  1. 愿意用泥塑或报纸造型的方式表现自己对嗯嗯外形的认识。

  2. 通过团圆、搓、压、捏等方法来表现各种动物的嗯嗯。

  3. 能够大胆制作，体验手工活动的乐趣。

活动重难点

  重点：能够根据绘本作品进行已有主题的手工活动。

  难点：能用语言向同伴介绍自己做的嗯嗯。

活动准备

  经验准备：

  1. 幼儿观察过自己及部分动物的嗯嗯外形。

  2. 有泥塑和报纸造型经验。

  物质准备：

  1. 教师自制《动物嗯嗯》PPT。（将动物大便的特写照片制作成 PPT，照片要能反映出不同形状的大便）

  2. 油泥、泥工板、废旧报纸、小刷笔、颜料、双面胶或泡沫胶。

  3. 将活动区域按操作材料分成油泥区和报纸区。

  4. 范例。

活动过程

  一、教师通过谈话帮助幼儿回忆自己了解的嗯嗯，引入活动。

  1. 教师：小动物们的嗯嗯长得一样吗？

  2. 教师：你自己的嗯嗯又是什么样子呢？

二、教师出示 PPT，请幼儿具体说说不同的嗯嗯的外形，引导幼儿观察嗯嗯的不同形状。

教师：这是哪个动物的嗯嗯？它是什么样子的？

三、教师出示材料和范例引发幼儿自己动手制作的愿望。

1. 教师出示范例引导幼儿观察。

教师：你知道这是谁的嗯嗯吗？怎么变出来的？教师引导幼儿观察不同嗯嗯的外形特征。

2. 教师出示材料介绍今天的操作活动。

教师：今天，我们要用油泥和报纸做嗯嗯，你可以做各种小动物或自己的嗯嗯，我们来玩个"嗯嗯大变身"的游戏。

四、教师提出要求，幼儿自由选择油泥区或者报纸区进行制作。班级两名教师每人负责其中一个区域，协助、指导幼儿。

五、幼儿将自己制作的嗯嗯放在展示区里，向同伴进行介绍。

教师鼓励幼儿将自己最满意的作品布置在展示区内，并利用自由活动时间用完整的语言分享介绍作品。

活动四：你会爆炸吗？（社会）

活动目标

1. 知道生气是一种不好的情绪，会对身体不好。
2. 在小组交流中能围绕主题分享自己的经历和感受。
3. 能关注自己的情绪，愿意用积极的方法来调整自己的不良情绪。

活动重难点

重点：知道生气是消极的情绪，愿意积极调整。

难点：愿意分享自己的感受和经历。

活动准备

经验准备：幼儿有过沮丧或生气的情感体验。

物质准备：

1. 气球（气球上画出面部表情）、锐器（能扎破气球即可）。

2. 表情图卡。

3. 空白卡片、笔。

活动过程

一、教师以游戏引入活动，引发幼儿的兴趣。

1. 幼儿玩游戏：猜表情。

教师准备几个打好气的气球，并用笔在气球上画上开心、生气、悲伤的表情。请幼儿猜猜看这些都是什么心情？并鼓励幼儿模仿一下这些表情。

2. 幼儿讨论这几个心情气球中哪一个更容易爆炸？

教师：哪一个气球更容易爆炸？为什么？（当幼儿说出各种理由后，教师可以用锐器将画有生气表情的气球扎破）

二、幼儿结合自身经验，说说自己的感受。

1. 教师：你生过气，"爆炸"过吗？

幼儿分小组进行讨论和分享。

2. 请个别幼儿在集体中说说自己生气时的行为。

（1）教师：你喜欢这样的自己吗？你们大家喜欢他这样吗？

（2）教师小结：人在生气的时候表情很难看，心情也会不好，而且还有可能做出很可怕的事情来，大家都不喜欢和气呼呼快要"爆炸"的人做朋友。

三、教师引导幼儿舒缓自己的不良情绪。

1. 教师：当你气得快要爆炸的时候，我们有什么办法能让自己开心一点，不那么生气呢？

2. 教师引导幼儿回忆绘本《是谁嗯嗯在我的头上》中的小鼹鼠遇到倒霉的事情时是

怎样做的？

四、幼儿用画笔将自己的想法记录下来。

教师提供笔和空白卡片，鼓励幼儿讨论自己想到的方法并用画笔记录下来。

五、教师将幼儿的办法汇总，并帮助幼儿在卡片上记录文字说明，布置在教室里。

教师总结：现在我们都知道生气对身体特别不好，还想到了能够帮助我们在生气的时候变开心的方法，那么以后当你生气的时候，要将这些好办法用上，千万别让自己爆炸了。

活动五：小象的大便（语言）

活动目标

1. 能够结合自己的阅读经验，尝试独立阅读绘本，大胆对绘本内容进行猜测和想象。
2. 在小组讨论中围绕同一话题发表自己的见解。
3. 愿意独立阅读，感受绘本内容的幽默和风趣。

活动重难点

重点：尝试独立阅读、大胆猜测和想象。

难点：愿意说出自己的见解和看法。

活动准备

经验准备：幼儿已阅读过绘本《是谁嗯嗯在我的头上》。

物质准备：

1.《小象的大便》绘本人手1本。

2.《小象的大便》PPT。

3. 轻柔的背景音乐。

活动过程

一、教师出示绘本，引入活动。

1. 谈话引入。

教师：前几天我们读了一本《是谁嗯嗯在我的头上》的绘本，你们还记得说的是怎样的一个故事吗？

2. 教师出示绘本《小象的大便》，鼓励幼儿独立阅读。

教师：这个绘本说的也是一个关于嗯嗯的故事，请大家自己先读读绘本，你觉得绘本里说了一个怎样的故事？

二、教师鼓励幼儿独立阅读《小象的大便》。

幼儿独立阅读，教师播放背景音乐，音乐的长短要能帮助控制阅读的时间。

三、请幼儿将自己阅读后的猜测在小组里和同伴分享交流。

1. 教师：刚刚我们每个人都读了这个故事，肯定都想把自己读到的故事和大家分享、交流，现在你们就可以在小组里互相说说自己的猜测。

2. 幼儿在小组内说说自己刚刚理解的绘本内容。

四、教师出示 PPT，鼓励幼儿跟随 PPT 顺序，大胆地说出自己的不同猜测。

1. 教师：空地上为什么会臭？小动物们是怎样猜测的呢？

2. 教师：为什么小动物会说可能是天空的大便？如果天空真的会大便和小便的话，那是什么？

3. 教师：小动物们发现了小象的大便后有了怎样的计划？

4. 教师：他们为了能够得到比赛第一名都做了什么事情？

5. 教师：比赛的结果是怎样的？为什么小刺猬吃了那么多的东西，肚子鼓鼓的也没有得到第一名呢？

6. 教师：在打扫便便的比赛里为什么小刺猬能够得到第一名呢？

五、幼儿跟随教师播放的 PPT 一起从头阅读绘本《小象的大便》，比较和自己看的有哪些异同。

附《小象的大便》PPT 链接 http://ziyuan.baby611.com/view/15871.html

活动六：好嗯嗯和坏嗯嗯（健康）

活动目标

　　1. 知道每天嗯嗯对人的健康非常重要，了解怎样的嗯嗯才是好嗯嗯。

　　2. 通过和爸爸妈妈一起填写调查表，进一步了解自己的嗯嗯。

　　3. 愿意多喝水、多吃粗纤维的蔬菜来改善便秘问题，养成良好的饮食和卫生习惯。

活动重难点

　　重点：开始关注自己的嗯嗯，愿意养成健康的卫生习惯。

　　难点：能够有意识地将自己的经验和日常生活习惯进行关联。

活动准备

　　经验准备：幼儿有过腹泻或者便秘的经历。

　　物质准备：

　　1. 教师自己设计的调查表。

　　2. 小老鼠和老鼠妈妈布偶。

活动过程

　　一、教师出示小老鼠布偶，激发幼儿兴趣引入活动。

　　教师：这是谁？猜猜他今天来到我们班级做什么？

　　二、教师以布偶表演的形式，引起幼儿的思考。

　　1. 教师用布偶表演情境一。

　　2. 请幼儿用自己的话说一说小老鼠的遭遇。

教师：小老鼠怎么哭了？他为什么会拉不出来大便呢？

3. 教师用布偶表演情境二。

4. 再次请幼儿用自己的话说一说小老鼠的遭遇。

教师：小老鼠又怎么了？他为什么会拉肚子呢？

三、幼儿谈谈自己嗯嗯的故事。

教师：你有没有遇到过和小老鼠一样的遭遇呢？

四、幼儿分小组进行讨论和分享。

教师：当你拉不出嗯嗯或者拉出像水一样的嗯嗯时，你是怎样的感受？这种感受你喜不喜欢？

五、活动总结。

1. 幼儿用自己的话或者词语描述一下好嗯嗯和坏嗯嗯。

2. 教师帮助幼儿进行总结。

教师：现在你们知道怎样的嗯嗯是好嗯嗯，怎样的嗯嗯是坏嗯嗯了吗？

好的嗯嗯：一天一次，软软的长条形，很容易拉出来。

坏的嗯嗯：有时候很多次，有时候没有，很硬，很粗，拉不出来，拉出来很稀。

六、教师出示调查表，引导幼儿回家之后和家长一同填写，关注自己的嗯嗯。

教师：你们的嗯嗯到底是好嗯嗯，还是坏嗯嗯？自己要关心一下哦，嗯嗯结束后仔细观察一下，和爸爸妈妈一起记下来。

附情境表演内容

情境一：老鼠妈妈让小老鼠多喝水、多吃蔬菜，可是小老鼠只愿意吃肉，结果大便的时候，怎么也拉不出来，肚子好痛啊！小老鼠急得坐在马桶上哭。

情境二：小老鼠听了妈妈的话之后，天天多喝水多吃蔬菜，再也不会拉不出来大便了。可是有一天，小老鼠看见冰箱里有很多自己喜欢吃的冰淇淋和零食，就一下都吃光了，过了一会儿，小老鼠开始肚子痛，不停地上厕所，拉出的大便都是稀稀的，像水一样的，并且哪里也去不了，只能一直坐在马桶上，最后拉得一点力气都没有，坐也坐不住了。老鼠妈妈只能打电话喊来救护车,医生告诉他们:小老鼠吃了太多冷的东西,是拉肚子啦,必须要住院。

附《嗯嗯探秘调查表》

嗯嗯探秘调查表

我的名字:	班级:	记录时间:	你见过哪些小动物的嗯嗯?		
我的嗯嗯是怎样的?		你在嗯嗯的时候会拉不出来吗?		你一天嗯嗯几次?	拉肚子的时候嗯嗯有什么变化?
嗯嗯为什么会拉不出来?					
有什么办法可以帮助你顺利地拉出嗯嗯呢?					
这一周中你的嗯嗯是好嗯嗯,还是坏嗯嗯呢?自己观察一下,用"☆"表示好嗯嗯,用"△"表示坏嗯嗯,用"○"表示没有嗯嗯。并简单描述一下嗯嗯的外形特征。如果有几天坏嗯嗯的话你就需要多注意。					

周一	周二	周三	周四	周五	周六	周日

活动七：奇特的嗯嗯（科学）

活动目标

1. 了解世界上各种和嗯嗯有关的奇特内容。
2. 以小组的形式，在与同伴的讨论中分享调查表的内容。
3. 愿意大方地讲述，对陌生事物有好奇心和探索的意愿。

活动重难点

重点：通过小组交流了解世界上各种和嗯嗯有关的奇特内容。
难点：愿意说说自己了解的一种奇特的和嗯嗯有关的内容。

活动准备

经验准备：幼儿和家长一起填写过《奇特的嗯嗯调查表》。
物质准备：
1. 幼儿调查表中所涉及的各种图片（如：屎壳郎滚粪便、麝香猫、蚕宝宝的粪便枕等），有条件的也可以制作成 PPT 放映。
2. 小组活动区域（提供空白展示板、蓝钉或者工字钉）。

活动过程

一、幼儿分小组进行分享交流。
1. 请幼儿自由结伴，以小组形式将自己的调查表布置在小组活动区域的展示板上，每组 5~6 人。
2. 教师鼓励幼儿大方地和同伴交流，向同伴说说自己调查的内容。
二、请个别幼儿在集体面前介绍自己知道的奇特的嗯嗯。
1. 当幼儿说到某个动物时，教师出示准备好的图片展示给幼儿看，并详细地讲述该内容。

2. 其他幼儿可以帮助补充。

如：蚕宝宝的嗯嗯可以做枕头、入药，麝香猫拉出来的咖啡豆做成咖啡更香，鲸鱼的嗯嗯能做成很高级的香料，牛的嗯嗯可以燃烧。

三、教师和幼儿一起将调查表进行分类。

1. 师幼共同讨论怎样进行分类。

2. 按讨论的结果将表格布展。

四、师幼共同将分好类的调查表装饰在主题活动展示板上。

教师根据表格内容进行简单筛选，重复的可以叠加在一起展示。

附《奇特的嗯嗯调查表》

奇特的嗯嗯

幼儿姓名：	调查时间：
他的嗯嗯哪里比较奇特	请在这里贴上奇特嗯嗯的照片
	请在这里贴上奇特嗯嗯主人的照片

活动八：库企企（艺术）

活动目标

1. 能在肢体动作和图谱协助下共同表现乐曲中的节奏：× × | × × × | 。

2. 尝试将绘本《是谁嗯嗯在我的头上》中的角色带入乐曲，创编适当的动作。

3. 感受乐曲的轻快和跳跃，体验游戏的乐趣。

活动重难点

重点：感受乐曲的节奏变化。

难点：迁移故事经验，准确表现节奏型。

活动准备

经验准备：幼儿熟悉《是谁嗯嗯在我的头上》的故事内容。

物质准备：

1. 小鼹鼠头饰若干。

2. 故事中其他角色头饰1套。

3. 《库企企》音乐、《海顿小夜曲》音乐、图谱、播放器。

活动过程

一、教师使用头饰图片帮助幼儿回忆绘本故事《是谁嗯嗯在我的头上》。

教师：你还记得《是谁嗯嗯在我的头上》的故事吗？小鼹鼠都去找了谁？

二、教师用故事帮助幼儿熟悉乐曲。

1. 师幼共同倾听第一遍乐曲。

教师：今天我们一起来听一首乐曲，听完后请你说说你在乐曲里听到了什么？（库库库企企）

教师："库企企"是什么声音呢？原来是小动物在嗯嗯时发出的声音呀，谁能来学一学？

2. 教师出示图谱（见《库企企》主要段落图谱），帮助幼儿熟悉乐曲的主要段落。

教师：你能看懂这张图谱里的故事吗？"脚印""眼睛""嗯嗯"都代表了什么意思？可以做哪些动作？

教师：你能把这个用动作表演的故事放进刚刚的乐曲里面吗？

3. 师幼共同倾听第二遍乐曲，引导幼儿仔细倾听乐曲，尝试用图谱中的提示动作帮助区分乐句。

4. 请个别幼儿分享自己尝试将动作代入音乐的方法，教师帮助幼儿分析乐曲。

教师：谁愿意将你刚刚的尝试和我们分享？你为什么会这样做？

5. 教师帮助幼儿完整梳理一遍乐曲，用动作配合音乐完成。

6. 师幼共同倾听第四遍音乐，按图谱提示做身体动作。

三、幼儿戴上头饰进行游戏。

1. "脚印"图标代表跟随音乐有节奏地走步；"眼睛"图标代表随音乐做张望故事中角色的动作；"嗯嗯"图标代表跟随音乐节奏做用力嗯嗯的动作。

2. 教师和幼儿一同游戏。

3. 幼儿自己游戏。

四、结束活动。

教师播放《海顿小夜曲》，和幼儿一起随音乐做一些安静、舒展的动作放松心情。

附图谱

《库企企》主要段落图谱

$1=D \quad \frac{2}{4}$

$\underline{5 \cdot \ \underline{5}} \ \underline{6 \cdot \ \underline{6}} \ | \ \underline{5 \cdot \ \underline{5}} \ \underline{1 \ 7 \ 6} \ | \ \underline{5 \cdot \ \underline{5}} \ \underline{4 \ 3 \ 2} \ | \ 3 \quad 0 \ |$

$\underline{5 \cdot \ \underline{5}} \ \underline{6 \cdot \ \underline{6}} \ | \ \underline{5 \cdot \ \underline{5}} \ \underline{1 \ 7 \ 6} \ | \ \underline{5 \cdot \ \underline{\dot{3}}} \ \underline{2 \cdot \ \underline{\dot{2}}} \ | \ \dot{1} \quad 0 \ | \ 5 \quad {}^{\#}5 \ |$

| 6 ♭7 | x x | x x x | x x | x x x |
| | 库 库 | 库 企 企 | 库 库 | 库 企 企 |

活动九：找朋友（科学）

活动目标

　　1. 能自定义分类标准，尝试多种分类方法。

　　2. 在反复操作探索中思考，能用语言阐述分类的依据。

　　3. 大胆探索，体验数学活动的乐趣。

活动重难点

　　重点：引导幼儿根据已有经验对动物进行多种分类。

　　难点：根据已有经验对动物进行分类并说明分类的依据。

活动准备

　　经验准备：幼儿有分类和使用分类盒的经验。

　　物质准备：

　　1. 各种动物图片、自制分类板。

　　2. 照相机、电子显示设备。

　　3. 幼儿操作卡片、分类板、托盘。

活动过程

　　一、教师以游戏导入，帮助幼儿认识动物的基本特征。

　　1. 游戏：猜动物。

教师：我们身边有许多动物，今天我们就来玩一个游戏"猜动物"。

游戏玩法：用动作表演动物的某一特征，或者模拟声音，让他人猜猜自己表演的是什么。

2. 教师先表演1～2个，鼓励幼儿参与表演。每猜出一个动物就将动物图片展示在白板上。

二、教师出示分类板，引导幼儿进行分类。

1. 教师：这么多的小动物好热闹啊，他们特别喜欢玩找朋友的游戏，能在一起的朋友都有相同的地方。谁和谁会成为朋友呢？

2. 请个别幼儿尝试为小动物找朋友，并说明理由。

三、幼儿第一次自主操作，尝试帮助动物找朋友，并说明自己分类的依据。

1. 幼儿自主操作，教师进行观察并将部分幼儿的操作结果拍照。

2. 集中分享：教师将刚刚拍到的操作结果通过电教手段分享给幼儿，请幼儿思考一下为什么这些小动物能够在一起做朋友，帮助幼儿拓展更多的分类方式。

四、幼儿进行第二次操作。

教师鼓励幼儿在这次操作中尝试从不同的角度进行分类，能力强的幼儿可以尝试多种角度分类。

五、活动总结。

教师：找朋友的方法多种多样，并非只有一个，只要你多思考就能发现原来可以有很多种分类的方法。

活动十：水墨嗯嗯（艺术）

活动目标

1. 初步了解水墨画，知道水墨画中的中锋和侧锋所画的线条的不同。

2. 通过实际操作和尝试，熟悉毛笔的特性，增进对水墨画的认知。

3. 乐于大胆地尝试用中锋和侧锋表现嗯嗯，对中国传统水墨画萌发兴趣。

活动重难点

重点：了解水墨画中的中锋和侧锋所画线条的不同。

难点：尝试用中锋和侧锋来表现"嗯嗯"。

活动准备

经验准备：幼儿从小班起就有国画基础，会使用中锋作画。

物质准备：

1.《是谁嗯嗯在我的头上》中各角色嗯嗯的图片。

2. 笔、墨、宣纸等作画工具和材料。

3. 幼儿国画课往期作品若干。

活动过程

一、教师出示事先准备好的幼儿往期国画课作品，请幼儿欣赏。

1. 教师：今天我带来了许多你们的作品，我们一起欣赏一下吧。

2. 教师：你们有没有发现这些作品都有一个共同的特点？（都是用毛笔和墨来作画的）

二、教师出示绘本中嗯嗯的图片，引导幼儿观察这些嗯嗯的外形特征。

1. 教师：这些嗯嗯都是谁的嗯嗯？你们还记得吗？

2. 教师：谁能来形容一下这些嗯嗯的样子？

3. 教师：哪些动物的嗯嗯比较大？哪些的比较小一些？

三、教师出示水墨画工具，激发幼儿的作画兴趣。

教师：今天我们将要用水墨画来表现故事里的嗯嗯，你们愿意试一试吗？

四、教师引导幼儿用不同的方法来表现各种嗯嗯。

1. 教师：这些嗯嗯的外形都不一样，有大有小，你会怎样来画出大嗯嗯和小嗯嗯？

2. 幼儿第一次作画，尝试表现大嗯嗯和小嗯嗯。

3. 请个别幼儿示范自己的画法给其他幼儿分享。

4. 教师小结：大一些的嗯嗯我们可以将笔躺下来用笔肚来画（侧锋），小一些的嗯嗯我们可以将笔竖直用笔尖来画（中锋）。

五、鼓励幼儿在第一次作画的基础上，再次用中锋和侧锋表现"嗯嗯"。

六、作品集中展示、评析。

活动十一：动物的自我保护（科学）

活动目标

1. 了解动物基本的自我保护方法，知道动物自我保护的方法对于人类的作用。
2. 尝试通过归类的方法将收集的经验加以提升。
3. 感受自然界的多样性，乐于探索新奇事物。

活动重难点

重点：能够了解动物自我保护的几种类型。

难点：将调查结果进行归类总结。

活动准备

经验准备：幼儿事先与家长共同完成《动物自我保护调查表》。

物质准备：

1. 下载《小螃蟹的奇遇》PPT。
2. 设计《动物自我保护调查表》。
3. 青蛙、变色龙、斑马、穿山甲、刺猬、鹿、壁虎、乌贼、负鼠等动物图片。
4. 迷彩服一件。

活动过程

一、幼儿观看PPT《小螃蟹的奇遇》，引入活动。

教师：小螃蟹为什么会难过？他的蟹螯还会长出来吗？小螃蟹、壁虎、蚯蚓他们都有什么本领？

二、幼儿根据自己的调查内容，分享调查结果。

1. 教师：原来动物可以用各种方法来保护自己，你们都调查了哪些小动物？大家来分享一下吧。

2. 幼儿分小组进行交流。

三、教师进一步引导幼儿对动物自我保护的方法进行分类。

1. 保护色：青蛙、变色龙、斑马。

2. "盔甲"护身：乌龟、蜗牛、穿山甲等。

3. 硬刺自卫：刺猬、海胆、豪猪等。

4. 快速逃跑：鹿、斑马、兔子等。

5. 自断肢体：壁虎、螃蟹。

6. 放臭气或者体液：甲虫、黄鼠狼、乌贼等。

7. 装死：负鼠等。

四、教师帮助幼儿了解动物不同的自我保护方法给人类带来的启示。

教师出示迷彩服，引导幼儿了解人类从动物那里借鉴来的保护方法。如：在战争中模仿动物的保护色设计了迷彩服、烟幕弹等。

附课件来源、故事概要、调查表

1. 《小螃蟹的奇遇》PPT下载网址：

http://www.baby611.com/jiaoan/dbgushi/2013/12/121442.html。

2. 《小螃蟹的奇遇》故事概要：

小螃蟹在河边玩，被人捉住了，关在鱼篓里。小螃蟹没办法从鱼篓里逃出去，气得嘴里直吐泡沫。过了一会儿，小螃蟹看见鱼篓上有一点亮光，便轻轻地爬上去。啊哈！

鱼篓盖子没有盖紧，露出一道缝来，亮光就是从这里照进来的。小螃蟹探着身子往外挤，挤呀挤呀，终于挤出来了。真糟糕，因为太用力，竟然把一只大螯给挤断啦！小螃蟹在河边爬来爬去，想到自己丢掉一只大螯，心里很难过。

　　河边的竹篱笆上爬着牵牛花，一只壁虎在花丛间爬着。小螃蟹对壁虎说："我被人抓住了，在逃跑的过程中把大螯给挤断了。"壁虎安慰他说："别着急，我们都有再生的本领，过不了几天，你就会长出新的大螯来的。"小螃蟹不相信，怪壁虎骗他。壁虎说："这是真的！有一次我遇到一条大青蛇，咬住我的尾巴，我用力一挣，挣断尾巴就逃啦。哈哈，没过几天，我又长出一条新的尾巴！"壁虎说着，转过身子，给螃蟹看他的新尾巴。过了一段时间，小螃蟹果真长出一只新的大螯，这才高兴起来："呵！壁虎的话是对的。"螃蟹又神气活现地在河岸边爬来爬去。忽然，他看见有东西在泥地上打滚，哎哟，原来是一条蚯蚓，被人用铁锹斩成两段，真可怜！螃蟹想到自己断螯的痛苦，安慰他说："别着急！我们都有再生的本领，过不了几天，你会重新变成一条蚯蚓的，放心吧！"蚯蚓扭动着身体，说道："你搞错啦！不是一条，是两条。两个半段身体都会长成一条蚯蚓的，我们的再生本领比你强啊！"螃蟹觉得这是新鲜事："过几天，我一定再来看看蚯蚓朋友！"

　　3.《动物自我保护调查表》。

动物自我保护调查表

　　动物们都很聪明呢！当他们遇到强敌的时候会用各种不同的方法来进行自我保护。有的会使用保护色、有的会装死、有的能支起身上的护甲……你了解他们自我保护的绝招吗？请你选择一种感兴趣的动物做一个小调查，在爸爸妈妈的帮助下一起完成下面的表格。

幼儿姓名：	调查时间：
你选择调查的动物名称：	他使用的是哪种方法？

(续表)

还有哪些动物也会使用这种方法？
请你具体说说他遇到危险的时候是怎样做的？

活动十二：是谁嗯嗯在我的头上（综合）

活动目标

1. 能够在了解故事内容的基础上，用表演的形式再现故事。
2. 尝试初步的合作表演，能够创编出适合角色的肢体表演动作。
3. 感受舞台表演的魅力，体验亲子共同参演的乐趣。

活动重难点

重点：引导幼儿和家长共同体验舞台亲子表演的乐趣。

难点：能够在舞台上大胆进行表演。

活动经验

经验准备：

1. 幼儿熟悉绘本故事《是谁嗯嗯在我的头上》。
2. 幼儿了解自己所饰演的角色。
3. 教师制订并公布活动整体计划。

物质准备：

1. 故事对白录音。（师幼共同录制）

2. 绘本故事《是谁嗯嗯在我的头上》最后 2 页的 PPT。

3. 演出服。

家长的演出服：柳树 2 套，大树 1 套，太阳公公 1 套，鸽子妈妈、马妈妈、野兔妈妈、山羊妈妈、奶牛妈妈、猪妈妈服装各 1 套。

幼儿的演出服：蝴蝶 3 套，蜜蜂 3 套，花朵 3 套，鼹鼠 1 套，鸽子 4 套，马 4 套，野兔 4 套，山羊 3 套，奶牛 3 套，猪 4 套，苍蝇 2 套。

4. 音乐：《春天天气真好》《小鸟飞》《小小马儿》《小兔跳》《小猪吃得饱饱》《牛奶歌》,苍蝇飞舞的音效。（以上音乐仅供参考,可根据角色动作需要剪辑长短或替换歌曲）

5. 道具：自制小鼹鼠洞穴 1 个,自制鸽子、马、野兔、山羊、奶牛、猪的嗯嗯各 1 套。

活动过程

一、教师和幼儿发起活动倡议，与家长共同商讨和策划表演剧本。（剧本附后）

二、公布剧本中的所有角色，供幼儿及家长自由选择。鼓励幼儿的爸爸妈妈积极报名参与亲子演出。

三、分角色小组。

教师根据报名情况将幼儿分成小鼹鼠组、蝴蝶组、蜜蜂组、野兔组、小猪组、山羊组、奶牛组、鸽子组、小马组、苍蝇组及场景角色组。

四、演员分小组进行准备。

1. 各小组准备服装和道具。

2. 演员分组进行排练，练习台词和角色动作。

3. 熟悉舞台走位和配乐。

五、演员集体彩排。

1. 熟悉上、下场位置和顺序。

2. 适应舞台灯光和道具场景。

3. 合练最后的《牛奶歌》律动操。

六、发出邀请。

教师和幼儿共同商定演出时间，并制作好邀请函，邀请全体家长前来观赏亲子绘本表演。

七、演出过程。

1. 布置场地和观众席。

2. 演员化妆就位。

3. 精彩演出。

八、演出后全体演员合影留念。

附剧本、音乐链接

1. 剧本《是谁嗯嗯在我的头上》。

场景一：

(《春天天气真好》音乐起，伴随音乐各场景角色随音乐一起舞动摇摆)

春天的早上天气真好，太阳公公在天上照耀，柳树在微风下轻轻摇动，花儿都开了，蝴蝶和蜜蜂都在花丛中忙碌着采蜜。

(音乐停，小鼹鼠出场，缓缓从洞穴口探出头来)

小鼹鼠："搞什么嘛！是谁嗯嗯在我的头上？到底是谁嗯嗯在我的头上？"再一次问台下的观众："小朋友们你们知道是谁嗯嗯在我的头上吗？"

场景二：

(《小鸟飞》音乐起，鸽子妈妈带着小鸽子飞上场，小鸽子跟随妈妈飞到舞台的中间，然后围绕着妈妈转一圈，停在舞台正中面向观众摆好造型。音乐停止后小鼹鼠跑过去询问)

小鼹鼠："是不是你嗯嗯在我的头上？"

鸽子们："不是我，我的嗯嗯是这样的。"(说完拉出嗯嗯在小鼹鼠的脚边，这时旁白起：鸽子的嗯嗯是又湿又黏的白色嗯嗯啊)

场景三：

(《小小马儿》音乐起，马妈妈带着小马排成一排跑上场，到舞台中间后四匹小马

在前面向观众做马奔跑的动作交替蹲起,马妈妈站在小马的身后做观望小马的动作,同时鸽子飞下场,音乐停止后小鼹鼠跑过去询问)

小鼹鼠:"是不是你嗯嗯在我的头上?"

马儿们:"不是我,我的嗯嗯是这样的。"(说完拉出嗯嗯在小鼹鼠的脚边,这时旁白起:马儿的嗯嗯是又大又圆,像马铃薯一样啊)

场景四:

(《小兔跳》音乐起,野兔妈妈带着野兔宝宝跟随音乐节奏跳上场,在舞台中间两只小兔子和妈妈拉起手跟随音乐节奏转圈,另外两只小兔各自在舞台的两边做左右跳的动作,同时马儿下场,音乐停止后小鼹鼠跑过去询问)

小鼹鼠:"是不是你嗯嗯在我的头上?"

野兔们:"不是我,我的嗯嗯是这样的。"(说完拉出嗯嗯在小鼹鼠的脚边,这时旁白起:野兔的嗯嗯像豆子一样啊)

场景五:

(山羊妈妈带着小羊从场地的一侧上场,边上场边有节奏地发出"咩——咩——咩"的叫声,山羊妈妈叫一轮小山羊跟着学一轮。同时奶牛妈妈带着小奶牛从场地的另一侧上场,边上场边有节奏地发出"哞——哞——哞"的叫声,奶牛妈妈叫一轮小奶牛跟着学一轮。两组角色慢慢走到舞台中间后,小鼹鼠跑过去询问)

小鼹鼠(面向山羊们):"是不是你嗯嗯在我的头上?"

山羊们:"不是我,我的嗯嗯是这样的。"(说完拉出嗯嗯在小鼹鼠的脚边,这时旁白起:山羊的嗯嗯像一颗颗咖啡色的球啊)

小鼹鼠又问(面向奶牛们):"是不是你嗯嗯在我的头上?"

奶牛们:"不是我,我的嗯嗯是这样的。"(说完拉出嗯嗯在小鼹鼠的脚边,这时旁白起:奶牛的嗯嗯像一盘巧克力蛋糕啊)

场景六:

(《小猪吃得饱饱》音乐起,猪妈妈带着小猪上场,同时山羊和奶牛从舞台另一侧下,音乐停止后小鼹鼠跑过去询问)

小鼹鼠："是不是你嗯嗯在我的头上？"

小猪们："不是我，我的嗯嗯是这样的。"（说完拉出嗯嗯在小鼹鼠的脚边，这时旁白起：猪的嗯嗯是软软的一坨啊）

小鼹鼠："怎么都不是呢？到底是谁嗯嗯在我的头上？"

场景七：

（苍蝇翅膀振动音效声起，两只苍蝇飞进场，同时小猪下场。小鼹鼠站在舞台中间不动，苍蝇围着小鼹鼠绕两圈后音效停止）

小鼹鼠指着两只苍蝇问："是不是你们？到底是谁嗯嗯在我的头上？"

苍蝇："我想我们能帮助你，你乖乖坐好，我们试试看就知道了。"（苍蝇说完戳了一点鼹鼠头上的嗯嗯）接着说："哈，太简单了，这是一坨狗大便。"

旁白起：小鼹鼠现在终于知道是谁在他头上嗯嗯了，原来是只大狗，你们知道小鼹鼠会怎样做吗？（和台下幼儿互动）

场景八：

舞台荧幕上出现绘本最后2页的PPT图片，旁白起：大狗正在打瞌睡，小鼹鼠爬到他的屋顶上。"扑哧"一声，一粒小小的、黑黑的嗯嗯掉了下来，正好掉在大狗的头上。然后小鼹鼠就钻回地下去了！

场景九：

《牛奶歌》音乐起，剧中所有角色上场，一起跟随音乐跳起欢快的律动操。

2. 剧本所用音乐网络下载链接。

春天天气真好：http://www.kuwo.cn/yinyue/509262/

小鸟飞：http://www.baobao88.com/bbmusic/lvdong/08/0193190.html

小小马儿：http://www.baobao88.com/bbmusic/aef/04/2483999.html

小兔跳：http://www.baobao88.com/bbmusic/ergebanzou/1338189.html

小猪吃得饱饱：http://bd.kuwo.cn/yinyue/6219406?from=baidu

牛奶歌：http://bd.kuwo.cn/yinyue/4246993?from=baidu

苍蝇飞舞的音效：http://sc.chinaz.com/tag_yinxiao/CangYing.html

五、区域活动

[语言区]

手偶说故事

图 4-4-1

材料准备

1. 自制手偶角色。（见图 4-4-1）
2. 绘本图书。

操作要点

1. 在熟悉绘本的基础上能够用手偶表演出故事中的主要对话和情节。
2. 选择自己喜欢的角色，创编故事或者结伴玩对话游戏。

[图书区]

童话小屋

材料准备

1. 绘本《是谁嗯嗯在我的头上》。
2. 教师自制的有封面的空白小书、无封面的空白小书若干。
3. 分类彩色小纸片若干（包括各种小动物卡、花草植物、人物等）。
4. 胶棒、彩色笔。

操作要点

1. 制作自己的故事书。

2. 可以用绘画的方法完成自制图书，遇到复杂的图案时可以在分类的彩色小纸片中选择自己需要的进行粘贴。

3. 可以连续多日完成自己的自制图书，在完成之后，教师可以协助幼儿用文字记录他们的讲述。

4. 将幼儿制作的图书挂在班级墙上，供幼儿翻看。（见图4-4-2）

图 4-4-2

> 美工区

好心情卡

材料准备（见图4-4-3）

1. 各种卡片及纸张。
2. 勾线笔及彩色笔。
3. 压花器、胶棒。
4. 漂亮的各色贴花。

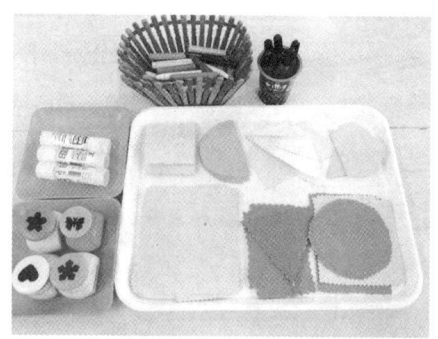

图 4-4-3

操作要点

1. 能用绘画的形式将好心情记录下来，愿意尝试用一些方法进行美化装饰，如：压花器、各色贴花等材料。（见图4-4-4）

2. 愿意在活动中向同伴学习不同的装饰方法，感受手工活动的乐趣。

图 4-4-4

> 生活区

冲泡小能手

材料准备

  1. 茶匙、杯具。（见图4-4-5）

  2. 各种饮品材料。（见图4-4-6）

  3. 托盘、抹布。

图4-4-5

操作要点

  1. 了解冲泡饮品的正确方法，能用嗅觉、视觉、味觉等参与体验整个过程。

  2. 冲泡过程中有耐心，感受为他人和自己服务的幸福。

图4-4-6

> 科学区

谁的嗯嗯

材料准备

  1. 自制绘本图片，大小规格要统一。（见图4-4-7）

  2. 绘本《是谁嗯嗯在我的头上》。

图4-4-7

操作要点

1. 了解绘本中各种小动物嗯嗯的外形特征，在匹配的同时能够用语言对小动物的嗯嗯进行描述。（见图4-4-8）

2. 能够利用绘本进行自我检查。

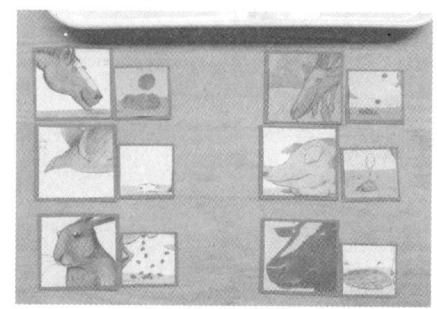

图 4-4-8

数学区

好朋友

材料准备（见图4-4-9）

1. 各种动物小卡片。

2. 分类底板。

3. 托盘、小盘或小筐。

图 4-4-9

操作要点

1. 能够从图片中选择有同一特征的动物。（见图4-4-10）

2. 尝试多角度思考分类的标准，如：会飞的、不会飞的；有毒的、无毒的；吃草的、吃肉的；怕冷的、怕热的……能够用语言将自己的分类标准表述出来。

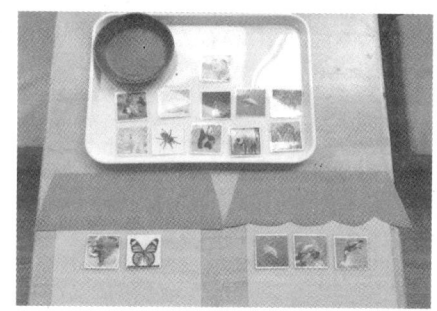

图 4-4-10

> 运动区

拾嗯嗯

材料准备

平衡木 4 张,沙包若干。

操作要点

1. 能够在平衡木上走并保持身体平衡。

2. 敢于尝试拾起平衡木上代表"嗯嗯"的沙包,如果不能完成这个动作,可以跨过沙包继续前进。(见图 4-4-11)

3. 教师可以根据场地大小和幼儿活动人数的多少改变 4 张平衡木的排列,任意组合。

图 4-4-11

六、环境创设

在"是谁嗯嗯在我的头上"主题进行的同时,园部"阅读节"活动也在进行中,因此我们将"阅读节"中幼儿全员参与的"图书漂流"活动做成了主题展示墙,以绘本漂流封面作为装饰,将幼儿在阅读中的体会和趣事展示出来。因为幼儿都参与到绘本"漂流"活动中,所以这个展示区能得到幼儿较高的关注,他们能在自由活动的时间去看,并用自己的话和同伴进行分享和交流。(见图 4-4-12)

图 4-4-12

"是谁嗯嗯在我的头上"主题中，我们按主题的进程分步完善主题墙，挑选出幼儿兴趣高及有代表性的活动，利用活动中拍摄的照片激发幼儿的共鸣，同时教师用文字进行简单的注解，这种跟随主题进行而丰富起来的主题墙（见图4-4-13）能够引起幼儿的持续关注和讨论，对主题活动的开展起到了支持的作用。单单一面主题墙并不能满足环境创设的要求，在主题不断进行中幼儿参与了大量的活动，如不同内容的调查表格、小组活动中的探索与讨论、不同形式的对主题活动的回应等，这些都可以在环境创设中体现出来。（见图4-4-14、图4-4-15）

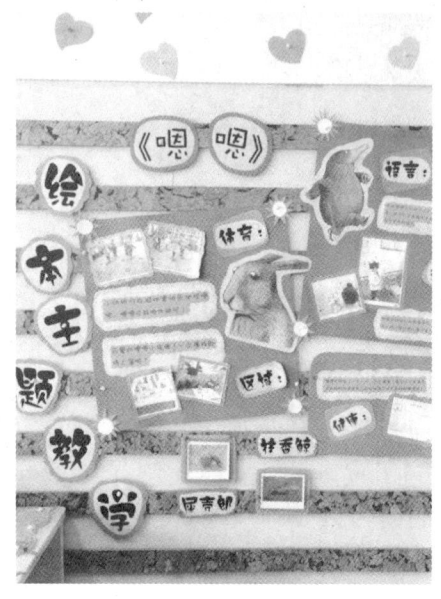

图 4-4-13

图 4-4-14

图 4-4-15

七、我和爸爸妈妈的话

笑笑：

笑笑的嗯嗯一直令我们头疼，我曾经买过一本《嗯嗯太郎》的绘本引导她，但效果并不理想。这一次的主题活动"是谁嗯嗯在的我头上"中，老师发了调查表，她对此特别重视。因为她每次都是到晚上才嗯嗯，当我准备填写她的嗯嗯时间的时候，她说："妈妈你写早上吧。"我说:"不可以撒谎哦!"她向我保证以后早上嗯嗯。最近她真的连续几天都是早晨一起床就嗯嗯,希望她能把这个好习惯一直保持下去!这次的阅读录音给我们提供了一种全新的阅读和记录孩子成长的视角。孩子的声音从扬声器里传出来,爸爸妈妈听了很感动,笑笑自己听了又听,似乎也有同感!她不是个能长时间保持专注的孩子,但这次阅读中一直很专注!或许以后亲子阅读的时候我们多投入一些,更正式一些,对笑笑专注力的培养会有很大帮助。总之,这次幼儿园的"阅读节"活动,不仅是对孩子,也对我们家长意义重大!孩子对阅读更加重视,阅读会让孩子的习惯变得更好,多样的阅读节活动引发我们家长的思考,我们会在老师的引导下以更健康的姿态陪伴孩子成长!

小劼:

在园部和班级老师的组织下,小劼阅读了绘本《是谁嗯嗯在我的头上》,收获颇丰。他能主动将在园期间及课堂内所学习的阅读内容说给爸爸妈妈听,做起了小老师,还能解答我们提出的各种问题,对此绘本兴趣也挺大的。这让我们发现孩子的成长真是速度惊人,深刻地意识到小朋友可以开始更深层次的阅读活动了。

曦曦:

小游戏里有大智慧。班级共读活动"是谁嗯嗯在我的头上"非常有趣,孩子回家后绘声绘色地描述给我们听,伴着夸张的语言动作,让人忍俊不禁。老师围绕嗯嗯主题精心设计的调查表,在绘本之外,采用对孩子启发式、发散性的问题模式,寓教于乐,同时拓展孩子对自然、科学以及健康的认知。我们能感受到孩子在集体游戏中的快乐。学校教育和家庭教育互为推动,认知教育和情绪管理引导结合,这些对于我们家长育儿都是很好的借鉴。在"阅读节"临近尾声时,我们还有一个特别大的期待,就是绘本表演活动。必须说,我们的幼儿园和老师们在活动主题设计方面颇为用心。这个年龄段的孩子,正是表现力、想象力以及自我概念的迸发期,绘本表演既能满足孩子自我表现的欲望,鼓励孩子想象力的发散,更能培养孩子的团队合作意识,期待在老师的指导下,小宝贝们能收获更多快乐。

方案五：中班绘本主题活动"想吃苹果的鼠小弟"

一、心动之源

老鼠给人的第一印象是什么？好吃？贪婪？脏兮兮？形容老鼠的多数都是贬义词！可是你知道，在孩子的心目中，老鼠是什么样的吗？可爱、灵活、好玩！

绘本《想吃苹果的鼠小弟》构思精巧有趣，绘图清新传神。在作品中，无论是那棵结满果实的苹果树，还是小巧、无助的鼠小弟，又或是陆续出现的各种动物，都被画得生动、具象、传神、可爱。绘本内容符合儿童的阅读心理，对培养儿童的探索和认知能力都有很大帮助。在《想吃苹果的鼠小弟》中，鼠小弟是个拟人化的小老鼠，他从小个子的角度观察世界，通过不断学习、尝试以及合作，最终达成自己的愿望。中班年龄段的幼儿不也是用他们小小的个子、小小的心灵在感受未知的世界吗？

现在的幼儿，更多的是想着别人怎么帮助我，很少会想到我要怎么帮助别人，我能帮助别人做什么。为什么会这样？大多数家长总会在幼儿做之前挡在他们的面前："你太小，还不能这样。""放下，放下，太危险，我来，我来！"久而久之，幼儿不容易发现自己身上的闪光点，更不知道如何利用这些闪光点去帮助别人。在《想吃苹果的鼠小弟》中，幼儿会发现动物们各有优势，他们利用自己的优势获得了香甜的苹果。可是，他们并没有与鼠小弟分享。独乐乐不如众乐乐。这个故事告诉幼儿：拥有独特的优势很重要，更重要的是要利用这些优势既满足自己的需要也能帮助他人，与同伴感受经历与分享成功，才是最快乐的事情。过程永远比结果更加让人印象深刻。

二、主题总目标

1. 能够理解故事内容，清楚表达自己的需要和想法。会看画面，能根据画面说出图中有什么，发生了什么事情。能够轻轻地逐页翻阅绘本，爱护图书。喜欢阅读绘本，能够安静地倾听和阅读。

2. 能够身体平稳地双脚并拢纵跳。能在低矮的物体上保持平稳行走。喜欢参加体育活动。知道运动后要喝白开水，能够根据自己的冷、热合理增、减衣服。

3. 能积极参加幼儿园的各项活动，在活动中和同伴友好相处，愿意帮助他人，尝试与同伴分享。能够遵守游戏规则，为自己的好行为或活动成果感到高兴。

4. 能够仔细观察感兴趣的事物，发现其明显特征。能够运用多种感官或动作探索物体，有探索的欲望。

5. 喜欢参加艺术活动，能模仿学唱短小歌曲。尝试跟随音乐做身体动作，敢于在集体面前表现自己。能用粘贴、线条画等形式表现人或事物，并乐在其中。

三、主题开展网络图

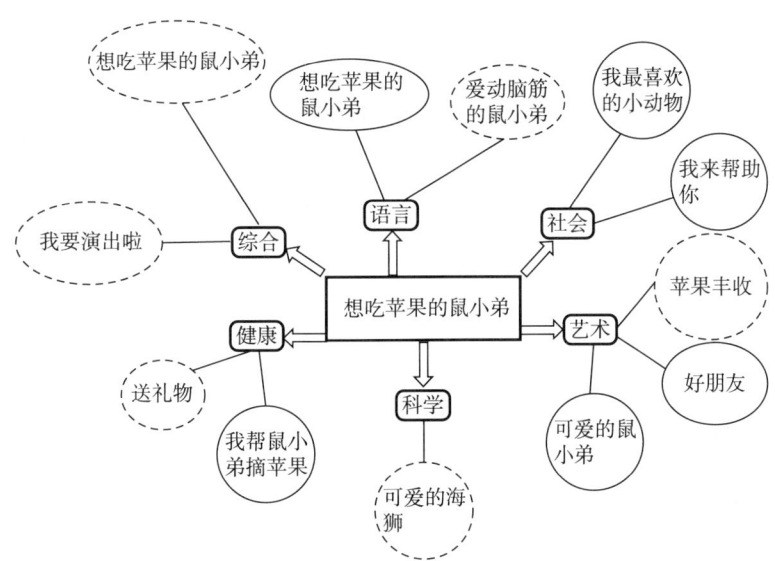

备注：预成活动为实线框，生成活动为虚线框。

四、集体活动

活动一：想吃苹果的鼠小弟（语言）

活动目标

1. 了解故事内容，熟悉并尝试讲述故事中的语句：要是我也会……。
2. 通过欣赏故事 PPT，理解故事内容。
3. 热爱小动物，懂得帮助别人才是最快乐的。

活动重难点

重点：能够感知故事中小动物的特有本领。

难点：能用较完整的语言表达自己的想法。

活动准备

经验准备：幼儿已知一些动物的名称并初步了解他们的基本特性。

物质准备：

1. 电视机、U 盘，教师自制《想吃苹果的鼠小弟》故事 PPT。
2. 小鸟、小猴、大象、长颈鹿、袋鼠、犀牛图片。

活动过程

一、教师播放故事 PPT 中绘本的封面，引入问题。

1. 教师：你看到了什么？
2. 教师：大树下面是谁呢？猜猜看，小老鼠想干什么？
3. 教师：你有什么好办法帮助小老鼠吃到苹果吗？

二、教师出示小鸟、小猴、大象、长颈鹿、袋鼠、犀牛的图片，师幼共同讨论。

1. 教师出示小鸟、小猴、大象、长颈鹿、袋鼠、犀牛的图片。

教师：看看都来了哪些小动物？

2. 幼儿结合已有的经验，说出这些小动物可以怎样帮助小老鼠吃到苹果。

教师：你能不能说一说，这些小动物可以用什么办法帮助小老鼠摘到树上高高的苹果？

三、幼儿欣赏故事第一部分。

教师讲述故事至犀牛之后。在讲述到"要是我也会……"的句式时，教师可以放慢语速，引起幼儿对此句式的关注。

四、幼儿尝试用完整的句子讲述小鸟、小猴、大象、长颈鹿、袋鼠、犀牛摘取苹果的方法。

1. 幼儿观看故事PPT，逐页观察画面，回答问题。

教师：故事中的小老鼠叫什么？

2. 教师引导幼儿用完整的句式讲述各种小动物摘取苹果的方法。

3. 教师：故事里的小鸟、小猴、大象、长颈鹿、袋鼠、犀牛是怎样摘到苹果的呢？

4. 教师：这些小动物都摘下了苹果，他们摘下的苹果，鼠小弟吃到了吗？

5. 幼儿初步体会鼠小弟的心情。

教师：没有吃到苹果的鼠小弟，你觉得，他的心情是怎样的？

五、幼儿以鼠小弟的口吻，尝试以"要是我也会……"的句式进行讲述。

1. 教师：没有吃到苹果的鼠小弟在看见其他小动物都吃到了苹果后，他是怎么说的？

2. 幼儿：要是我也会爬树……要是我也有长长的鼻子……（引导幼儿用难过、不高兴的语气进行表述）

六、幼儿边观看故事PPT，边听教师讲述故事中海狮的部分，体会吃到苹果的鼠小弟和帮助他人后的海狮的心情。

1. 幼儿边观看故事PPT，边听教师讲述故事中海狮的部分，回答问题。

教师：最后是谁帮助了鼠小弟吃到了苹果？海狮是用什么办法帮助鼠小弟的？

教师：鼠小弟吃到了苹果后，他做了一件什么事？

2. 幼儿体会吃到苹果的鼠小弟和帮助他人后的海狮的心情。

教师：此时，吃到苹果的鼠小弟，他的心情会是怎样的？帮助鼠小弟的海狮的心情又会是怎样的？

3. 教师总结：原来，帮助别人后，自己也是快乐的。我们小朋友也要向海狮学习，做一个愿意帮助他人的好孩子！

七、延伸部分。

教师向幼儿展示绘本《想吃苹果的鼠小弟》，引导幼儿在阅读区再次阅读。

教师：这本就是《想吃苹果的鼠小弟》，你们可以在阅读区里继续阅读，请小朋友们翻阅的时候，保持安静，爱惜图书！

活动二：我帮鼠小弟摘苹果（健康）

活动目标

1. 学习双脚并拢纵跳取物的动作。
2. 在尝试、模仿、练习中掌握动作要领。
3. 体验游戏带来的乐趣，在游戏中获得成就感。

活动重难点

重点：掌握动作要领，动作自然。

难点：在起跳时，上臂自然前后摆；取物时，右手臂伸直。

活动准备

经验准备：幼儿已学习过拱门、地垫的玩法。

物质准备：

1. 起点线4条，拱门4个，地垫4块。

2. 悬挂高度 1 米左右的绳子（4 条），绳子上系着苹果，苹果若干（数量为活动人数的 3 倍），筐子 1 个（摆放摘下来的苹果）。

3. 音乐《拍拍手》《数星星》，播放器，U 盘。

活动过程

一、准备环节。

教师播放音乐《拍拍手》，带领幼儿做准备操。幼儿跟随歌词内容完成动作。

二、教师带领幼儿到"摘苹果"的场地，激发幼儿运动的兴趣。

1. 教师：这棵树上有好多的苹果，你可以帮助鼠小弟把苹果摘下来吗？

2. 幼儿第一次尝试往上跳摘苹果，教师观察幼儿的动作。

三、幼儿感受、练习双脚并拢纵跳的动作。

1. 教师：谁把大苹果摘下来了？

2. 教师请 1~2 名动作标准的幼儿示范摘苹果的动作——双脚并拢纵跳。

3. 教师引导其他幼儿观察。

教师：他（她）在跳的时候，双脚和膝盖是怎样做的？（双脚并拢、膝盖弯曲）

教师：他（她）在准备跳的时候，手臂是怎么做的？你能来学一学吗？（幼儿模仿手臂自然摆动）

教师：当你跳起来的时候，怎样才能摘到苹果？（手要伸直才能够到）

4. 教师总结：我们在起跳的时候，双脚要并拢，膝盖微微弯曲，手臂要摆动起来。当跳起摘苹果的时候，手臂要向上伸直才能够到苹果。

四、幼儿第二次尝试往上跳摘苹果，教师提醒幼儿注意动作要领。

1. 幼儿练习纵跳摘苹果。

2. 教师根据幼儿在摘苹果的过程中出现的问题，再次集中讨论。

3. 教师：有的小朋友跳得很高，可是，总是够不到苹果，这是为什么？

4. 教师总结：在跳跃的过程中，小朋友们一定要抬头看清苹果的位置，手臂用力挥动往上跳，才能顺利摘下苹果。

五、游戏：大家都来摘苹果。（见图 4-5-1）

1. 教师：今天，小朋友们要把苹果树上的苹果都摘下来。但是，在去果园的路上会有一些障碍，你们看一看，都有什么障碍？

2. 幼儿分成 4 组进行摘苹果的游戏。活动结束后，教师可以做简单的总结。（从纵跳的动作要领方面进行总结）

六、放松活动。

教师播放音乐《数星星》，带领幼儿进行放松律动。

附游戏场地布置图

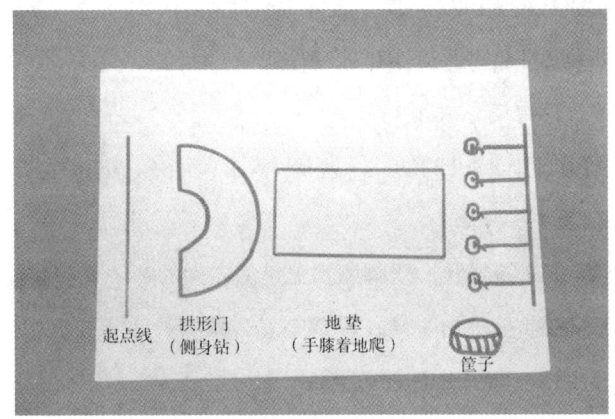

图 4-5-1

活动三：苹果丰收（艺术）

活动目标

1. 初步熟悉音乐旋律，初步了解歌曲的民族特点。

2. 在欣赏、模仿、练习中学习踵趾小跑步的步伐，步伐与节奏吻合。

3. 体会苹果丰收的喜悦，感受律动的快乐。

活动重难点

重点：学习踵趾小跑步的步伐，尝试进行有队形变化的踵趾小跑步。

难点：在小跑步的时候，双脚可以交替向后踢跑。

活动准备

经验准备：幼儿已经能遵守一定的韵律活动的常规，有队列队形变化的经验。

物质准备：

1. 音乐《苹果丰收》，播放器。

2. 《苹果丰收》的舞蹈视频。

活动过程

一、教师播放《苹果丰收》的音乐，引导幼儿感受音乐中丰收的喜悦。

1. 教师播放音乐《苹果丰收》，幼儿初步感受丰收的喜悦。

教师：音乐中的人们在干什么？听完这个音乐，你觉得这些人的心情是怎样的？

2. 教师介绍歌曲的相关知识。

教师：这是一首朝鲜歌曲。歌曲中的人们因为苹果的丰收而感到高兴。朝鲜人民能歌善舞，在苹果丰收的季节，朝鲜人民会穿上他们特有的服饰，跳起优雅的舞步。

二、幼儿欣赏《苹果丰收》的舞蹈视频，初步感知舞蹈中的动作。

1. 教师播放《苹果丰收》的舞蹈视频，幼儿欣赏。

2. 教师：你们能不能来学一学在视频中看到的舞步？

3. 请个别幼儿进行舞蹈动作的模仿。

三、幼儿重点学习踵趾小跑步，掌握动作要领，步伐合拍。

1. 教师：我看见有这样的一个动作（教师示范动作），大家来学一学。

2. 幼儿和教师一起学习踵趾小跑步。

教师：你有什么好办法，可以在做这个动作的时候步伐不乱？

3. 教师总结动作要领：我们在跳的时候可以边跳边说出动作，如：脚跟，脚尖，跑跑跑。

4. 幼儿自由寻找空地练习踵趾小跑步。教师巡视指导，提醒幼儿动作要合拍。

四、幼儿跟随音乐尝试踵趾小跑步的步伐。

五、增加队形变化，使踵趾小跑步更加有节日氛围。

1. 教师：你们在视频中，看见舞者在跳舞时队形有哪些变化？我们可以变化哪些队形？

2. 幼儿尝试一个圆的顺时针踵趾小跑步或者两个圆的顺时针踵趾小跑步队形。

3. 教师：舞蹈加上队形的变化后，你们感觉有什么不同？

4. 教师总结：有队形后，大家有聚集在一起的感觉，更加有节日的氛围了。

六、幼儿自由设计其他的动作，丰富舞蹈。

1. 教师：你还可以做什么动作表现苹果的丰收呢？

2. 请个别幼儿示范动作。

七、幼儿在《苹果丰收》的音乐中自由舞蹈，结束活动。

附《苹果丰收》的舞蹈视频

http://baidu.baomihua.com/watch/0104783600301134679.html

活动四：可爱的鼠小弟（艺术）

活动目标

1. 观察、学习用多种方式制作鼠小弟头像。

2. 借助鼠小弟头像制作步骤图，掌握制作方法。

3. 喜欢手工制作，体验成功的喜悦。

活动重难点

重点：能够利用多种材料进行手工制作。

难点：制作前，仔细观察并理解步骤图的内容。

活动准备

经验准备：幼儿有均匀涂色的前期经验，能看懂箭头的指向。

物质准备：

1. 教具：鼠小弟头像制作步骤图 2 张。（1 张用于粘贴、添画，1 张用于超级黏土）

2. 学具。

（1） 18 色塑料油画棒，画有鼠小弟头像轮廓的纸张。

（2） 制作鼠小弟头像的纸片 3 张，胶棒，黑色勾线笔。（以上材料均人手 1 份）

（3） 灰色、白色、黑色的超级黏土，塑料垫板人手 1 个，桌子 6 张。

活动过程

一、师幼共同回忆绘本中鼠小弟的形象，激发幼儿制作的兴趣。

1. 教师：还记得《想吃苹果的鼠小弟》中的鼠小弟吗？你们喜欢他吗？

2. 教师：你们既然这么喜欢他，那我们就来做一个属于自己的鼠小弟头像吧！

二、幼儿选择制作材料，讨论如何制作鼠小弟的头像。

1. 教师介绍材料。

教师：这里有很多材料，他们都是搭配组合的好朋友。想一想，你可以选择哪些材料制作呢？

（1） 油画棒和画有鼠小弟头像轮廓的纸张是一组。

（2） 圆形的纸片、胶棒、黑色勾线笔是一组。

（3） 超级黏土和塑料垫板是一组。

2. 幼儿选择材料，进行鼠小弟头像的制作。

三、观察鼠小弟头像的制作步骤图，掌握制作的方法。（见图 4-5-2 — 图 4-5-17）

教师引导幼儿观察步骤图。

教师：在桌子上有详细的制作步骤图，请你先仔细观察步骤图，再进行制作。如果你用一种方法制作好了，还可以选择另一种方法制作。

四、幼儿分组进行鼠小弟头像的制作。

教师提醒幼儿先观察步骤图，再完成制作。

五、请个别幼儿分享自己的成品，并讲述自己的制作步骤。

附制作鼠小弟头像的步骤图

鼠小弟头像涂色

图 4-5-2　鼠小弟头像（涂色）

鼠小弟头像粘贴

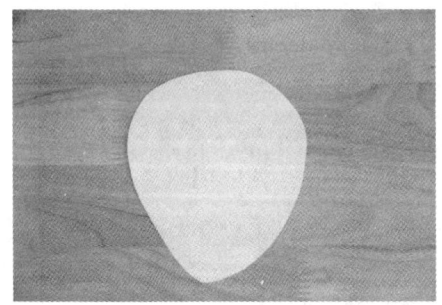

图 4-5-3
第一步：选择一张蛋形的纸作为鼠小弟的头

图 4-5-4
第二步：选择同一颜色的圆形纸粘贴在鼠小弟的头部顶端，做出鼠小弟的一只耳朵

图 4-5-5

第三步：用同样方法粘贴鼠小弟另外一只耳朵

图 4-5-6　　　　　　　　　　　　　图 4-5-7

第四步：用黑色勾线笔画出鼠小弟的眼睛

图 4-5-8　　　　　　图 4-5-9　　　　　　图 4-5-10

第五步：画出鼠小弟的嘴巴和胡子

超级黏土制作鼠小弟的头像

图 4-5-11　　　　　　　　　　　　　　图 4-5-12
第一步：先将黏土搓成一个圆形，再将圆形一端搓尖，做出鼠小弟的头部

图 4-5-13　　　　　　　　　　　　　　图 4-5-14
第二步：搓另外两个小的圆形，做出鼠小弟的耳朵

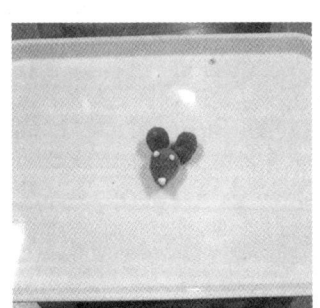

图 4-5-15　　　　　图 4-5-16　　　　　图 4-5-17
第三步：用白色的黏土制作鼠小弟的眼睛和嘴巴，最后搓两个小长条，做出鼠小弟的胡须

活动五：爱动脑筋的鼠小弟（语言）

活动目标

1. 通过想象、讲述、绘画的方式创编故事内容并制作故事小书。
2. 敢于想象，在创编故事和制作小书的过程中得到满足感。

活动重难点

重点：敢于想象，大胆创编故事内容。

难点：能合理使用工具制作故事小书。

活动准备

经验准备：幼儿熟悉绘本《想吃苹果的鼠小弟》。

物质准备：

1. 4张桌子上摆放白纸若干，黑色勾线笔人手1支，油画棒人手1份。
2. 一个小组提供4个订书机，一个小组提供2个四孔打洞机和颜色不同的缎带，一个小组提供6支胶棒，一个小组提供10个夹子。

活动过程

一、教师提问，引入活动。

1. 教师：鼠小弟在海狮的帮助下，吃到了苹果。可是，如果那天海狮没有出现呢？想想，如果你是鼠小弟，你想吃到苹果，会发生什么事情呢？

2. 教师总结：你们的故事也很有趣啊！你们都是爱动脑筋的鼠小弟！那我们也可以和作者一样将自己想到的办法画出来制作一本故事小书。

二、师幼一起讨论制作故事小书的方法。

1. 教师和幼儿观察提供的材料，集体讨论：我们该怎样制作故事小书？
2. 幼儿观察所有的材料，讲述自己的方法。

3. 教师总结：我们需要先将自己想到的方法用黑色勾线笔画出来，鼠小弟的一个动作或者一个表情就是一幅画面，然后给画面涂色。最后装订起来。

4. 教师：装订的方法有很多，一个小组有一种装订方法，你可以选择自己喜欢的装订方法到相应的小组进行装订。装订的材料有限，我们要和鼠小弟一样，学会分享和谦让！

三、幼儿开始进行绘画、装订。

教师协助指导，提醒幼儿使用订书机时要注意安全。

教师：订书机在按下去的时候，要注意安全。当订书机的钉子使用完时，可以请老师帮助安装钉子。

四、幼儿分享故事小书。

幼儿在集体面前讲述自己的故事，并分享自己在制作过程中印象深刻的事情。

活动六：我最喜欢的小动物（社会）

活动目标

1. 能够表达自己的喜好，并阐述合理的理由。
2. 以两两讲述、集体讨论的形式，阐述《想吃苹果的鼠小弟》中自己最喜欢的角色。
3. 喜欢善良的人或动物，愿意帮助别人。

活动重难点

重点：能合理阐述自己对《想吃苹果的鼠小弟》中角色的喜好。

难点：在集体面前讲述时，声音响亮，语言流畅，能围绕主题讲述内容。

活动准备

经验准备：幼儿阅读过绘本《想吃苹果的鼠小弟》。

物质准备：

1. 《想吃苹果的鼠小弟》中各种动物摘苹果的图片的PPT，U盘，电视机。

2. 《我最喜欢的小动物排行榜》表格。

3. 胶棒，爱心纸片人手1张。

活动过程

一、师幼共同回顾《想吃苹果的鼠小弟》中的人物角色。

教师：你还记得《想吃苹果的鼠小弟》中都有谁吗？

二、幼儿两两一组，讨论"我最喜欢《想吃苹果的鼠小弟》中的哪个小动物"。

1. 教师：请你说一说，你最喜欢《想吃苹果的鼠小弟》中的哪个小动物？为什么？

2. 幼儿和身边的同伴两两一组，进行讨论。

三、幼儿在集体面前表述自己的想法。

1. 教师：你喜欢哪个小动物？为什么呢？

2. 教师：请你学一学你喜欢的小动物摘苹果的姿势。

教师播放各种动物摘苹果的图片的PPT，幼儿观察并模仿动物摘苹果的姿势。

四、幼儿在《我最喜欢的小动物排行榜》中找出自己喜欢的动物角色图片，将小爱心纸片粘贴在对应的小动物后面的表格里。

1. 教师：请将你的爱心纸片粘贴在排行榜中对应的动物后面的表格里。

2. 幼儿粘贴爱心纸片。

五、教师帮助幼儿明白乐于助人是好的品质，要主动在生活中帮助同伴或者家人。

1. 教师：大家都很喜欢海狮。这是为什么呢？

2. 教师：大家喜欢海狮帮助别人。那在生活中，你有没有帮助过别人呢？

幼儿讲述自己的生活经验。

3. 教师：你在帮助别人之后，心情是怎样的？你被别人帮助了之后，你又是怎样的心情？

4. 教师总结：愿意帮助别人的人，拥有一种善良的品质，就像海狮一样。这样的人，大家都会喜欢他。

附《我最喜欢的小动物排行榜》表格

我最喜欢的小动物排行榜

动物名称	如果你喜欢这个动物，就把爱心贴在他后面对应的表格里
(小鸟)	
(猴子)	
(大象)	
(长颈鹿)	
(袋鼠)	
(犀牛)	
(老鼠)	
(海豹)	

说明：幼儿选择一种自己喜欢的动物，将爱心贴纸贴在动物后面对应的表格里。

活动七：可爱的海狮（科学）

活动目标

1. 通过观察图片、对比，认识海狮的外形，知道海狮是生活在海洋里的动物。
2. 通过观看海狮表演，了解海狮的生活习性。
3. 乐意观察、提问，激发热爱大自然的情感。

活动重难点

重点：认识海狮并了解海狮的生活习性。

难点：能够仔细观察画面，发现画面中的细节。

活动准备

经验准备：幼儿观看过海狮的表演。

物质准备：海狮的图片、海狮表演的视频。

活动过程

一、幼儿观察海狮的图片，结合已有经验进行讲述，初步认识海狮。

1. 教师（出示一张海狮的图片）：小朋友们，今天有位小客人要来做客，猜猜他是谁？你在哪里见过他？

2. 教师：海狮有什么本领？谁来学一学？

幼儿模仿海狮顶球的姿态。

二、通过与人类的对比，幼儿对海狮身体有初步的认知。

1. 教师：海狮的身体是什么颜色的？海狮生活在哪里？

教师总结：海狮是海里的动物，偶尔也会爬到岸上晒晒太阳，夜里在岸上睡觉。

2. 教师：海狮的身体和我们人类的身体一样吗？海狮和我们哪里不一样？

教师总结：海狮身上的胳膊叫前肢，后面你们看着像尾巴的部位是海狮的后肢。它依靠前肢和后肢游泳，所以，海狮是游泳高手。但是，海狮和我们人类一样，都是哺乳动物，才生出来的小海狮，长得和海狮妈妈一样。

三、幼儿观看海狮表演的视频，进一步了解海狮的生活习性。

1. 幼儿观看海狮表演的视频。

教师：在视频中，饲养员给海狮吃什么了？

2. 教师总结：海狮喜欢吃鱼，不过他们也爱吃虾，有时在饿的时候甚至会吃企鹅。海狮的食量很大，所以他们大部分时间都在海里捕捉食物，填饱自己的肚子。

四、教师借助绘本《想吃苹果的鼠小弟》使幼儿对海狮的乐于助人产生共鸣，并动手制作海狮的作品。

1. 师幼回顾绘本《想吃苹果的鼠小弟》。

2. 教师：在故事中，最后是谁帮助鼠小弟吃到了苹果？在听过故事和观看了海狮表演后，你觉得海狮是什么样的动物？

3. 教师小结：海狮是一种天性温顺善良的动物，一般不会轻易攻击人类。

五、延伸部分。

教师：请你回家和爸爸、妈妈一起再收集一些关于海狮的知识、图片、视频，然后，在绘本分享的时间里讲给大家听，好吗？

附海狮表演的资料

海狮表演视频网址：http://www.iqiyi.com/w_19rtf8ijmp.html

活动八：我来帮助你（社会）

活动目标

1. 知道帮助他人是好的行为，愿意主动帮助他人。

2. 能结合故事《小鸡落水记》和自己的经历萌发主动帮助别人的意识。

3. 感受并体会帮助别人后的快乐，从中得到满足。

活动重难点

重点：能够萌发主动帮助别人的想法，体会帮助他人后的满足感和喜悦感。

难点：能够结合生活经验讲述帮助他人的经历，完整讲述，语言流畅。

活动准备

经验准备：幼儿有帮助他人的经历。

物质准备：

1. 故事《小鸡落水记》。

2. 衣服若干件，脱反了的裤子一条，玩具一大筐，玩具柜。

3. 自然角中的小金鱼，鱼篓，自然角中的植物，"我已浇过水"的指示牌。

活动过程

一、幼儿结合生活已有经验讲述帮助他人的经历，体会帮助他人后的喜悦。

1. 教师：在生活中，你帮助过别人吗？你是怎么帮助别人的？

2. 幼儿讲述帮助他人的经历。

二、幼儿倾听故事《小鸡落水记》，萌发主动帮助他人的意识。

1. 教师讲述到故事第二段结束，提问：小鸡叽叽落水了，怎么办呢？

幼儿大胆讲述救小鸡叽叽的方法。

2. 教师完善故事，讲述故事结尾。

教师：是谁救了小鸡？小鸭嘎嘎为什么这样做？

3. 幼儿懂得别人遇到困难时，要主动帮助他人。

教师：在小鸡叽叽落水的时候，小鸭嘎嘎的哥哥姐姐们有没有去救小鸡叽叽？那你觉得，小鸭嘎嘎的哥哥姐姐这样做，对吗？为什么？

4. 教师小结：你一个小小的帮助，可能就会救了别人的生命，所以，当别人需要帮助的时候，我们要主动帮助他。

5. 体会小鸭嘎嘎救了小鸡叽叽的心情，从而强化主动帮助他人的意识。

教师：小鸭嘎嘎救了小鸡叽叽，你想想，小鸭嘎嘎是什么样的心情？他为什么高兴呢？

6. 教师总结：小鸭嘎嘎在力所能及的范围内主动帮助了小鸡叽叽，他得到了小鸡叽叽的感谢，自己也很满足。帮助别人后自己也会有一种成就感，觉得自己是被需要的。

三、幼儿观察教室里的几个场景，表达愿意帮助他人的意愿。

1. 教师引导幼儿观察场景。

教师：在我们的教室里，有哪些需要大家帮忙的地方？

教师：有的小朋友脱下来的衣服没有挂到衣钩上，床上还有几条小朋友午睡脱反了的裤子。

教师："建筑工地"里很多散落的玩具没有放进玩具柜中。

教师：自然角里的小金鱼还饿着肚子，自然角里的植物也缺水了。你们谁愿意为大家服务一下呢？记得，要给浇过水的植物竖起"我已浇过水"的牌子提醒后面的小朋友。

2. 幼儿分组进行帮助行动。

3. 请幼儿重新观察教室，感受帮助他人的成就感和满足感。

教师：我们再来看看我们的教室，有了什么变化？

教师小结：因为大家的力量，相互帮助，我们的教室一下子就整洁了很多。

四、经验拓展。

教师：我们在生活中也要相互帮助。大家说一说，可以做什么事情帮助身边的人？

附故事

小鸡落水记

小鸡叽叽每天都会跟着妈妈在河边的草地上捉虫子吃，小鸭嘎嘎每天都会和自己的哥哥、姐姐们在河里游泳玩耍。

一天，小鸡叽叽一个人到河边来找虫子吃。忽然，他不小心落到了小河中。不会游泳的小鸡叽叽大声喊着："救命！救命！"

听到这个声音，在不远处和哥哥、姐姐们游泳的小鸭嘎嘎连忙往小鸡落水的地方游去。小鸭嘎嘎的哥哥姐姐们说："你去干什么？我们的游戏还没有结束呢！"小鸭嘎嘎说："我要去救小鸡，他可不会游泳啊！"说着小鸭嘎嘎就赶紧游到小鸡叽叽的身边，救起了小鸡叽叽。被救到岸边的小鸡叽叽连忙对小鸭说："太感谢你了，不是你的帮助，我就没命了。谢谢你！"小鸭嘎嘎说："不客气，这是我应该做的。"

从那以后，小鸡叽叽在河边找虫子给小鸭嘎嘎分享，小鸭嘎嘎在河边保护小鸡叽叽。小鸡叽叽和小鸭嘎嘎成了一对好朋友。

活动九：好朋友（艺术）

活动目标

1. 熟悉并理解歌曲《好朋友》，能够创编动作并两两合作完成简单的肢体动作。
2. 通过讨论、倾听、接唱、拍手、肢体表演熟悉歌曲的节奏并进行律动。
3. 乐于和同伴进行表演，知道好朋友要团结友爱，互相帮助。

活动重难点

重点：能够两两合作合拍地完成律动，理解朋友之间要相互帮助。

难点：在间奏的地方，快速找到表演对象，并保持安静。

活动准备

经验准备：幼儿知道自己的好朋友是谁，能讲述好朋友帮助自己做了什么事情。

物质准备：《好朋友》乐谱。

活动过程

一、师幼回顾绘本《想吃苹果的鼠小弟》,迁移自己的生活经验,感受好朋友的重要性。

1. 教师:在绘本《想吃苹果的鼠小弟》中,鼠小弟和海狮成了朋友,这是为什么?

2. 教师总结:原来好朋友是要互相帮助的。那你有没有好朋友,你们俩又是如何互相帮助的呢?

3. 幼儿讲述自己和好朋友之间互相帮助的小故事。

二、幼儿通过倾听、接唱和拍手的方式,熟悉歌词内容和节奏。

1. 教师慢速地边演奏边唱歌曲。

教师:歌曲中的好朋友,他们俩是怎样互相帮助的?(如果幼儿一次没有回答完整,教师可以再演奏一次)

2. 幼儿接唱歌曲中"梳梳头""扣纽扣""手拉手""好朋友"的部分,可重复 2~3 次进行。

3. 教师:我们来玩个游戏,叫作"接龙"。我唱歌曲每句的前一部分,你们接唱歌曲的后一部分。

幼儿和教师一起演唱歌曲。

4. 以游戏"拍手藏字"的方法帮助幼儿进一步熟悉歌曲的节奏。

5. 教师:这次,我们一起唱。但是,我们要把"梳梳头""扣纽扣""手拉手""好朋友"的部分,不唱出来,而是用拍手的方式表达。

幼儿和教师一起进行游戏"拍手藏字",可重复 2 次。

三、幼儿创编歌曲《好朋友》的动作。

1. 教师:请小朋友自己根据歌词的内容来创编动作,动作要和节拍对应哦!

2. 幼儿两人一组逐句创编歌曲《好朋友》的动作。

3. 请 2~3 组幼儿进行示范表演,教师和幼儿一起提炼出合适的动作。

4. 讨论:在歌曲进行至什么时候可以更换自己的好朋友?更换朋友时,要注意什么?

四、全体幼儿表演歌曲《好朋友》。

可重复几次,教师注意鼓励幼儿大胆自然地表演。

五、幼儿集体讨论"团结友爱"的含义，加深对好朋友的理解。

教师：歌曲中，出现了"团结友爱"这个词，什么叫团结友爱？和你的好朋友怎样做才是团结友爱呢？

附歌曲

律动参考动作

前奏：两名幼儿面对面站好。

第1—2节：手心向上，五指面对对面的好朋友，然后五指指向自己，作梳头状。

第3节：跟随节奏点头。

第4—5节：手心向上，五指面对对面的好朋友，然后五指指向自己，为对方作扣纽扣状。

第6节：跟随节奏点头。

第7—8节：两名幼儿手拉手，左右晃动。

第9—10节：两名幼儿相互拥抱。

第 11 节：两名幼儿手心相对拍手两下。

间奏：更换好朋友。

活动十：送礼物（健康）

活动目标

1. 能够手拿沙包在低矮的物体上保持平衡行走，不从平衡木上掉下来。
2. 在尝试、模仿、学习、练习中掌握保持平衡的方法。
3. 乐于参与体育活动，遵守规则，有耐心等待的意识。

活动重难点

重点：在行走过程中，保持平衡，确保自己不从平衡木上摔下来。

难点：寻找自己保持平衡的方法。

活动准备

经验准备：幼儿在生活中，有走较窄路面的经验。

物质准备：

1. 音乐《小老鼠上灯台》《火车轰隆》，播放器。
2. 筐子 4 只（装沙包用），沙包人手 2 个，起点线，平衡木（共 4 张，竞赛时一组 2 张），糖果人手 1 颗。

活动过程

一、准备部分。

幼儿跟随音乐《小老鼠上灯台》做准备活动。

二、练习走平衡木。

1. 教师明确提出第一次走平衡木的要求。

2. 教师：鼠小弟准备了一些礼物要送给他的好朋友们。可是，在送礼物的路上有一座桥（平衡木）。他个子很小，很害怕过桥时会掉下水。所以，他请小朋友们帮助他去送礼物。你们在过桥的时候，要保证自己不掉下桥。

3. 幼儿第一次尝试不拿沙包走平衡木。

教师：我们这次先不拿礼物，先练习好走平衡木的本领，再送礼物。

幼儿分成2组第一次尝试不拿沙包走平衡木。

4. 个别幼儿示范过桥的动作。

5. 教师：你刚刚是怎么过桥的？

1~2名幼儿示范走平衡木。尝试用语言说出自己过平衡木的经验。

6. 教师总结：过桥的时候，步伐要小心，慢慢地脚尖对着脚跟行走。行走时双臂侧平举。

三、幼儿第二次按照动作要领走平衡木。

教师提醒个别幼儿动作要领。

四、幼儿双手拿沙包进行走平衡木的练习。

教师：小朋友，你们的本领都已经学得很好了。下面就来双手拿着礼物过桥吧！我们看一看，礼物是什么呀？原来是小老鼠用豆子做成了很多的沙包要送给他的朋友们玩。我们按次序在筐子里一人拿2个沙包，在拿的过程中，要相互谦让。

幼儿自己从筐子中取沙包，尝试双手拿沙包走平衡木。

五、幼儿尝试解决自己的疑难问题，相互学习提高，进行第二次拿沙包走平衡木的练习。

1. 教师：你在行走的时候，遇到了什么困难？

个别幼儿提出自己的困难，请其余幼儿帮助解决，相互学习。

2. 教师小结：我们小朋友人多，桥只有两座，只有大家相互谦让，能够耐心等待，才能让游戏更加顺利地进行。我相信，你们都能做得很好。

3. 幼儿进行第二次拿沙包走平衡木的练习。

六、游戏竞赛"送礼物"。（见图4-5-18）

1. 教师：我们的本领已经学得很好了，那就让我们比赛吧！小朋友们要从起点线出发，过桥的时候，不能掉下来。如果掉下来，就要从起点线重新开始。速度最快的一组获胜。

教师将幼儿分成2组，进行游戏竞赛，可以进行2~3次。

2. 教师：请小朋友们有顺序地将手中的沙包，摆回到原来的4个筐子里。

七、教师播放音乐《火车轰隆》进行放松律动，结束活动。

教师：鼠小弟告诉我，他很感谢你们的帮助。他带来了好吃的糖果与大家分享。

附器械场地图

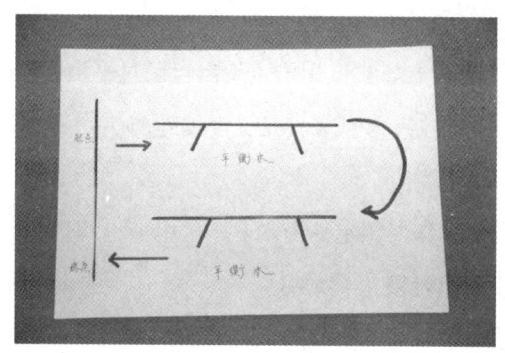

图4-5-18
备注：此图为一组器械摆放图，竞赛时用同样的摆放方式再摆放一组

准备操的动作参考

小老鼠上灯台，（手放嘴前，模仿小老鼠的嘴巴，左右晃动头部）

偷油吃，下不来。（手放嘴前，模仿小老鼠的嘴巴，头部做绕圈姿势两次）

喊奶奶，奶奶不来。（手臂上举，手心相对，左右晃动四次）

叽里咕噜，滚下来。（手握拳，在胸口绕圈两次，身体转圈）

放松律动动作参考

火车轰隆，快一点出发。（右手上举握拳，做往下拉的动作，身体有节奏地下蹲两次）

彩虹出现，快乐open啊！（手部五指打开，从下往上打开，作跑跳步）

不要害怕，不要退缩啊！（找朋友，面对面拍手）

要很快乐，希望无限大！（朋友手牵手，转圈，跑跳步）

活动十一：我要演出啦（综合）

活动目标

1. 了解绘本中的所有角色，能够选择角色并且尝试创编所扮演角色的表演动作。

2. 通过讨论，统计出绘本表演的角色。结合已有经验和相互学习、模仿创编自己扮演角色的表演动作。

3. 对绘本表演有一定的热情，喜欢用表演的形式展示自己，从中获得满足。

活动重难点

重点：了解绘本表演的形式，创编表演的动作。

难点：能够大胆地表现出绘本角色中的人物特性。

活动准备

经验准备：幼儿之前观看过教师的表演剧《蛤蟆爷爷的秘诀》和《大老虎和小老鼠》，在韵律活动中有创编肢体动作的经验。

物质准备：

1. 绘本《想吃苹果的鼠小弟》。

2.《绘本人物统计表》，黑色勾线笔。

3. 绘本表演所需的音乐，播放器。

活动过程

一、教师阅读绘本,帮助幼儿对绘本中的角色有初步的认识。

1. 教师:你还记得《想吃苹果的鼠小弟》这本绘本吗?

教师和幼儿共同阅读绘本,回忆故事。

2. 幼儿回忆绘本中的人物角色。

教师:在这个绘本中都出现了哪些动物?

教师将幼儿的回答记录在《绘本人物统计表》中。

二、幼儿自由选择想要扮演的角色。

1. 教师:记录表里有很多的角色,你想扮演什么角色呢?

2. 幼儿讲述自己想要扮演的角色,教师从中帮助协调并记录在《绘本人物统计表》上。

三、教师帮助幼儿丰富绘本表演的角色。

1. 教师:绘本表演中,还可以加一些什么角色呢?

引导幼儿从自我创作的《爱动脑筋的鼠小弟》故事中发掘续编的人物角色。

2. 幼儿讲述出一个需要增加的角色,教师及时将其记录在《绘本人物统计表》中。

3. 教师总结:你们的想象力很丰富,一下子让我们的绘本变得更加有意思了。

四、幼儿分组进行角色的动作创编。

1. 教师:你们可以给自己的角色想一些动作,让看表演的人,看见你的动作就可以知道你在表演什么。

2. 幼儿根据角色的种类,进行分组创编动作。教师给予幼儿及时的指导。

教师:你们可以根据自己表演的角色,进行分组。表演同一个角色的在一个组,人多主意也就多了。

3. 幼儿分组反馈动作。

4. 教师总结:你们创编的动作都有自己的特点,与众不同,很棒哦。

五、幼儿跟随音乐表演自己创编的舞蹈角色动作。

1. 教师鼓励幼儿尝试将自己创编的动作融入音乐中,提醒幼儿注意动作和音乐的节拍一致。

2. 教师播放音乐，请幼儿以拍手的形式熟悉音乐的节奏。

3. 幼儿分组创编舞蹈动作。教师提醒幼儿注意动作和节拍的吻合。

4. 幼儿分组反馈创编的舞蹈动作，请其余的幼儿提出建议。

5. 教师总结：你们成功地创编出了一场绘本表演，虽然有些地方还需要调整，但是，你们的想法和创意是独特的。

六、安排绘本表演的辅助项目。

如：旁白、表演的背景、道具等，请幼儿将这些任务、角色介绍给自己的爸爸、妈妈，邀请家长也来参加绘本表演。

教师：现在，我们还需要旁白和表演的背景。这些角色需要爸爸、妈妈来表演，你们可以将绘本表演的事情告诉爸爸、妈妈，询问他们愿不愿意来参加我们的演出。

附《绘本人物统计表》

绘本人物统计表

绘本表演中的角色	表演幼儿的姓名

备注：幼儿讲述一个绘本中的角色，教师就用黑色勾线笔画出人物，完成表格的左半边。
当幼儿表达自己想表演什么角色的时候，请教师在表格的右半边记录幼儿姓名，明确该名幼儿所扮演的角色。

活动十二：想吃苹果的鼠小弟（综合）

活动目标

1. 能够以肢体动作表现自己所扮演的动物形态，动作合拍、到位。
2. 在亲子表演中，再次感受团结就是力量的含义。
3. 乐于参与演出，在演出中感受表演带给自己的快乐。

活动准备

1. 旁白1名，手持道具的家长若干名。

道具：太阳、云朵、花朵和真实的苹果若干。

演出服：苹果树。

2. 场景布置：有苹果树的树林。

3. 演出服装：鼠小弟（1名幼儿），小鸟（5名幼儿），猴子（5名幼儿），大象（5名幼儿），长颈鹿（5名幼儿），袋鼠（5名幼儿），犀牛（2名幼儿），海狮（1名幼儿）。

4. 根据绘本《想吃苹果的鼠小弟》改编的绘本剧剧本。

5. 音乐《森林狂想曲》，小老鼠音乐，小鸟叫声，小猴子的音乐（来自"巧虎"），大象先生的音乐，长颈鹿的音乐（来自《跟月亮姐姐一起唱》），袋鼠妈妈的音乐，脚步走的声音，苹果丰收的音乐（自己剪辑）。

活动过程

一、《森林狂想曲》音乐起。

1. 旁白：清晨，太阳公公醒来了！他伸伸懒腰，摇摇摆摆地升上了天空，把大地照得暖洋洋的。白云也在空中玩耍，他们你追着我、我追着你，开心地做游戏！苹果树上结出了红红的苹果。甜甜的苹果香，吸引着鼠小弟一步一步向苹果树靠近。（讲完就切音乐）

2. 动作提示：手拿太阳的家长蹲下身体，听到音乐后随音乐摇摆从下往上升起。

手拿白云的家长分别从舞台左侧移动到舞台右侧，从舞台右侧移动到舞台左侧。

扮演苹果树的家长，手里慢慢露出苹果。

二、小老鼠的音乐起，小老鼠出场。

1. 小老鼠：啊！好红、好香的苹果啊！一定很甜很好吃，好想吃一个苹果啊！可是……

2. 动作提示：扮演小老鼠的演员双手食指合拢放在嘴边，模仿小老鼠尖尖的嘴巴。弯腰，模仿小老鼠的走路姿势上场。

三、小鸟叫声出现，5只小鸟出场。

1. 动作提示：5只小鸟飞到苹果树身边，各叼走一个苹果。（从舞台一侧上场，叼走苹果后，从舞台另一侧下场）

2. 小老鼠：小鸟，小鸟，你能帮我摘个苹果吗？

3. 旁白：可是，小鸟叼走苹果后，头也不回地飞走了。

4. 小老鼠露出遗憾的表情，双手一摊，摇头，无奈地看着树上的苹果树。

四、播放小猴子的音乐，5只小猴子上场。

1. 动作提示：小猴子做抓耳挠腮的动作，一跳一跳地上场。靠近苹果树的时候，拉住苹果树的手臂，摘下一个苹果，从舞台另一侧下场。

2. 小老鼠：小猴子，小猴子，你能帮我摘个苹果吗？

3. 旁白：可是，小猴子摘到苹果后，一跳一跳地离开了。

4. 小老鼠露出遗憾的表情，双手一摊，摇头，无奈地看着树上的苹果树。

五、大象先生的音乐起，5只大象上场。

1. 动作提示：幼儿手心相对，合拢做大象的鼻子，弯腰上场。靠近苹果树的时候，用鼻子摘下一个苹果，从舞台另一侧下场。

2. 小老鼠：大象，大象，你能帮我摘个苹果吗？

3. 旁白：可是，大象摘到苹果后，头也不回地离开了。

4. 小老鼠露出遗憾的表情，双手一摊，摇头，无奈地看着树上的苹果树。

六、长颈鹿的音乐起，5只长颈鹿上场。

1. 动作提示：幼儿右手手臂上举，模仿长颈鹿的脖子。踮脚小碎步上场。靠近苹果树的时候，用模仿脖子的手摘下一个苹果，从舞台另一侧下场。

2. 小老鼠：长颈鹿，长颈鹿，你能帮我摘个苹果吗？

3. 旁白：可是，长颈鹿摘到苹果后，头也不回地离开了。

4. 小老鼠露出遗憾的表情，双手一摊，摇头，无奈地看着树上的苹果树。

七、袋鼠的音乐起，5只袋鼠上场。

1. 动作提示：幼儿模仿袋鼠跳的动作，一蹦一跳地上场。靠近苹果树的时候，用手摘下一个苹果，从舞台另一侧下场。

2. 小老鼠：袋鼠，袋鼠，你能帮我摘个苹果吗？

3. 旁白：可是，袋鼠摘到苹果后，头也不回地离开了。

4. 小老鼠露出遗憾的表情，双手一摊，摇头，无奈地看着树上的苹果树。

八、脚步的声音响起，2只犀牛上场。

1. 动作提示：幼儿模仿犀牛爬行上场，用自己的犀牛角撞苹果树，苹果落地，犀牛一口吃掉，从舞台另一侧下场。

2. 小老鼠：犀牛，犀牛，你能帮我摘个苹果吗？

3. 旁白：可是，犀牛吃掉苹果后，头也不回地离开了。

4. 小老鼠露出遗憾的表情，双手一摊，摇头，无奈地靠着苹果树，坐下。

九、1只海狮上场。

1. 动作提示：幼儿学海狮的动作，一摇一摆地上场，走到小老鼠的身边。

海狮：鼠小弟，你怎么啦？

2. 鼠小弟：我想吃苹果，可是，我不像小鸟有翅膀会飞，不像小猴子会爬树，不像大象有长鼻子，不像长颈鹿有长脖子，不像袋鼠能蹦得高，不像犀牛有力气。我这么小，力量这么弱，什么也做不起来。

3. 海狮：谁说的？

4. 鼠小弟：什么？我可以吗？

5. 旁白：说着，海狮用嘴巴把鼠小弟像顶球一样，顶到了苹果树上。

6. 鼠小弟：哇，这下，我可以吃到苹果了。

7. 旁白：鼠小弟看着苹果树下的海狮，心想，海狮一定也很想吃苹果吧。于是，鼠小弟将摘下的第一个苹果毫不犹豫地丢给了苹果树下的海狮。

8. 鼠小弟：朋友，我们一起分享吧！

9. 海狮：谢谢你，朋友！

十、播放音乐《苹果丰收》，结束演出。

所有"动物"上场，随音乐跳舞，结束演出。

五、区域活动

语言区

给故事书排序

材料准备

打印的故事书2套（1套有页码，1套没有页码）。（见图4-5-19、图4-5-20）

操作要点

幼儿在熟悉故事的基础上根据故事的顺序将图片排序。（起初可以使用有提示页码的一套，然后再用没有页码的一套）

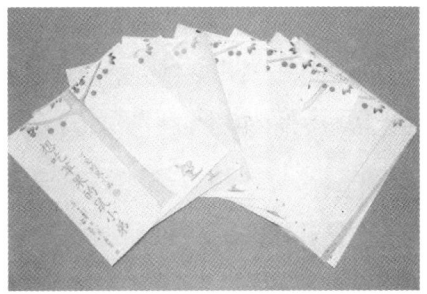

图4-5-19
此套故事书有页码

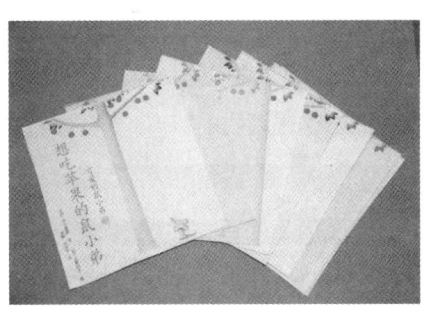

图4-5-20
此套故事书没有页码

小云朵来了

材料准备(见图 4-5-21)

1. 故事书。
2. 自制小云朵。

图 4-5-21

操作要点

幼儿可以将小云朵放在画面的任意角色上,自主补充人物的对话,使故事更加丰满。

绘本人物表演

材料准备(见图 4-5-22)

动物的胸饰。

图 4-5-22

操作要点

熟悉故事内容和对话之后,能自我表演,动作能够体现动物的特点。

美工区

脸谱装饰

材料准备(见图 4-5-23)

1. 动物脸谱。

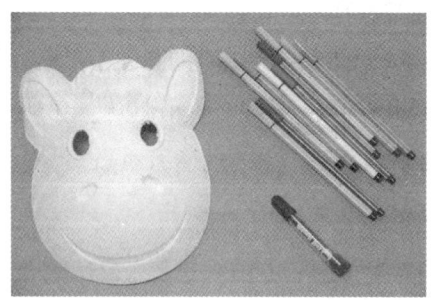

图 4-5-23

2. 黑色勾线笔、水彩笔。

操作要点

给动物的脸装饰上不同图案。（见图4-5-24）

图 4-5-24
幼儿设计的脸谱造型

(建构区)

大象平衡棍

材料准备（见图4-5-25）

木头大象、各色平衡棍。

操作要点

将平衡棍交错摆放在大象的身体上，保证平衡棍不掉落，高度越高越好。

图 4-5-25

(生活区)

动物身体，绕绕绕

材料准备

1. 犀牛、海狮的身体阴影图。（见图4-5-26）

2. 彩色毛线。

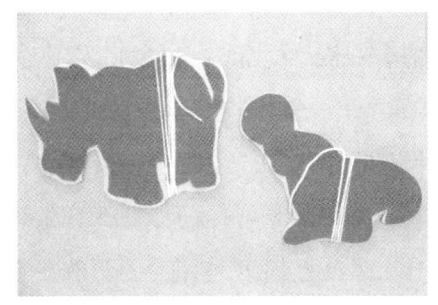

图 4-5-26

操作要点

将彩色毛线顺一个方向绕在犀牛和海狮的身体曲线处。

> 益智区

动物拼图

材料准备

海狮、猴子的自制拼图。（见图 4-5-27、图 4-5-28）

图 4-5-27

操作要点

能根据拼图的提示将动物拼图完成。

图 4-5-28

海狮平衡游戏

材料准备

海狮木质身体、骰子、不同颜色和大小的小圆形。（见图 4-5-29）

图 4-5-29

操作要点

两人游戏，掷骰子。掷到什么颜色就取什么颜色的小圆形。将小圆形放在海狮的身体上，摆放时，保证小圆形不从海狮身体上掉落。摆放小圆形掉落的人就算输。

六、环境创设

《想吃苹果的鼠小弟》主题活动是结合园部的"阅读节"同时进行的。为了让家长能够更多地了解"阅读节"中的各项活动,我们将主题设计的意图、思路和具体教学活动在家园桥中展示,家长在了解之后,既能够更好地配合园部做好工作,也能有效地帮助幼儿二次学习。

对于绘本阅读,很多家长对其定义就是说故事,其实不然。绘本需要家长在安静的环境中带领幼儿从故事的画面入手,观察、欣赏和倾听同时进行,引导幼儿来一次视觉和心灵的碰撞。对于中班幼儿,他们更加喜欢角色扮演。为此,我们安排了绘本剧的表演。因此前期需要让家长了解什么是绘本剧的表演。我们在家园桥展示相关信息,便于所有家长事先了解。

七、我和爸爸妈妈的话

浩浩:

这本故事,我们曾经一起读过好几遍。前两遍读完之后,浩浩失望地说:"妈妈,我又不会飞,又不会爬树,又没有长鼻子,又没有长脖子,又跳不高,又没有力气能撞下来一个苹果,而且,我也不认识海狮,那我是不是就吃不到苹果啊?"

我们一起又读了两遍。这次读完之后,浩浩对我说:"妈妈,虽然我不会飞,也不会爬树,也没有长鼻子,也没有长脖子,而且也跳不高,也没有力气能撞下来一个苹果,可是,我有你啊!你会帮我去拿苹果的,对吗?"

看着他充满期待的小眼神,我决定还是先承诺。不过,看,启发式教育又失败了。这就是我的儿子!他就像个小怪物,慢慢吃掉我的耐心和信心。

正巧这时奶奶端来洗干净的草莓,这是浩浩最喜爱吃的水果。他立刻放下书本,拿起一个就往嘴里放。接着,他拿起第二个放进我的嘴里,又拿起第三个跑到奶奶身边,硬塞进她的嘴里。就这样,他一边吃,一边喂我们。他从来不是一个小气的孩子。一直乐于和我们分享,这也是我最开心的一点。我亲了亲他的脸蛋,夸他这样做真的很贴心。

一本好的绘本总能带给我们很多的乐趣，也许我不该强求他一定要从书里得到与别人相同的感悟。只要我知道，他喜欢读书，喜欢书里的人物，有一颗善良、敏感的心，还有着丰富的感情和最宝贵的天真就够了。

晚上睡觉前，再一次重读这本书，浩浩对我说："妈妈，鼠小弟之前每一次的努力都失败了，他很不幸，但是，最后他找到了海狮。海狮一顶就把他顶上去了。所以，他把两个苹果都得到了。一个给海狮，一个给自己。海狮就是他的好朋友，他还是很幸福的。"我吃惊于他连贯的表述，特别是他对于"不幸"和"幸福"的阐述。

那一刻我只想紧紧抱抱他，为他的成长而感动。

跳跳：

星期六在家和跳跳一起读绘本《想吃苹果的鼠小弟》，封面上鼠小弟仰望着高高的苹果树。"鼠小弟怎么能吃到呢？"跳跳开始疑问了起来，进入了鼠小弟的角色。

我们往下看——鼠小弟可是从来没尝过苹果的味道，今天他多想尝一尝啊。我问她："你来帮鼠小弟想个办法吧？"她笑着说："我找个梯子爬上去，摘下苹果给他吃。"我很欣慰，跳跳一向是这样的热心肠。就像她过年拿到红包，看我没有红包，就很大方地送了两个给我。

"一只小鸟飞来叼走了一个苹果"，跳跳脸上有了失落的表情，她说："为什么吃苹果的是别人？"可以想象，当她想要什么，看到别人拥有机会而自己没有时的那份失落。

后来，猴子爬到了树上、大象伸出了鼻子、长颈鹿伸长了脖子、袋鼠妈妈弹跳上去，都吃到了苹果。这时，跳跳着急了："苹果都快没了，可是小老鼠还没吃到呢！"

犀牛也来撞击了树干，吞下了掉在地上的苹果。跳跳说："犀牛多撞掉几个苹果，小老鼠就能吃到了呀。"她多么希望有人能顾到弱小的鼠小弟。

我们继续往下读："这下鼠小弟还是得自己动脑筋想办法了，他先是扇动着手臂，像小鸟那样。"跳跳说："他的手不是翅膀，根本飞不起来啊。"接下来看鼠小弟一次一次地努力模仿别人的本领，一次一次地失败。我问她："你是不是也像鼠小弟一样，遇到事情会想一个又一个的办法？"她说："对，是的。我想到了最后一个办法，是拿梯子。"我问她:"那你会不会像鼠小弟一样不轻易放弃,不停地想办法啊?"她说:"但是实在没有办法,也只能放弃啊。"咦,她有点悲观主义,不够坚韧呢。我说:"你知道吗,办法总会有的,只可能是一时没找到,这时需要对自己说'我不放弃、我不放弃'"她大概被我的手势和表情感染了,"呵呵呵"地笑了。

这时绘本内容出现了一丝转机,"这会谁来啦",跳跳满脸期望。黑溜溜的海狮来了,十分关切地低着头问鼠小弟。别的动物都只顾自己,没人看到矮矮的鼠小弟,"海狮和别的动物有什么不同呢?"我问道。跳跳一脸纯真地说:"海狮很善良。"她被海狮的善良打动了,我被她这句话打动了。善良,是美好的,是有重量的,是吉祥的,我始终这么相信。在漫漫的人生路上,你也要相信。

看到接下来海狮用绝活帮助鼠小弟到了树上,她的脸笑得像一朵花。这时候树上也只剩下了两只苹果,我问她:"如果你是鼠小弟,会怎么做呢?"她说:"自己一个,海狮一个。"我问她为什么要给海狮,她说:"因为他帮了我"。纯真的眼神,知恩图报的孩子。

两个好朋友最后一起玩,鼠小弟感觉自己像一朵幸福的云。这时跳跳好像一下子从担心、失望、帮忙想办法的紧张中跳脱出来,变得轻盈了,也像一朵幸福的云似的。

我问她:"如果你像小鸟、小猴子他们有本领的话,会关心一下鼠小弟吗?"她毫不犹豫地说:"嗯,会。"

我问她:"你能积极乐观,一直不放弃吗?"她还在想一个问题,如果真的没有办法了呢?我说:"总有办法的,鼠小弟不是遇到海狮了吗?从妈妈的经历来看,无论遇到什么困难和失望,总会有办法的,不是慢慢遇到了对的时间,就是遇到了热心的人,或者是有别的办法。山重水复疑无路,柳暗花明又一村。"

我继续"唠叨":"无论我们遇到任何事情,都要坚持'不要放弃'这个理念。"她说:"好!"我继续说道:"你相信在你遇到困难的时候,会有海狮这样的人或事出现吗?"她勉强地说:"相信……"我继续穷追猛打:"我们中国有句古话——自助者天助,你明白吗?"跳跳歪着个眼问:"什么天助,难道我们头顶的天会帮助我们啊?"我说:"是啊,我们自己有愿望,又不停地努力,我们头顶的天空看着,会帮助我们的。"她说:"好的,你说的都是对的。"我知道有些话她一定听不明白,我自己也不是事事有答案,但我内心是有信心的，就这样陪伴扶持她，慢慢启发吧。

我们也阅读了不少时间、说了不少话了，她也被鼠小弟的幸福传染，跑到客厅想吃大苹果了。不管今天的绘本阅读效果怎样，结果是开心且充满希望的。结束了，放松一下，放一首跳跳最近很爱听的李健的《最美的春天》，"我多希望看到你自由地翱翔，风雨中有坚强的翅膀，怎能让时光匆匆蹉跎了梦想，开始的路就不叫远方……如风般的声音"。

方案六：中班绘本主题活动"彩虹的尽头"

一、心动之源

《彩虹的尽头》是一本意境优美，蕴含着美好情感的经典儿童绘本。故事以獾和狐狸寻宝为主线，逐渐展开故事情节。内容虽然浅显，但寓意深刻。"什么是宝贝？""它应该是金的，或者是银的，或者是宝石的？"但獾和狐狸在寻宝途中却发现，松鼠因为有过冬的粮食橡果宝贝而开心；鸭妈妈因为有心爱的鸭宝宝而幸福；兔子爷爷因为有美好回忆而快乐。通过与他们的对话，獾和狐狸悟出了"宝贝"的真正含义：宝贝不仅仅是一些使人富有起来的物质层面的东西，宝贝还是"一些很特别的东西，它会让你变得非常非常开心"。

中班幼儿对宝贝已有了初步的概念，他们认为自己喜欢的玩具等物品就是宝贝，宝贝大都是物质方面的。所以，我们希望能借助《彩虹的尽头》这本绘本引发幼儿的思考，引导他们在已有经验的基础上对宝贝的含义有更加深刻的理解，从而更充分地感受亲情和友情。

除此之外，绘本中神奇的彩虹是吸引幼儿的一个亮点，生活中爸爸妈妈们珍藏的各种各样的宝贝也是很好的切入点。所以，在整个主题活动中，我们由绘本故事生成活动的空间是比较宽松的，也能够与中班幼儿各领域的发展目标进行有机的结合，这也正是我们选择这本绘本开展主题活动的重要原因。

二、主题总目标

1. 喜欢参加阅读图书、欣赏故事的活动，能大体理解故事的主要内容，并能根据连续画面提供的信息，大致说出故事的情节。

2. 在阅读和交流的过程中，感受父母与孩子以及同伴之间的爱，愿意和同伴一起游戏，有经常一起玩的小伙伴，对大家喜欢的东西能轮流分享。

3. 尝试用颜料调制彩虹的各种颜色，感受彩虹色装饰的美。

4. 喜欢参加韵律、舞蹈等艺术活动，能用简单的动作表达心情和对歌曲情感的理解。

5. 乐于参加探索物体和材料的活动，能对物体进行观察比较，发现异同，并进行分类。

6. 学习持物走平衡木的技能，发展平衡能力。

三、主题开展网络图

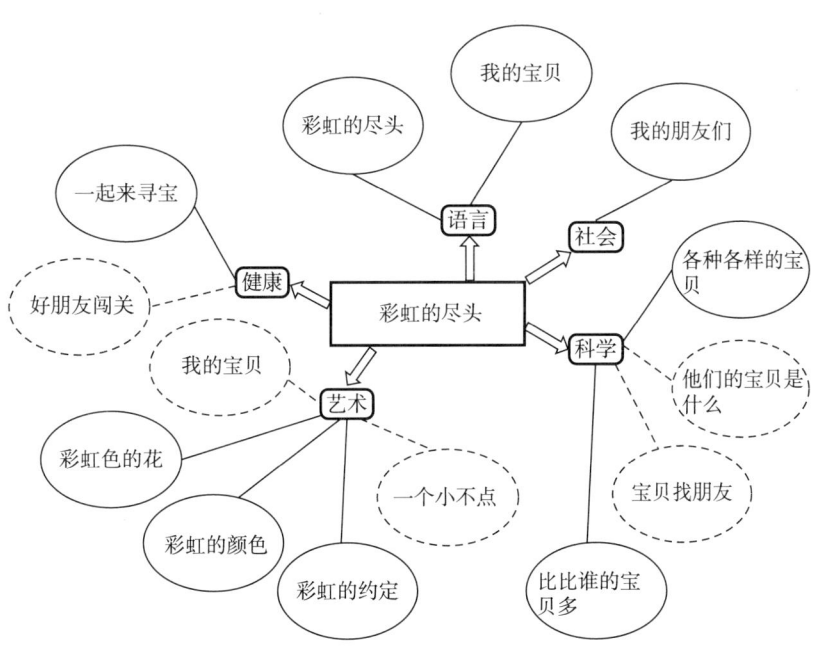

备注：预成活动为实线框，生成活动为虚线框。

四、集体活动

活动一：彩虹的尽头（语言）

活动目标

  1. 了解故事的内容，知道每个人的"宝贝"都有可能不同，理解"宝贝"的含义。

  2. 能用"对××来说，宝贝就是……"的句式来描述自己的"宝贝"或绘本里小动物的"宝贝"。

  3. 感受友情的重要性，珍惜同伴之间的友谊。

活动重难点

  重点：知道每个人的"宝贝"都有可能不同，理解"宝贝"的含义。

  难点：借助绘本阅读感受友情的重要性。

活动准备

  经验准备：

  1. 幼儿对什么是"宝贝"有初步的认识。

  2. 幼儿有阅读绘本的经验。

  物质准备：

  1.《彩虹的尽头》绘本。

  2.《彩虹的尽头》绘本图片 PPT。

活动过程

  一、教师出示图片，引起幼儿参与活动的兴趣。

  1. 教师出示狐狸和獾的图片。

  教师：小朋友们，他们是谁呀？你们认识他们吗？

2. 教师出示彩虹的图片，引发幼儿的猜测。

教师：这又是什么？那你们猜猜，狐狸和獾看见彩虹后，会做什么？

3. 幼儿根据已有经验进行大胆猜测。

二、教师有感情地讲述第一段故事，师幼共同讨论。

1. 教师有感情地讲述第一段故事。（第 2 页 至 第 9 页）

2. 教师：獾和狐狸看到彩虹以后，说了什么？狐狸和獾认为的宝贝是什么？

3. 教师：松鼠的宝贝是什么？为什么是橡果呢？

4. 师幼共同总结：因为松鼠最喜欢吃橡果，如果没有橡果，就会没有东西吃，所以松鼠的宝贝就是橡果。幼儿学说：对松鼠来说，宝贝就是橡果。

三、教师有感情地讲述第二段故事，师幼共同讨论。

1. 教师有感情地讲述第二段故事。（第 10 页 至 第 13 页）

2. 教师：獾和狐狸走啊走啊，又遇到了谁？你们猜猜会发生什么？你们觉得鸭妈妈的宝贝是什么？

3. 教师：为什么鸭宝宝是鸭妈妈的宝贝呢？

4. 师幼共同总结：爸爸、妈妈的宝贝都是自己的宝宝，不管是小动物还是人。幼儿学说：对鸭妈妈来说，宝贝就是鸭宝宝。

四、教师引导幼儿根据绘本内容猜测兔爷爷的宝贝。

教师：接下来他们遇到了谁？你们觉得兔爷爷的宝贝是什么？

五、教师引导幼儿观察画面，猜测狐狸和獾是否找到了宝贝。

教师：最后狐狸和獾找到宝贝了吗？他们的宝贝是什么？

六、幼儿完整阅读，用"对 ×× 来说，宝贝就是……"来复述绘本内容。

1. 教师：读完整个故事，你发现狐狸和獾对宝贝的看法有了怎样的改变？

2. 教师：对于你来说，宝贝可能是什么？

3. 教师总结：宝贝不仅仅是一些贵重的东西，它还可能是一些很特别的东西，它会让你变得非常非常开心。

活动二：我的宝贝（语言）

活动目标

  1. 能比较完整、连贯地讲述自己的宝贝。

  2. 借助绘本故事《彩虹的尽头》，充分理解宝贝的含义。

  3. 愿意与教师、同伴交谈。

活动重难点

  重点：理解宝贝的含义。

  难点：完整、连贯地讲述自己的宝贝。

活动准备

  经验准备：幼儿已听过故事《彩虹的尽头》。

  物质准备：幼儿把自己的宝贝（实物或绘画）带到幼儿园。

活动过程

  一、教师带领幼儿回顾故事《彩虹的尽头》。

  1. 教师出示绘本《彩虹的尽头》，引导幼儿回忆故事内容。

  教师：大家还记得这个故事吗？故事中獾和狐狸在寻找宝贝的过程中遇见了谁？他们认为的宝贝是什么？

  2. 帮助幼儿理解宝贝的含义。

  教师：这跟他们原先想找的宝贝一样吗？你觉得宝贝是什么呢？

  二、幼儿交流自己的宝贝。

  1. 教师请幼儿介绍自己的宝贝，并说说喜欢他的原因。

  教师：你有自己的宝贝吗？是什么？为什么喜欢他呢？

  2. 教师引导幼儿把画出来的宝贝介绍给大家。

教师请一名画出宝贝的幼儿介绍他（她）的宝贝，引导其他幼儿发现这位小朋友介绍宝贝的方式跟别人有什么不同。

教师：请你来给大家介绍你的宝贝。你为什么用画画的方式介绍宝贝？

三、幼儿自由分享交流自己的宝贝。

1. 请幼儿继续向同伴介绍自己的宝贝，并鼓励幼儿跟同伴交换、分享自己的宝贝。

教师：现在你们可以自己找小伙伴介绍并分享宝贝了。

2. 教师总结：小朋友们的宝贝是各种各样的，有的是好吃的，有的是好玩的，但这些宝贝都是能给自己带来快乐的。

活动三：我的宝贝（艺术）

活动目标

1. 能大胆想象并画出自己心中的宝贝。
2. 尝试用先勾线后涂色的方法绘画。
3. 体验大胆创作的乐趣。

活动重难点

重点：画出自己的宝贝。

难点：先构思再绘画。

活动准备

经验准备：幼儿向家长介绍自己的宝贝。

物质准备：每人1支勾线笔、1盒蜡笔，白纸若干。

活动过程

一、幼儿介绍自己的宝贝并讲述喜欢它的缘由。

教师：昨天你和家人谈论过自己的宝贝了吗？你的宝贝是什么？欢迎你给大家介绍一下，并说说喜欢它的理由。

二、引导幼儿画出自己的宝贝。

教师：大家都有自己的宝贝，除了说出来以外，我们还可以怎样向别人介绍自己的宝贝？（把它画下来介绍给大家）那怎么画呢？老师给大家提供了勾线笔和蜡笔，它们可以怎么用？（先用勾线笔画轮廓线，再用蜡笔涂色）

三、幼儿自由创作，教师协助指导。

教师：请先想好你想画的宝贝是什么，然后再画。

四、教师展示幼儿作品，鼓励幼儿互相交流自己的宝贝。

教师：谁愿意给大家介绍自己画的宝贝，我们请他来说一说。

活动四：一起来寻宝（健康）

活动目标

1. 练习走跑、跳跃、平衡、钻爬等动作。

2. 在游戏情境中发展动作的灵活性。

3. 能大胆、细心、勇敢地参与活动，体验游戏的乐趣。

活动重难点

重点：练习走跑、跳跃、平衡、钻爬等动作。

难点：钻"山洞"进出时要注意低头，小心保护自己。

活动准备

经验准备：幼儿已听过故事《彩虹的尽头》。

物质准备：

1. 自制寻宝图 2 张，易拉罐梅花桩 8 个，椅子 10 把，跨栏 4 个，桌子 2 张。

2. 《彩虹的尽头》故事情节中的宝贝（橡果、鸭宝宝、兔爷爷的回忆、獾和狐狸图片）若干。

3. 贴有松鼠、鸭妈妈、兔爷爷、獾和狐狸标记的筐子共 4 个。

活动过程

一、队形队列练习。（1 个大圆—6 个小圆—1 个大圆—4 路纵队）

1. 教师出示寻宝图 1。（见寻宝图 1）

教师：今天我们要去寻宝，一路上我们要按照寻宝图要求，变换队形。

2. 教师带领幼儿了解寻宝图 1：1 个圆圈代表走成 1 个大圆，6 个圆圈代表走成 6 个小圆，4 条竖线代表走成 4 路纵队。

二、基本动作练习。

1. 场地分成 4 个区域：过梅花桩（由 4~5 个易拉罐捆成），过小桥（椅子拼搭），跨小溪（跨栏围成）、钻山洞（桌子）。

2. 教师出示寻宝图 2。（见寻宝图 2）

教师：请看寻宝图 2，今天在寻宝的路上会遇到很多障碍，我们要好好练习，勇敢地战胜困难。

3. 教师带领幼儿了解寻宝图 2：①过梅花桩；②过小桥；③跨小溪；④钻山洞。

4. 教师与幼儿交流玩法，可请个别幼儿示范。

教师：谁看懂了寻宝图愿意来试一试？

5. 幼儿自由交换区域，保证每个区域都玩到。

三、集体游戏："一起来寻宝"。

1. 教师将参与游戏的幼儿分成四队。

2. 幼儿"兵分四路",前往"寻宝"。

3. 教师介绍游戏路线和玩法：走过梅花桩,绕过迷宫,跨过小溪,钻进山洞寻找宝贝。每人每次找1个宝贝,并分类送到松鼠、鸭妈妈、兔爷爷、獾和狐狸的筐子里。

四、放松活动。

教师：今天大家通过了一个个考验最终都寻找到了宝贝,太棒了！现在拍拍身上的灰尘,休息一下吧！（拍拍腿、拍拍屁股、拍拍肩、抖抖手臂、转转腰）

附寻宝图

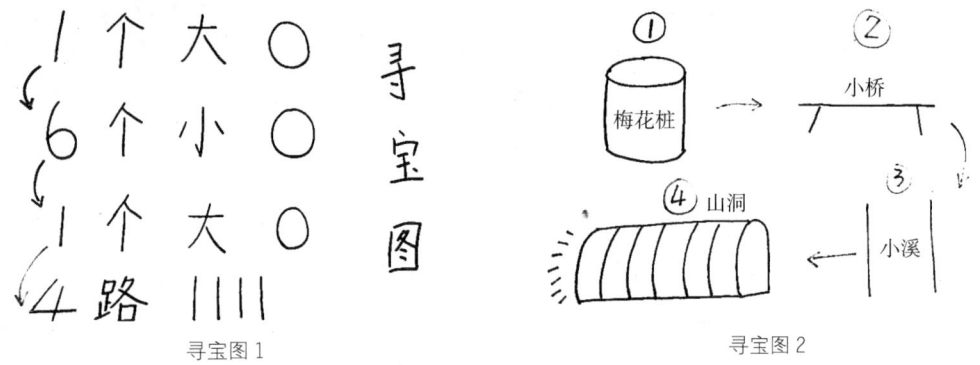

寻宝图1　　　　　　　　　　　　寻宝图2

活动五：各种各样的宝贝（科学）

活动目标

1. 了解生活中常见的宝贝名称及用途。
2. 通过看、摸、比较等方法,感知各种宝贝的材料特征。
3. 喜欢观察、探索宝贝的活动。

活动重难点

通过看、摸、比较等方法,感知各种宝贝的材料特征。

活动准备

经验准备：幼儿在活动前向家长了解过家里的宝贝是怎样的。

物质准备：金、银、宝石、玉石的图片若干。

人员准备：活动前邀请部分志愿者家长一同前往参观。

活动过程

一、教师请小朋友们说说自家的宝贝。

教师：谁能和大家说说你家收藏的宝贝是什么，是什么样子的。（宝贝名称、颜色、形状等）

二、教师带领幼儿前往商场实地观察，感知宝贝的材料特征，了解其用途。

1. 教师：刚刚小朋友们介绍了很多自己家的宝贝，还有一个地方有更多的宝贝，你们知道是哪里吗？想不想一起去看一看？

2. 教师交代外出要求及注意事项，幼儿做好外出准备。

3. 教师和家长一起引导幼儿观察感知宝贝的材料特征及用途。

三、通过谈话，教师帮助幼儿进一步了解生活中常见宝贝的材料特征及用途。

1. 教师：你在商场看到了哪些宝贝？它们有什么不同？（材料和用途不同）

2. 教师借助图片，引导幼儿尝试按照宝贝的材料特征及用途进行分类。

3. 教师总结：这些漂亮的宝贝是由多种不同材料加工成的，有金的、银的、宝石的、玉的等，它们有的做成了可以供人们佩戴的首饰，有的做成了装饰用的摆设。因为这些材料都很稀有，所以加工成的宝贝就特别珍贵。

活动六：他们的宝贝是什么（科学）

活动目标

1. 知道小动物们喜欢吃的食物，了解不同的小动物可能喜欢吃同一样食物，每个小动物喜欢吃的东西可能是一个,也可能是多个。

  2. 能理解操作要求,将动物和喜欢吃的食物用线连起来。

  3. 愿意大胆地讲述自己的想法,并和其他小朋友分享。

活动重难点

  重点:知道小动物们喜欢吃的食物。

  难点:将小动物和它们喜欢吃的食物用线连起来。

活动准备

  经验准备:幼儿知道一些小动物喜欢吃的食物。

  物质准备:小动物的图片,食物的图片,勾线笔,连线操作单《他们的宝贝是什么》。

活动过程

  一、教师讲述故事《彩虹的尽头》片段,引起幼儿兴趣。

  1. 教师:《彩虹的尽头》里,小松鼠的宝贝是什么呀?

  2. 教师:为什么他的宝贝是吃的呢?

  3. 教师:那你们知道其他小动物喜欢吃什么吗?

  二、教师出示小动物图片,幼儿猜测他们喜欢吃的食物。

  1. 教师依次出示小动物图片,将幼儿猜出的食物贴在白板上,最后出示答案。

  教师:你们看,每个小动物喜欢吃的东西只有一样吗?为什么?

  2. 教师:为什么有的小动物们喜欢吃同一种食物呢?

  三、幼儿操作。

  1. 教师出示连线操作单《他们的宝贝是什么》,介绍连线规则。

  教师:小朋友们要帮小动物们找到他们喜欢吃的食物哦!请把小动物和他喜欢吃的食物用线连起来。

  2. 幼儿相互介绍自己为小动物找到的食物。

附操作单

他们的宝贝是什么

姓名： 日期：

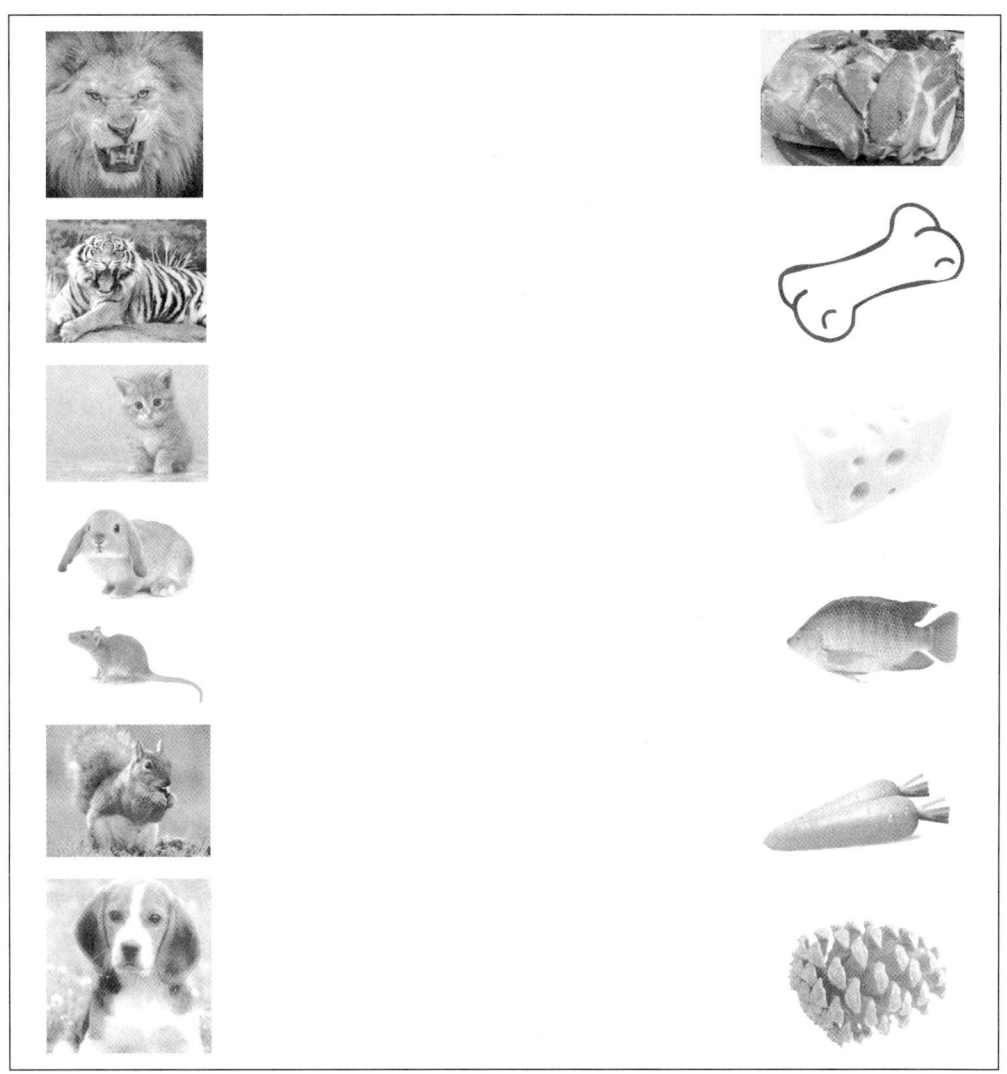

第四章 班级开展绘本主题教育活动的实践经验

活动七：比比谁的宝贝多（比较 10 以内的大小）（科学）

活动目标

1. 能感知 10 以内物体的数量，比较宝贝的多和少。
2. 能正确运用表格来统计宝贝的数量。
3. 能大胆、主动和同伴分享自己的操作过程和结果。

活动重难点

重点：感知 10 以内物体的数量，比较宝贝的多和少。

难点：能正确运用表格来统计宝贝的数量。

活动准备

经验准备：

1. 幼儿会使用筷子夹菜。
2. 幼儿知道 10 以内数字的排序。

物质准备：

1. 统计表《比比谁的宝贝多》若干张。
2. 各种积木（大）若干，石子（中）若干，塑料钻石（小）若干。
3. 每人 1 双筷子、1 个盘子。

活动过程

一、教师出示材料引起幼儿参与活动的兴趣。

教师出示积木、石子、塑料钻石。

教师：小朋友们你们看，这些是什么？

教师：你们想赢得这些宝贝吗？那我们今天就来一起玩一个"比比谁夹得多"的游戏，你们准备好了吗？

二、教师介绍第一轮游戏的规则，幼儿开展游戏。

1. 教师出示筷子和盘子。

教师：每个小朋友都会拿到1双筷子、1个盘子。第一轮游戏，我们来夹小积木，我们要用筷子把小积木夹到自己的盘子里。

2. 教师出示统计表。

教师：夹到的小积木的数量要记录在这张表格中，应该写在哪里呢？可以用什么表示积木的数量？（数字或小图标）

3. 幼儿明确游戏规则后开展第一轮游戏，时间为1分钟。

教师：你们夹到了多少块小积木？谁夹得最多？

三、教师介绍第二、三轮游戏的规则，幼儿开展游戏。

1. 教师：第二轮游戏我们要来夹小石子。夹到的石子数量应该记录在哪里？

2. 幼儿开展第二轮游戏，时间为1分钟。

教师：你们夹到了多少块小石子？谁夹得最多？

3. 教师：最后一轮游戏我们要来夹小钻石。

幼儿开展第三轮游戏，时间为1分钟。

4. 教师：你们夹到了多少块钻石？谁夹得多？三轮游戏，哪一轮你夹得最多？请在数字下面的空格中用你自己的方法做上记号。

四、教师与幼儿共同讨论总结。

1. 幼儿将自己的统计表展示在黑板上。

教师：哪次夹得多，哪次夹得少，你是用什么方法比较的？请给夹得多的宝贝做上记号（打钩、画圈等都可以）。

2. 教师：怎样才能夹到更多的宝贝呢？

3. 幼儿根据自己的经验进行讲述，教师帮助幼儿提升总结。

附统计表

比比谁的宝贝多

姓名：　　　　日期：

数量			
谁最多			

活动八：彩虹的约定（艺术）

活动目标

1. 熟悉歌曲旋律，感受歌曲亲切、温馨的情绪。
2. 在了解歌曲结构的基础上，尝试随歌词做相应的动作。
3. 享受集体韵律过程中与同伴互动的乐趣。

活动重难点

重点：感受歌曲情绪，了解歌曲结构。

难点：随歌词做相应的动作。

活动准备

经验准备：幼儿已有将队形从四路纵队变成大圆的经验。

物质准备：

1. mp3 格式的歌曲《彩虹的约定》，mp3 播放器。

2. 歌曲图谱 1 张。

活动过程

一、幼儿欣赏歌曲，感受歌曲的情绪。

1. 教师播放歌曲，幼儿欣赏歌曲。

2. 教师：你听到这首歌有什么感受？

二、幼儿再次欣赏歌曲，借助图标（妈妈和宝宝）了解歌曲的结构。

1. 第二遍欣赏歌曲。

教师：你听到歌曲中有谁在歌唱？（妈妈和宝宝）

他们是怎么唱的？一起唱的吗？（妈妈和宝宝交替着唱）

2. 第三遍欣赏歌曲，借助图谱引导幼儿感知歌曲结构。

教师：你注意到歌曲中哪部分重复了吗？（引导幼儿发现歌曲的结构 A—B—C—A—B—C—B）

三、幼儿观看教师的律动表演，尝试跟着音乐做动作。

1. 教师：老师为这首美妙的歌曲 A、B 部分编了好看的动作。大家边听音乐边看表演，想一想妈妈和宝宝歌唱时老师做了什么动作？

2. 幼儿随音乐跟教师一起做动作。

3. 讨论 C（间奏）部分可以怎样分角色与同伴互动。

教师：间奏的时候妈妈和宝宝可以做什么动作表示他们相亲相爱？

四、幼儿分角色集体完整地做韵律活动，感受集体舞蹈的乐趣。

1. 教师：接下来，请小朋友两两结伴一起舞蹈，商量好谁当妈妈，谁当宝宝。

2. 幼儿结伴舞蹈，感受与同伴互动的乐趣。

附图谱

彩虹的约定

活动九：一个小不点（艺术）

活动目标

1. 熟悉歌曲旋律，感受歌曲欢快的情绪。
2. 尝试跟随音乐用不同的动作有节奏地舞蹈。
3. 喜欢跟着音乐跳舞。

活动重难点

重点：熟悉歌曲旋律，学习有节奏地舞蹈。

难点：尝试跟随音乐用不同的动作表达自己欢快的情绪。

活动准备

经验准备：幼儿会用舞蹈动作表达欢快的情绪。

物质准备：音乐《一个小不点》，播放器。

活动过程

一、教师播放音乐，幼儿感受音乐欢快的情绪。

1. 教师播放音乐。

教师：今天老师带来了一首歌，你们听完后告诉我，你的心情是怎样的？

2. 教师：你们在这首歌里听到了什么？一个小不点是怎样长大的？

3. 教师：为什么小不点长大了那么开心？

二、教师引导幼儿尝试跟随音乐用不同的动作有节奏地舞蹈。

1. 教师：你们听出了音乐有几段吗？它们哪里不同？

2. 教师：小朋友们看一看老师是怎么跟随 A 段音乐舞蹈的。

3. 请幼儿自由讨论，还能用什么动作来表达歌曲中的情绪。

4. 教师与幼儿一起整合 A 段音乐的创编动作。

5. 教师：听到这段（B 段）音乐节奏，你有什么感觉？你想做什么舞蹈动作？

6. 请个别幼儿上前示范，幼儿选出舞蹈动作，并进行模仿。

7. 教师与幼儿一起整合 B 段音乐的创编动作。

三、幼儿集体跳《一个小不点》。

幼儿跟着音乐节奏进行舞蹈，感受一个小不点在真善美爱的世界里长大的开心和愉悦。

活动十：彩虹的颜色（艺术）

活动目标

1. 了解彩虹颜色的构成及顺序。

2. 尝试用彩虹的色彩装饰图案。

3. 在自由创作中感受彩虹色彩的美。

活动重难点

重点：从蜡笔中找出彩虹的 7 种颜色，并按序排列。

难点：运用彩虹色装饰图案。

活动准备

经验准备：幼儿认识常见颜色，知道名称。

物质准备：彩虹图片，彩虹色装饰的图案，每人 1 盒蜡笔，空白纸和已有黑白图案的画纸。

活动过程

一、教师出示彩虹图，引导幼儿认识彩虹的颜色，并说出名称。

1. 教师出示彩虹图。

2. 教师：彩虹有哪些颜色？这些颜色是按什么顺序排列的？

3. 教师：请小朋友从蜡笔盒里找出彩虹的颜色，并按照顺序排一排。

二、教师引导幼儿运用彩虹色进行装饰。

教师：彩虹的颜色非常特别，如果你是设计师，你打算用彩虹色来装饰什么？

三、幼儿自由创作。

教师介绍材料。

教师：这里有空白纸给小朋友画自己喜欢的图案，画好后用彩虹的色彩来装饰。

涂色时要注意彩虹色彩的顺序哦！

四、教师展示幼儿作品，引导幼儿欣赏、感受彩虹色的美。

教师：你喜欢哪一幅彩虹色装饰的画？为什么？

活动十一：彩虹色的花（艺术）

活动目标

1. 尝试用红黄蓝三原色调制彩虹的颜色。
2. 创作彩虹花，进一步感知彩虹颜色的正确顺序。
3. 在绘画中体验创作的乐趣。

活动重难点

重点：感受调制彩虹颜色的神奇，加深对彩虹颜色的认识。

难点：知道彩虹颜色的正确顺序。

活动准备

经验准备：知道彩虹的7种颜色。

物质准备：红、黄、蓝颜料，人手1支毛笔，纸盘若干。

活动过程

一、教师出示颜料，引起幼儿兴趣。

1. 教师出示颜料，激发幼儿尝试调色的兴趣。

教师：这是什么呀？（颜料）

2. 教师：我们来看看有哪些颜色？（红、黄、蓝）

3. 教师：彩虹由哪几种颜色组成？现在缺哪些颜色？怎么办？

二、教师引导幼儿用颜料调出缺少的颜色，幼儿感受调色的神奇。

1. 教师引导幼儿尝试用三原色进行调色，说出自己的发现。

教师：谁调出了橙色？请说一说你用了什么颜色调成了橙色？（红色和黄色）

教师：绿色是用什么颜色调成的呢？（黄色和蓝色）

教师：靛色和紫色可以用什么颜色调成呢？

教师：你发现调色的规律了吗？

3. 教师总结：利用三原色——红、黄、蓝可以调出很多颜色。

三、教师引导幼儿讨论彩虹花的画法。

1. 教师：怎样用颜料画出一朵美丽的彩虹色的花呢？

2. 教师小结：彩虹颜色的顺序是红橙黄绿蓝靛紫，最外面一圈画红色，从外向内按照彩虹颜色的顺序依次画完，盘子中心留白表示花心，涂完后放在桌上晾干。

3. 晾干后，请幼儿用剪刀沿盘子四周剪出花瓣。

四、幼儿相互欣赏彩虹花。

幼儿展示作品，相互说说欣赏的感受，交流绘画过程中的乐趣及困扰。

活动十二：我的朋友们（社会）

活动目标

1. 了解好朋友的喜好，知道朋友多的乐趣。
2. 在故事讨论中学习怎样与朋友相处。
3. 当同伴遇到困难时，愿意主动帮助他（她）。

活动重难点

重点：知道朋友多的乐趣，并愿意和同伴交往。

难点：了解朋友间应该怎样交往。

活动准备

经验准备：幼儿知道和同伴应该友好相处。

物质准备：故事《幼儿园里的故事》。

活动过程

一、请幼儿介绍自己的好朋友，并说一说自己了解的好朋友的喜好。

1. 教师：你的朋友是谁？能给我们介绍一下吗？

2. 教师：你们知道自己的好朋友喜欢什么和不喜欢什么吗？

3. 幼儿玩游戏"你猜对了吗"，增进对好朋友的了解。

玩法：邀请一对好朋友，其中一人提出猜自己喜好的问题，另一人猜对方的喜好，看看猜对了没有。

二、教师讲述故事，引导幼儿分析角色的行为。

1. 教师：好朋友能给自己带来很多快乐，不过有时也会发生不愉快的事情。今天老师就给大家带来了一个《幼儿园里的故事》，故事里有三个小朋友，他们都是好朋友，他们之间发生了一件什么事呢？我们来听一听。

2. 教师讲述《幼儿园里的故事》。

3. 教师：故事里发生了什么事？小明和小刚处理问题的方法对吗？为什么？

4. 教师：如果你是小红，你会怎么做？

三、教师引导幼儿讨论怎样与朋友相处。

1. 教师：故事里的小朋友因为不会跟好朋友相处，所以发生了不愉快的事情。你知道平时应该怎样跟朋友相处吗？

2. 如果好朋友遇到了困难，你会怎么做？

3. 幼儿交流各自的看法。

4. 教师总结：好朋友之间，有好的东西大家要一起分享；有好玩的事情也可以跟朋友分享；当朋友遇到困难时，你应该帮助他（她）一起克服困难……

附故事

幼儿园里的故事

小明、小红和小刚三个小朋友是在幼儿园同一个班上的好朋友。有一天，小明玩积木的时候，不小心把小刚的积木推倒了，小刚很生气，动手推了一下小明，小明一下就摔倒了，小明哭了。这时，小红走了过来，安慰小明，让小明别伤心了，小明对小红说："以后我们都别跟小刚玩了。"

活动十三：宝贝找朋友（科学）

活动目标

  1. 尝试按照两种及两种以上的特征，进行分类。

  2. 发展幼儿的思维能力。

  3. 喜欢参加数学活动。

活动重难点

  重点：尝试按照两种及两种以上的特征，进行分类。

  难点：将"宝贝"用各种形式进行分类。

活动准备

  经验准备：幼儿会将物品以大小、形状分类。

  物质准备：活动前在教室里藏好宝贝（各种玩具），《宝贝找朋友》操作单若干，蜡笔若干。

活动过程

  一、教师以游戏导入，引起幼儿关注。

  1. 教师：小朋友们，今天我们与狐狸和獾一起去找找我们班上藏的宝贝好吗？

  2. 教师和小朋友们有序地在教室里找藏起来的宝贝。

  3. 教师：小朋友们，你们找到了什么宝贝啊？

4. 幼儿介绍自己找到的宝贝。

二、教师引导幼儿将宝贝进行分类。

1. 教师：如果请你帮忙将宝贝分类，你会怎样分？为什么？

2. 幼儿自由讨论，并和大家分享自己的好方法。

3. 教师和幼儿共同总结。

三、教师引导幼儿想出更多的分类方法。

1. 教师：除了按大小、形状分类，我们还有什么别的分类方法吗？

2. 教师提示：软硬，手上玩的，地上玩的……

3. 教师和幼儿共同总结多种分类方法。

四、幼儿完成操作单并分享自己的分类方法。

1. 教师交代操作要求：用蜡笔将《宝贝找朋友》操作单上同类的宝贝用同一种颜色圈出来。

2. 幼儿进行分类操作，教师巡回指导。

3. 幼儿介绍自己分类的方法。

4. 教师和幼儿共同评价、总结幼儿分类的情况。

附操作单

宝贝找朋友

姓名： 日期：

活动十四：好朋友闯关（健康）

活动目标

1. 能两两合作完成牵手齐走平衡木、抛接球接力、滚垫子的项目。
2. 在合作游戏中练习平衡、抛接球、翻滚的动作。
3. 能主动愉快地配合好朋友共同完成任务，体验合作游戏的乐趣。

活动重难点

两人合作完成牵手齐走平衡木、抛接球接力、滚垫子的项目。

活动准备

物质准备：皮球 4 个，扎腿系带 4 根，平衡木 4 张。

活动过程

一、幼儿进行队形队列练习：游戏"城门城门几丈高"。

教师：今天我们要和好朋友一起到城外玩了。首先找到好朋友手拉手站成两路纵队，面对面站好，两两合作搭个城门，出发！

玩法：幼儿齐念《城门城门几丈高》儿歌，队伍开头的第一对幼儿先松开手钻进小朋友搭的城门，然后第二对、第三对依次跟上，说完"问你吃橘子吃香蕉"时搭城门的小朋友把手放低表示关上城门，被关进城门的小朋友出列，到队伍的最后继续搭城门。

二、幼儿两两合作进行基本动作练习。

1. 教师：什么才是真正的好朋友呢？今天我们有几个考验好朋友的闯关游戏，欢迎大家参加。

（1） 牵手齐走平衡木。规则：手牵着手走平衡木，不能掉下平衡木。

（2） 抛接球接力。规则：轮流抛接球，球不能落地，接到球放在篮子里。

（3） 滚垫子。规则：两人头顶着头，手拉着手，一起翻滚过垫子。

2. 教师与幼儿交流玩法，可请个别幼儿参与示范。

3. 教师：小朋友们可以结伴选择游戏参加，谁愿先来试一试？

4. 幼儿和好朋友一起自由参与游戏，每个区域都玩到。

三、游戏"好朋友闯关"。

1. 教师介绍闯关线路及规则。

路线：牵手齐走平衡木—抛接球接力——一起滚过沼泽地（垫子）。

规则：按照练习的规则"闯关"，每成功通过1关获得1分，得到3分的一对好朋友闯关成功。

2. 幼儿与朋友手牵手列队，"兵分两路"前往"闯关"。

四、放松活动"炒蚕豆"。

教师：今天好朋友们共同努力闯过了一个个难关，让我们给自己和好朋友鼓掌！我们与好朋友互相拍拍手臂、牵手玩"炒蚕豆"的游戏庆贺一下。

附游戏儿歌

城门城门几丈高

城门城门几丈高，

三十六丈高，

骑花马，带把刀，

从你家门前抄一抄。

问你吃橘子吃香蕉。

炒蚕豆

炒蚕豆，炒豌豆，

炒出白果翻跟头。

五、区域活动

> 图书区

彩虹的尽头

材料准备（见图 4-6-1）

在图书区的一角摆放多本《彩虹的尽头》绘本，供幼儿自主阅读。

图 4-6-1

操作要点

幼儿自由取阅绘本，理解故事内容，讲述故事情节。

> 美工区

神奇的彩虹

1. 彩虹的颜色

材料准备（见图 4-6-2）

水粉颜料、水粉笔、调色盘、小水桶、铅画纸。

图 4-6-2

操作要点

尝试用水粉颜料调和成彩虹的颜色，感受调色的神奇效果。

2. 彩虹的世界

材料准备（见图 4-6-3）

蜡笔、勾线笔、简笔画图案画纸、空白纸。

图 4-6-3

操作要点

1. 幼儿用彩虹色装饰图案。

2. 幼儿自己用勾线笔画图案，然后再用彩虹色进行装饰。

3. 绘画：彩虹的尽头——我的宝贝

材料准备（见图 4-6-4）

勾线笔、蜡笔、水彩笔、画纸等。

操作要点

画出自己心中的宝贝。

图 4-6-4

建构区

搭建珍宝馆

材料准备（见图 4-6-5）

1. 各种形状的积木。

2. 奶粉罐、易拉罐、纸盒等辅助材料。

3. 幼儿收集的宝贝。

图 4-6-5

操作要点

1. 用围合、架空、装饰等技能搭建珍宝

馆，并把宝贝陈列在里面。

2. 能与同伴进行合作，共同搭建。

> 科学区

各种各样的宝贝

材料准备（见图 4-6-6）

收集各种金、银、宝石、玉器等材料的工艺品图片。

操作要点

幼儿按照各种材料的特征，尝试进行辨别和分类。

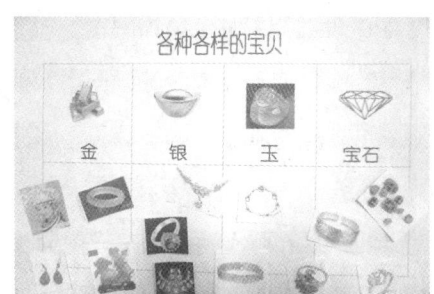

图 4-6-6

> 运动区

大家一起来寻宝

材料准备

1.《彩虹的尽头》绘本中各角色的宝贝若干。（见图 4-6-7）

2. 梅花桩 8 个、平衡木 2 张、跨栏 8 个、山洞 2 个。（见图 4-6-8）

3. 分类筐及分类标志各 4 个。

图 4-6-7

图 4-6-8

操作要点

能勇敢地走过梅花桩、走过平衡木、跨过跨木兰、钻进"山洞"寻找到宝贝，并根据绘本《彩虹的尽头》故事情节把宝贝送给需要的动物。

玩具区

我的宝贝

材料准备（见图4-6-9）

幼儿自己带来的宝贝。

操作要点

幼儿介绍自己的宝贝，说说喜欢的原因。自由结伴交流、游戏。

图4-6-9

六、环境创设

绘本中神奇的彩虹是吸引幼儿的一个亮点，我们以此为切入点，开展了一系列相关的美术活动和区域活动。幼儿对在活动中的尝试很感兴趣，总是希望能跟教师分享自己的作品。所以，我们辟出了版面展示幼儿的作品。（见图4-6-10、图4-6-11、图4-6-12)

图4-6-10

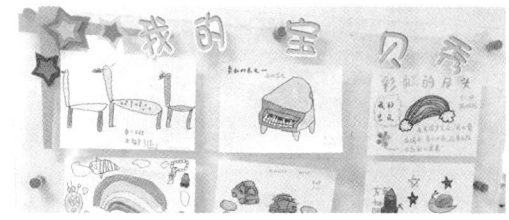

图4-6-11

图4-6-12

在开展绘本主题活动的同时，幼儿园同时开展了阅读节活动。在这个活动中，我们发动家长推荐了很多优秀的绘本，我们从中精选了部分绘本参加了"图书漂流"活动。为了方便向幼儿介绍漂流的绘本，让幼儿了解漂流的顺序，我们特地制作了图书漂流海报，布置在教室，方便大家了解漂流的进程。另外，我们还收集了家长和幼儿的图书漂流心得，布置成主题墙，供家长和幼儿阅读和交流。（见图 4-6-13、图 4-6-14）

图 4-6-13

在绘本主题开展的过程中，我们随时将活动的花絮进行整理并展示，方便幼儿回顾我们已经开展的活动轨迹，引发幼儿对主题活动的再次思考和自由讨论。幼儿的发展因人而异，兴趣点的出现也会有先后，回顾的过程常常能再次唤起幼儿的兴趣，从而引导幼儿进行更加深入地探索，获得更大的发展。（见图 4-6-15）

图 4-6-14

七、我和爸爸妈妈的话

睿睿：

我是通过幼儿园的绘本主题活动才知道有《彩虹的尽头》这本书的，听了孩子的叙述和上网看了有关介绍后，觉得这本书很好。每个小动物的宝贝都不一样，反映了不

图 4-6-15

同的需要和爱好。和孩子互动的时候，他第一个问题是："妈妈，宝贝是什么？你的宝贝是什么？"我想宝贝是最珍贵的东西，而绝大多数家长的答案应该都一样，最大的宝贝就是孩子。孩子的宝贝就不一样了，先是枪和画笔，可是后来又变了，是枪和积木，枪可以打坏人，积木可以搭各式各样的东西。我想孩子的宝贝会随着他经历不同的阶段而变化。希望他一直有想要的宝贝，这样对生活才有美好的憧憬和动力。

梓建：

和儿子一起读了三遍这个故事。每次问他："彩虹的尽头，你的宝贝是什么？"每次都有不同的答案。第一次，彩虹尽头的宝贝，是他最喜欢的玩具——铠甲勇士捕将，那时他已经对这款玩偶着了迷；第二次，他想了一会，说是亲爱的爸爸、妈妈，我们心里暗自高兴，看来儿子真的懂事不少，对"宝贝"的含义有了更深的理解；第三次问他的时候，答案居然变成了他已经丢了几天的红色玩具小赛车。因为要完成幼儿园的画画作业，汽车不太好画，我们就不断启发他，能不能换成其他的东西？比如，你最喜欢的某个人？可是，他很坚决地告诉我们，现在他的宝贝就是那辆丢失的小赛车。然后，他迅速拿起小蜡笔，在纸上画了一辆涂满了红色、粉色、橙色的小汽车。看来，孩子对宝贝的理解，依然是他最喜欢的物品，不管是汽车、玩具或者是爸爸、妈妈，都是实实在在、具体存在的，这就是他最真实的想法、最单纯的感受。通过阅读节，还有以前很多次活动，我们看到了在幼儿园老师的谆谆教导之下，孩子们一天天在长大，懂得了许多做人的道理，养成了对生活的积极态度。比如对父母亲情和同学友谊的珍惜，对梦想执着的追求以及对美好事物的向往，等等。希望有一天，孩子们都能在彩虹的尽头，找到真正属于自己内心的那个宝贝。

骁骁：

周末的夜晚，我和儿子在温暖的灯光下共同阅读一本有意思的书《彩虹的尽头》，这是一个有关亲情、回忆、友谊的故事，这是一个充满温情的故事。儿子用稚嫩的小手翻着书本，一路追随着獾和狐狸去寻找彩虹尽头的宝贝。然而，就是在这一路寻觅的过程中，书中的主人公——獾和狐狸，以及绘本的阅读者——我和儿子，都从这个故事中逐渐发现"宝贝"并非来源于金银等物质，"宝贝"是每个人对人生及世界的感悟。阅读中我和儿子互相交换着彼此心中的"宝贝"：妈妈的宝贝是我们幸福的一家；骁骁的宝贝是一个五彩缤纷的梦想，这个梦想中有他心爱的汽车和飞机，有爱他的爸爸、妈妈和妹妹，他会变成一个男子汉带着我们一家开始奇妙的环球旅行。多么充满真情的话语，多么纯真可爱的儿子，原来，"宝贝"不藏在彩虹的尽头，而是在每个人的心里。

方案七：中班绘本主题活动"蛤蟆爷爷的秘诀"

一、心动之源

这本绘本讲述了一个很有趣的历险故事，通过故事中的小蛤蟆和爷爷的三段经历教会我们应对敌人保护自己的秘诀。故事的情节跌宕起伏、引人入胜，蛤蟆爷爷的第一条秘诀是勇敢，第二条秘诀是机智，在蛤蟆爷爷传授这两条秘诀时，小蛤蟆一直处于被动状态，扮演着旁观者的角色，他做出的本能反应也是幼儿惯有的害怕与逃避。但是，当巨大无比的怪兽出现时，当亲爱的爷爷即将被怪兽做成三明治吃掉时，对爷爷深深的爱，让他打败了恐惧，机智地运用计谋吓跑了怪兽，终于化险为夷——而这，也正好自然而然地引出了第三条秘诀：在紧要关头，一定要有一个靠得住的朋友。

主题活动开展中，教师、幼儿、家长三方互动来实施开展绘本活动，幼儿在首次和父母的阅读活动中就被绘本中有趣的情节所吸引，在实施过程中，我们期望通过主题的开展，倡导幼儿学习品质的培养（契合《指南》的精神），这也是此次绘本主题开展的目的所在。

二、主题总目标

1. 具有观察画面的意识，能观察绘本故事情节画面，并用自己的语言表述对画面的理解。

2. 能理解绘本拼图的含义，并尝试创造制作新的拼图，学习制作拼图的方法，感受制作拼图的乐趣。

3. 借助图片、实物等，大胆用图形、线条等制作角色头饰，了解头饰的制作方法，对手工活动感兴趣。

4. 能借助实物道具等材料，有节奏地模仿接唱绘本中动物的叫声。

5. 能围绕绘本角色的动作、表情，学会蹲跳的方法，并跳过一定距离的障碍物。

6. 增强环保意识，能利用生活中的废旧材料变废为宝，进行创意造型艺术。

三、主题开展网络图

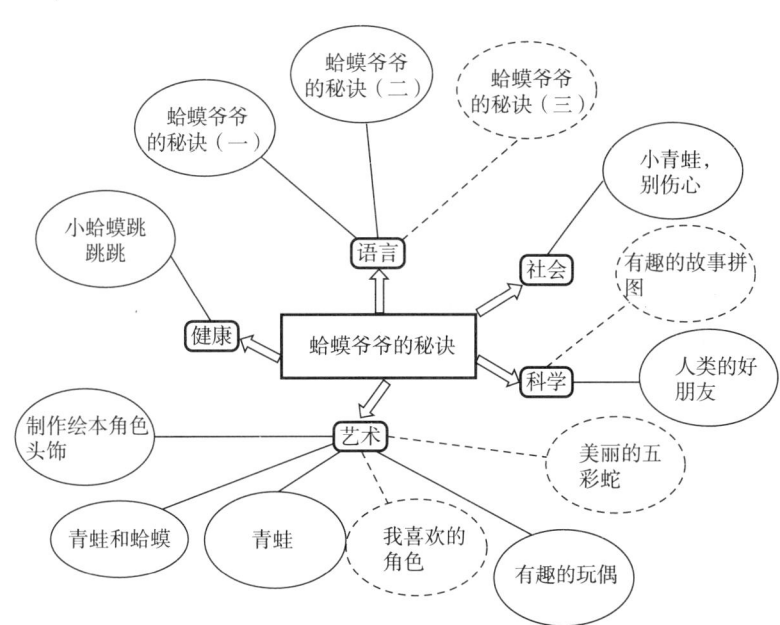

备注：预成活动为实线框，生成活动为虚线框。

四、集体活动

活动一：蛤蟆爷爷的秘诀（一）（语言）

活动目标

  1. 能在亲子首次共同阅读的基础上，愿意用自己的语言表述对故事的理解。

  2. 通过绘本、师幼互动等帮助幼儿理解秘诀的含义。

  3. 喜欢阅读绘本。

活动重难点

  重点：理解亲子阅读。

  难点：理解秘诀的含义。

活动准备

  经验准备：幼儿将绘本带回家，家长和幼儿首次共同阅读绘本，幼儿能说出亲子阅读感想。

  物质准备：《蛤蟆爷爷的秘诀》绘本人手1本。

活动过程

  一、教师启发谈话，和幼儿互动，引起幼儿参与活动的兴趣。

  1. 教师：前几天你们和爸爸妈妈一起看了一本什么书？这本书叫什么名字？（《蛤蟆爷爷的秘诀》）

  2. 教师：你知道这本书说了哪些有趣的事情吗？

  3. 请幼儿分享首次和爸爸妈妈进行亲子阅读的感受。

  4. 教师关注幼儿参与的情况，如幼儿对哪些绘本情节感兴趣等，以便了解幼儿初次阅读情况。

二、教师出示绘本，并向幼儿介绍绘本的名字《蛤蟆爷爷的秘诀》。

1. 教师：你和爸爸妈妈一起阅读的这本书叫什么名字？说的是关于谁的故事？（蛤蟆爷爷、蛇、怪兽）

教师：这个绘本故事里发生了哪些有趣的事情？

2. 请幼儿打开绘本，并把知道的绘本故事说给大家听，幼儿之间互动。教师了解幼儿阅读的情况。

三、师幼互动，进一步帮助幼儿理解秘诀的含义。

1. 教师：谁知道什么叫作秘诀？（别人不知道的好办法）秘诀有哪些？（爱动脑筋、智慧等）

2. 针对幼儿的回答，教师帮助幼儿理解绘本里秘诀的含义；帮助幼儿知道机智、勇敢等秘诀的含义。

3. 教师：蛤蟆爷爷告诉小蛤蟆的秘诀是哪些呢？（机智、勇敢、朋友等）

四、幼儿自主阅读绘本。

幼儿自主阅读绘本并和同伴分享所阅读的绘本内容和感兴趣的绘本画面。

活动二：蛤蟆爷爷的秘诀（二）（语言）

活动目标

1. 能逐页仔细观察画面，能用自己的话表达对画面的理解。
2. 能合理预期故事进展。
3. 对阅读活动感兴趣。

活动重难点

重点：尝试用自己的话表达对画面的理解。

难点：能尝试预测故事的发展。

活动准备

经验准备：

1. 幼儿已有和父母进行亲子阅读绘本的经验。

2. 幼儿初步理解了秘诀的含义。

物质准备：

1.《蛤蟆爷爷的秘诀》绘本人手 1 本。

2. 实物投影仪 1 台。

活动过程

一、教师出示绘本《蛤蟆爷爷的秘诀》并发起谈话，引起幼儿谈话的兴趣。

1. 教师：谁知道这本绘本叫什么名字？（《蛤蟆爷爷的秘诀》）

2. 教师：《蛤蟆爷爷的秘诀》这本绘本到底说了哪些有趣的事情呢？

3. 针对幼儿的回答，教师帮助幼儿梳理绘本故事情节。

二、教师利用实物投影仪，引导幼儿逐页仔细地进行绘本阅读。

1. 教师：绘本里小蛤蟆和爷爷在干些什么事情？你从哪里看出来的？

接着突然草丛里出现了谁？他想干什么？小蛤蟆是怎么做的？

2. 教师：可是小蛤蟆害怕了吗？他是怎么做的？爷爷又是怎样做的？结果发生了什么？

3. 教师：鳄龟想做什么？爷爷到底和鳄龟说了什么话？

4. 教师：小蛤蟆和爷爷的第三个敌人是谁？他是什么样子的？爷爷和小蛤蟆害怕了吗？发生了什么事情？小蛤蟆到底救出了爷爷没有？他们又是怎样做的？

三、继续利用实物投影仪，幼儿再次自主阅读绘本。

幼儿观察阅读绘本。

四、教师启发幼儿谈话，拓展谈话内容。

1. 教师：这本绘本里你最喜欢谁？为什么？你不喜欢谁？为什么？

2. 教师：当你遇到困难时，应该怎么做？当你遇到坏人时要怎么办？

教师启发幼儿谈话，结合现实生活分辨好人与坏人。

3. 教师总结：遇到困难时要寻求成人的帮助，不要惊慌，要动脑筋等。

活动三：蛤蟆爷爷的秘诀（三）（语言）

活动目标

1. 能仔细观察画面，尝试学说对话并模仿表演故事中的部分情节。
2. 借助绘本《蛤蟆爷爷的秘诀》文字卡片等进一步理解秘诀的含义。
3. 喜爱和同伴共同阅读，感受表演带来的快乐。

活动重难点

重点：尝试模仿绘本中的部分情节。
难点：表演时动作、表情的细节。

活动准备

经验准备：幼儿具有阅读了解绘本内容的经验，已熟悉了不同角色的形象。
物质准备：

1. 配乐故事录音，表演小道具、头饰等。
2. 绘本《蛤蟆爷爷的秘诀》，文字卡片"勇敢""机智""朋友"。

活动过程

一、教师帮助幼儿回忆故事，进一步分享蛤蟆爷爷的秘诀。

1. 教师出示绘本部分插页打印图，出示词"勇敢"。
2. 教师：蛤蟆爷爷是怎么勇敢地赶走蛇的？
3. 教师：蛤蟆爷爷的第二个秘诀是什么？（出示词"机智"）

机智是什么意思？（爱动脑筋）

4. 教师：鳄龟会被蛤蟆爷爷吓跑吗？蛤蟆爷爷是怎样做的呢？他有什么样的动作和表情？他对鳄龟说了哪些话？

二、师幼继续讨论故事内容。

1. 教师：最后一个秘诀是什么？为什么要有靠得住的朋友？

2. 教师：怪兽是什么样子的？爷爷能够对付大怪兽吗？小蛤蟆是怎样对付怪兽的？他用了什么方法？

三、幼儿逐页翻看绘本，完整欣赏配乐故事录音，倾听并学说部分对话。

幼儿继续完整欣赏配乐故事录音，幼儿边看图片边模仿故事中的部分情节。

四、游戏"猜猜我是谁"。

1. 教师鼓励幼儿独自或合作表演绘本插页上的情节，其他幼儿猜测幼儿表演的角色是什么。

2. 教师指导幼儿以个别或集体的形式模仿表演故事中的部分情节。

活动四：小蛤蟆跳跳跳（健康）

活动目标

1. 探索模仿蛤蟆的动作，学会蹲跳，跳过障碍物。
2. 在游戏场景中，能连续向前蹲跳。
3. 体验参与体育活动的乐趣，增强自信心。

活动重难点

重点：学习蹲跳的动作。

难点：能连续向前蹲跳。

活动准备

经验准备：幼儿有双脚跳的经验。

物质准备：小蛤蟆胸饰每人1个，盒子、垫子、害虫若干。

活动过程

一、热身运动。（幼儿提前戴好胸饰）

1. 幼儿进行走跑交替练习。

2. 模仿一些动物的动作：蜗牛慢慢地走，螃蟹横着走，小鸭子摇摆着走，小兔蹦蹦跳，小鸟左右飞。

教师：每个小动物走的方法都不一样，小朋友们模仿得真好！

教师：看一看自己的胸口，我们今天是什么小动物？（小蛤蟆）

师幼问好：我是蛤蟆妈妈，小蛤蟆好！

二、分散活动，幼儿探索蛤蟆是怎么跳的。

1. 教师：蛤蟆是怎么跳的？（双脚跳）

幼儿自由练习，教师观察。

2. 教师：蛤蟆妈妈请两个小蛤蟆到中间来跳给大家看一下。

请两名幼儿示范。

三、教师示范蹲跳，引导幼儿注意动作要领。

教师：看蛤蟆妈妈是怎么跳的？和刚才小蛤蟆跳得一样吗？看蛤蟆妈妈的手在哪里？蛤蟆妈妈的腿是怎么用力的？

讲解动作要领：双腿弯曲，双手放在身后。双腿用力蹬地，用力向上跳，双手自然地往上摆。

四、幼儿自由练习。教师示范，发展连续蹲跳。

1. 教师：这里有几个盒子？请蛤蟆宝宝数一数。

2. 你们能像蛤蟆妈妈一样连续跳过4个盒子吗？（教师示范）

五、游戏"小蛤蟆捉害虫"。

教师：田里有好多害虫，我们怎么帮助农民伯伯捉害虫？小蛤蟆站在起始线后，跳过盒子，爬过垫子，跳到田里抓住害虫后，再跳回来送到小筐子里。轻轻地拍下一个小蛤蟆的手，告诉他快去捉害虫。

六、活动结束。

教师：小蛤蟆们玩累了，我们坐到荷叶上休息一下，跟老师一起来放松一下吧。

附场地安排示意图

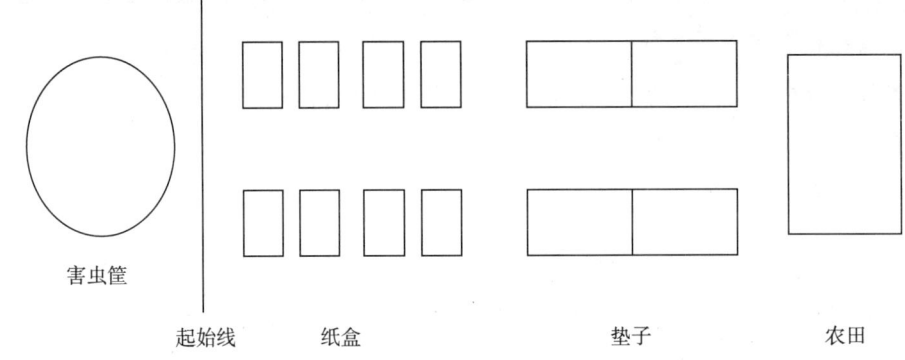

活动五：小青蛙，别伤心（社会）

活动目标

1. 了解青蛙的本领和作用，知道青蛙与我们人类的关系。

2. 借助青蛙的图片描述青蛙的外形特征和生活习性，能用语言表达。

3. 知道要保护关爱小青蛙，热爱大自然。

活动重难点

重点：知道青蛙与人类的关系。

难点：了解青蛙的特征、本领和作用。

活动准备

经验准备：幼儿认识青蛙。

物质准备：青蛙的图片。

活动过程

一、教师以猜谜活动引出话题。

1. 教师：绿衣小英雄，田里捉害虫，冬天它休息，夏天勤劳动。猜猜它是谁？

2. 教师：谁知道小青蛙是什么样子的？

3. 教师：小青蛙有什么本领？

二、教师出示图片，幼儿观察了解青蛙的外形特征。

1. 教师：谁知道小青蛙是什么样子的？

2. 教师小结：青蛙的背和小草的颜色一样是绿色的，肚子是白色的，它头上的两侧有两个鼓着的小包包。青蛙的身体分为头、躯干、四肢三部分，皮肤很光滑。

三、幼儿借助图片，了解青蛙的本领和作用，知道青蛙与我们人类的关系。

1. 教师：谁知道青蛙有什么本领？（捉害虫）

教师小结：青蛙能生活在陆地上，也能生活在水里，它主要以一些害虫为食，每只青蛙每天要吃掉60多只害虫。它的颜色和小草颜色一样，可以使自己隐藏在草丛中，就很容易捉害虫。青蛙用舌头捕食，舌头上有黏液。

2. 教师：我们应该怎样保护小青蛙？这和我们有什么关系？

小结：青蛙是我们人类的朋友，不能捕捉青蛙，如果看到菜场的青蛙，应该把它们放生，小朋友要爱护青蛙。

四、师幼互动模仿扮演小青蛙。

活动六：人类的好朋友（科学）

活动目标

1. 探索发现青蛙和蛤蟆的外形特征、生活习性。

2. 借助图片等了解青蛙和蛤蟆的成长过程。

3. 知道青蛙和蛤蟆都是人类的好朋友，有保护它们的意识。

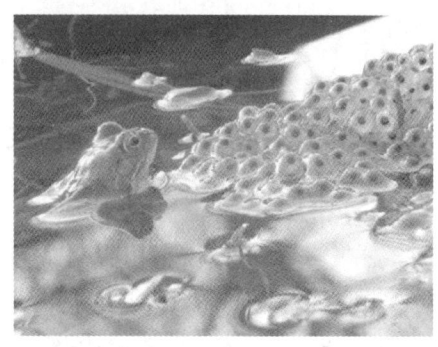

图 4-7-1
青蛙卵

活动重难点

重点：青蛙和蛤蟆的外形特征。

难点：了解青蛙和蛤蟆的生活习性和成长过程。

图 4-7-2
蛤蟆卵

活动准备

经验准备：能区分青蛙和蛤蟆。

物质准备：

1. 青蛙卵、蛤蟆卵图片。（见图 4-7-1、图 4-7-2）

2. 青蛙和蛤蟆生长过程图片。（见图 4-7-3）

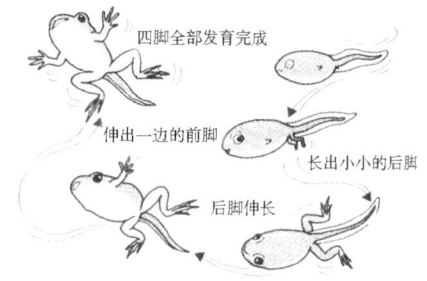

活动过程

一、教师出示图片，启发幼儿观察。

1. 教师：现在是什么季节？（春天）

图 4-7-3
青蛙和蛤蟆的生长过程

这些是什么？青蛙卵、蛤蟆卵是什么样子的？（许多圆圆的卵）

2. 教师：这些小小的卵是哪儿来的？

它们会变吗？会变成什么？（蛤蟆、青蛙）

二、幼儿讲述青蛙和蛤蟆的生长过程。

1. 教师：青蛙和蛤蟆的这些卵是怎么变化的？（卵变成青蛙等）

2. 教师：这些小小的卵是很快就变成了青蛙、蛤蟆的吗？它们先会变成什么，然后又变成什么？

师幼讨论青蛙和蛤蟆的生长过程。（见图 4-7-3）（青蛙卵—小蝌蚪—长出小小的后腿—长出前腿—尾巴变短—变成青蛙或蛤蟆）

三、教师出示图片，讲述青蛙和蛤蟆的外形特征和生活习性。

1. 教师：这是什么？它们是什么样子的？

2. 教师：它们生活在哪里？喜欢吃什么？

它们是怎么运动的？它们是怎么叫的？

3. 教师总结：青蛙和蛤蟆一个有绿色的身体，一个有褐色的身体，它们生活在田里、池塘里，它们的本领很大，都爱吃害虫，能保护庄稼，是人类的好朋友，我们要好好保护它们。

四、游戏"变变变"。

幼儿用身体动作表现青蛙和蛤蟆的生长过程。

活动七：有趣的故事拼图（科学）

活动目标

1. 通过制作拼图，了解物体的部分与整体的关系。

2. 初步学习剪贴制作拼图的方法。

3. 对制作拼图感兴趣。

活动重难点

重点：了解物体的部分与整体的关系。

难点：剪贴制作拼图。

活动准备

经验准备：幼儿有玩拼图游戏的经验。

物质准备：

1. 绘本《蛤蟆爷爷的秘诀》里若干故事情节画面拼图块和若干绘本故事情节发展小图片。

2. 大白纸、胶棒、剪刀等。

活动过程

一、教师出示绘本《蛤蟆爷爷的秘诀》里部分故事情节画面的拼图块。

1. 教师：这些都是什么？它可以用来玩什么游戏？

2. 教师：你们猜猜这一块一块的拼图块会拼出来什么？

3. 教师：谁知道什么叫拼图游戏？（把图画一块一块拼起来）

4. 幼儿自主选择绘本故事情节发展拼图块，分散操作进行拼图游戏。

5. 教师集中幼儿，分享刚才拼出的绘本故事内容。

教师：你刚才拼出的图片是绘本故事发展的什么情节？

幼儿之间分享绘本拼图的内容。

二、师幼集体讨论，了解物体部分与整体的关系。

1. 教师：你们拼出来的图片说的是什么意思？

2. 教师出示一个绘本画面拼图，引导幼儿观察绘本画面拼图块的内容，帮助幼儿理解绘本画面的情节。

提问：这是什么？说的是什么意思？（如小蛤蟆和爷爷说话）

3. 教师针对拼图块拼出的故事情节,告诉幼儿它只是绘本故事画面情节的一个部分，帮助幼儿了解部分与整体的关系。

通过演示，幼儿知道一块一块拼图拼出来的就是一个完整的画面内容。

三、幼儿自主选择材料尝试学习制作绘本拼图。

1. 幼儿选择喜欢的绘本故事情节小图片，分散制作拼图。

幼儿选择熟悉的故事情节发展小图片，使用剪刀把小图片剪成几块，然后使用胶棒在大白纸上拼出刚才剪的画面。

2. 教师观察幼儿的制作方法，并进行个别指导。

四、师幼集体讨论分享制作拼图的方法。

1. 教师：你是怎么制作拼图的？制作时使用了什么方法？（剪成几块，然后再进行拼图等）

2. 教师：你制作拼图时遇到了哪些困难？（剪的块数多，最后没有拼出来等）

有什么方法可以帮助你把剪出来的拼图块都拼起来呢？（第一次剪的块数要少一些等）

五、区域延伸活动："制作拼图"游戏。

活动八：青蛙和蛤蟆（艺术）

活动目标

1. 熟悉歌曲内容，有节奏地接唱青蛙和蛤蟆的叫声。
2. 借助青蛙和蛤蟆的头饰，尝试分角色演唱歌曲。
3. 体验同伴合作演唱带来的快乐。

活动重难点

重点：有节奏地接唱青蛙和蛤蟆的叫声。

难点：尝试分角色演唱。

活动准备

经验准备：幼儿了解青蛙和蛤蟆的特征。

物质准备：青蛙和蛤蟆的头饰各 1 个。

活动过程

一、教师出示青蛙和蛤蟆的头饰，激发幼儿兴趣，引出活动内容。

1. 教师：今天我们班来了两位小客人，是谁啊？（青蛙和蛤蟆）

2. 教师：青蛙是怎样叫的？蛤蟆又是怎么叫的？（学一学）

二、幼儿学习有节奏地朗诵歌词。

1. 教师：今天青蛙和蛤蟆带来了一首好听的歌曲，听听歌曲里唱了些什么。

教师演唱歌曲，幼儿倾听。

2. 教师：歌曲里唱了些什么？（呱呱呱呱等）

师幼跟随音乐有节奏地念歌词。

三、幼儿学唱歌曲。

1. 教师：青蛙和蛤蟆这对好朋友相遇了，他们的心情是怎样的？让我们用轻快的歌声来演唱歌曲吧。

2. 师幼演唱歌曲。

四、幼儿学习接唱歌曲。

1. 教师：这首歌曲除了这样唱，还可以怎么唱？（接唱）

教师唱前面一句，幼儿接唱后面一句。

一组幼儿唱歌曲，一组幼儿唱叫声。

2. 教师：我们还可以怎么唱？（分角色唱）

一组幼儿扮演青蛙，一组幼儿扮演蛤蟆演唱歌曲。

全班幼儿两两结伴散点站，分别扮演青蛙和蛤蟆。然后交换角色再次演唱歌曲。

五、延伸活动：表演区里幼儿扮演青蛙和蛤蟆的角色表演歌曲。

附歌曲

青蛙和蛤蟆

兰 杰 词
周耀斌 曲

$1=C \frac{4}{4}$

| 3 6 6· 6 | 5 6 6 - | 3 6 6 5 1 5 | 3· 2 3 - |

穿　绿　衣　的　小　青　蛙，　　　眼　睛　鼓　来　嘴　巴　　大，
穿　灰　衣　的　小　蛤　蟆，　　　肚　皮　鼓　来　慢　慢　　爬，

| 3 6 6· 5 | 1 2 3 2 - | 3 3 5 5 2 3 | 6 - - 0 |

夜　间　出　来　捉　　害　虫，　　才　抓　三　只　就　呱　呱。
捕　捉　害　虫　多　　又　多，　　不　吭　不　哈　不　自　夸。

| 1 1 1 - | 7 7 7 - | 5· 3 5 6 | 3 - - 0 |

呱　呱　呱，　　呱　呱　呱，　　等　着　人　来　　夸，
不　自　夸，　　不　自　夸，　　忙　着　护　庄　　稼，

| 1 1 1 - | 7 7 7 - | 5· 3 5 6 | 6 - - 0 ‖

呱　呱　呱，　　呱　呱　呱，　　等　着　人　来　　夸。

活动九：我喜欢的角色（艺术）

活动目标

1. 尝试用图形、线条等表现蛤蟆、蛇的造型。

2. 在自主感知和体验的基础上，尝试创作绘本角色造型。

3. 愿意分享自己绘画的方法，对图形线条感兴趣。

活动重难点

重点：用图形、线条表现蛤蟆、蛇的造型。

难点：掌握绘画蛤蟆眼睛、腿的线条的方法。

活动准备

经验准备：

1. 幼儿熟悉了绘本故事内容、对绘本角色有一定的认识和了解。

2. 幼儿观察认识了蛤蟆、蛇的形态，初步了解他们的造型。

物质准备：

1. 绘本角色蛤蟆、蛇的图片。

2. 几幅蛤蟆、蛇的简笔画范例和绘本角色 PPT 图片。

活动过程

一、教师出示绘本《蛤蟆爷爷的秘诀》，并针对绘本里的主要角色，引导幼儿一起讨论角色的造型。

1. 教师：这本绘本里有哪些不同的角色？（小蛤蟆、蛤蟆爷爷、蛇、怪兽）

2. 教师：你最喜欢哪一个角色？如果让你来绘画，你可以用什么图形和线条来表现他们不同的造型？（圆形、椭圆形）

3. 幼儿自主选择材料尝试用图形和线条来表现绘本角色的造型。

二、师幼集中讨论分享自己用图形和线条表现的绘本角色造型。

1. 教师先请个别幼儿展示、介绍自己表现绘本角色造型的方法，激发其他幼儿交流谈论的兴趣，然后针对幼儿的兴趣，共同讨论其方法。

2. 师幼共同讨论用图形和线条表现蛤蟆腿、蛇眼睛的绘画方法。

三、幼儿分散活动，教师观察幼儿绘画情况。

1. 幼儿自主选择材料进行绘画，教师观察并进行个别帮助和指导。

2. 教师要特别关注个别幼儿用不同图形和线条表现角色造型的方法。

四、教师集中分享,展示交流幼儿的绘画作品。

1. 教师:你是用什么方法表现绘本角色的造型的?(用圆形表现蛇的头、用长方形表现蛇的身体等)

2. 教师:你觉得你作品中最棒的地方是什么?

3. 教师:你最喜欢谁表现的角色造型?为什么?

活动十:制作绘本角色头饰(艺术)

活动目标

1. 在自主绘画基础上,初步了解头饰的制作方法。

2. 借助图片、实物等,学习制作头饰的方法。

3. 对手工活动感兴趣。

活动重难点

重点:学习制作头饰的方法。

难点:头饰带子的粘贴。

活动准备

经验准备:

1. 幼儿了解绘本《蛤蟆爷爷的秘诀》故事的主要内容。

2. 幼儿有用图形、线条等表现绘本角色造型的经验。

物质准备:

1. 绘本《蛤蟆爷爷的秘诀》里的角色头饰、绘本图片。

2. 油画棒、大白纸、胶棒、剪刀等材料若干。

活动过程

一、教师出示绘本里的主要角色——蛤蟆的头饰，引发幼儿交流的兴趣。

1. 教师：看老师手里拿的这是什么？（蛤蟆）

2. 教师：这是什么头饰？谁知道头饰可以干什么？头饰可以帮助小朋友玩什么游戏？（可以戴在头上扮演角色）

3. 教师：头饰是怎么制作的？谁知道制作头饰需要哪些材料？（油画棒、纸、笔等）

4. 教师：你们会用桌子上的这些材料制作头饰吗？应该怎么制作头饰？

（在纸上画好角色然后涂好色剪下来）

二、启发谈话，师幼互动，谈论、交流分享头饰的制作方法。

1. 教师：头饰可以怎么制作？你觉得制作头饰先要干什么？然后干什么？（先要绘画，然后涂好色，再剪下来）

2. 针对幼儿的回答，教师示范讲解制作头饰的方法。（带子的粘贴等）

教师总结：先要选择自己想要扮演的角色，接着使用油画棒绘画角色的图形线条，涂好色之后剪下来，然后选择两根白色长条纸涂色，最后粘贴在头饰的背面。

幼儿观察教师的示范、讲解。

三、教师出示绘本里主要的角色图案——蛤蟆、蛇、怪兽等，幼儿自主选择材料、场地开始制作头饰。

1. 教师：你们知道如果玩表演游戏"蛤蟆爷爷的秘诀"，除了有蛤蟆的头饰，还需要有哪些角色的头饰呢？（蛇、怪兽）

2. 幼儿分散活动，自主选择辅助材料制作绘本里的角色头饰。

3. 教师观察幼儿制作情况，并进行有意识地个别辅导。

四、幼儿分散活动，戴头饰玩表演游戏"蛤蟆爷爷的秘诀"。

1. 幼儿戴上自己制作的头饰摆出绘本里各种角色的造型。

2. 学说故事里的角色对话等。

活动十一：有趣的玩偶（艺术）

活动目标

1. 学习使用废旧材料——卷纸筒、卡纸等制作绘本角色玩偶。

2. 借助图画、范例等尝试找到制作玩偶的方法。

3. 知道可以利用废旧材料变废为宝，增强环保意识。

活动重难点

重点：学习制作玩偶。

难点：粘贴的方法。

活动准备

经验准备：幼儿有手工制作的经验。

物质准备：

1. 蛤蟆、蛇、鳄龟、怪兽玩偶各 1 个。

2. 卷纸筒、彩色卡纸、蜡光纸、即时贴等制作玩偶的废旧材料。

3. 剪刀、胶棒、双面胶等制作玩偶的工具材料。

活动过程

一、教师出示绘本《蛤蟆爷爷的秘诀》角色玩偶，引发幼儿观察。

1. 教师：他们是谁呀？这些蛤蟆、蛇等是用什么材料制作的？（卷纸筒、卡纸、即时贴等）

2. 教师：卷纸筒变成了蛤蟆的什么？蛤蟆的头是用什么制作的？

二、幼儿集体观察制作玩偶的各种材料。

1. 教师：这些材料你们认识吗？这些是什么材料？（卷纸筒、角色图画、卡纸、即时贴等）

教师向幼儿一一介绍制作玩偶的材料。

2. 教师：它们可以帮助你制作什么？卷纸筒可以用来制作什么？（动物的身体）

总结：这些材料可以帮助我们制作许多玩偶，小朋友只要爱动脑筋就可以变变变，变出各种玩偶。

幼儿观察讨论制作玩偶的方法。

3. 教师：看，这只蛤蟆玩偶是怎么制作的？

方法：先将角色图画涂好色或在白纸上画好角色造型，剪下来粘贴在卷纸筒上半部，再使用材料进行装饰。（重点介绍粘贴的方法）

教师：绘本中除了蛤蟆，还有哪些小动物可以做玩偶？

用同样的方法讨论绘本中其他动物玩偶（蛇、鳄龟、怪兽）的制作方法。

三、幼儿分散制作玩偶。

1. 幼儿自主选择材料制作玩偶，教师观察，并注意个别指导。

2. 幼儿根据自己的兴趣制作玩偶。

教师：老师给小朋友们准备了一些做玩偶的材料（介绍材料），你们想一想，自己想做的玩偶需要哪些材料？

3. 教师：做完的小朋友可以和同伴玩手偶游戏，表演手偶故事《蛤蟆爷爷的秘诀》。

四、幼儿展示作品。

1. 教师：你制作的是什么玩偶？你是怎么制作的？使用了哪些材料？

2. 幼儿互相分享自己制作玩偶的方法。

五、延伸活动。

教师把幼儿制作的玩偶放到表演区。

活动十二：青蛙（艺术）

活动目标

1. 尝试按照折纸步骤图示进行折纸。
2. 在折叠双三角的基础上，找到折叠青蛙的方法。
3. 感受折纸活动的乐趣。

活动重难点

重点：会折叠双三角形。

难点：按步骤图示进行折纸。

活动准备

经验准备：幼儿有折纸活动的经验。

物质准备：青蛙、笔、彩色纸、折纸步骤图（见图4-7-4）。

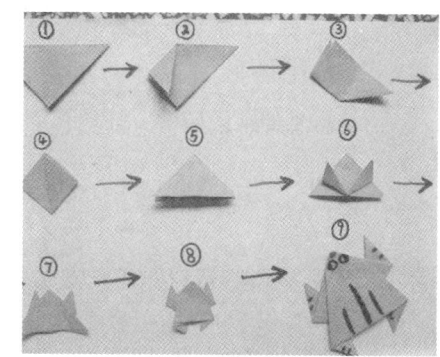

图4-7-4 《青蛙》折纸步骤图

活动过程

一、教师出示折纸范例青蛙，引起幼儿的兴趣。

1. 教师：今天老师请来了一只小动物，它穿着绿衣服，说话呱呱呱，你们猜它是谁？

2. 教师（出示范例作品）：这是一只用纸折出来的青蛙，它是怎么折的呢？你们想不想也有一只这样的青蛙呢？

二、教师用较大开页的纸，帮助幼儿回忆双三角的折法，讲解重点难点。

1. 教师：首先我们要将正方形对角折成三角形后打开，把一个角的两边按对角中心线折，底角上折成三角形……

2. 幼儿分散练习：折叠双三角形。教师观察指导。

三、教师出示步骤图，引导幼儿思考如何将折纸从双三角形变成"小青蛙"。

1. 教师：这个图里画着的是什么？（青蛙）

2. 教师：你能按照这幅图上所画的方法把折纸从双三角形变成这样的青蛙吗？

教师鼓励幼儿进行尝试，请幼儿说出自己看不懂的图示，教师重点讲解。

四、教师按照图示步骤进行示范讲解，幼儿观察。

五、幼儿操作，教师巡回指导。

教师提醒幼儿用笔进行自主装饰。

教师：可以给小青蛙穿上漂亮的衣服。

六、延伸活动。

活动可延伸至区域中，让幼儿继续折叠青蛙。

活动十三：美丽的五彩蛇（艺术）

活动目标

1. 学习用搓长、叠加等方法表现动态可爱的五彩蛇。
2. 综合运用搓、团、压、拉等方法，制作五彩蛇。
3. 感受用油泥、黏土制作的乐趣。

活动重难点

重点：用搓长、叠加等方法表现五彩蛇。

难点：表现动态可爱的五彩蛇。

活动准备

经验准备：幼儿学会了搓长、团圆、压扁等技巧。

物质准备：各色油泥和黏土、泥工板、五彩蛇范例。

活动过程

一、教师出示范例五彩蛇，幼儿观察。

1. 教师：这是什么？（绘本角色：蛇）

它是用什么材料做出来的？（油泥、黏土）

2. 教师：它是什么样子的？由哪些部分组成呢？（头、身体）

谁知道蛇的眼睛用油泥怎么表现？（两种颜色叠一起）

3. 教师：你会用油泥和黏土制作五彩蛇吗？怎么制作？

可以请幼儿示范。

4. 教师小结：蛇由头、身体和尾巴组成，但是每一条蛇都有各自不同的形态，有的是直的，有的是弯的，有的是大的，有的是小的，各不相同，但它们都非常的美丽。

二、教师介绍制作的材料——油泥、黏土，感受颜色的多样性。

1. 教师：五彩蛇要怎么做呢？（幼儿思考）

教师：五彩蛇身体是什么形状？头和尾一样吗？（长圆形、大小不一样）

帮助幼儿理解：粗的一头作蛇头，细的一头作蛇尾。

教师：怎么表现蛇一头粗一头细呢？

帮助幼儿掌握搓长的方法。

2. 教师：蛇的眼睛可以用什么方法做？（叠加）

蛇的嘴巴又可以怎么做？（拉长）

3. 教师：最后怎样让蛇的身体变成五彩的颜色？

介绍其他彩色的油泥和黏土。

三、幼儿分散操作，选择材料制作五彩蛇。

教师观察幼儿制作情况并进行个别指导。

四、幼儿展示作品，分享交流。

1. 教师：你最喜欢哪一条五彩蛇？为什么？

2. 教师：你制作时用什么方法表现眼睛的？用什么方法表现五彩蛇的嘴巴？

巩固迁移制作五彩蛇的方法：搓长，两种颜色的油泥叠加在一起就变成了眼睛。

五、区域活动

图书区

我制作的绘本

材料准备

　　1. 图书区摆放绘本《蛤蟆爷爷的秘诀》。（见图 4-7-5）

　　2. 白纸、彩笔、蜡笔、胶棒等若干。

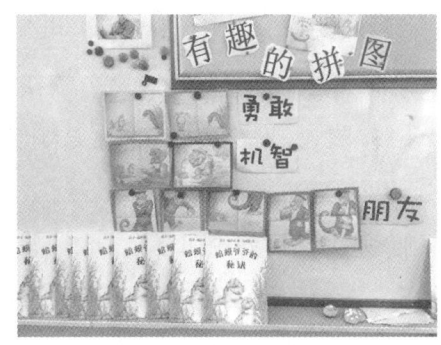

图 4-7-5

操作要点

　　1. 幼儿倾听绘本故事录音,然后和同伴商量制作绘本。

　　2. 幼儿自主选择材料绘画表现绘本的主要故事情节。

　　3. 按照绘本故事发展线索粘贴装订每一页的画面。

语言区

蛤蟆爷爷的秘诀

材料准备

　　1. 绘本角色头饰。

　　2. 草丛、石头、野果子等道具。（见图 4-7-6）

图 4-7-6

操作要点

1. 幼儿商量选择自己扮演的角色,边听故事边用动作、语言、表情进行表演。

2. 能模仿绘本中角色的语言、动作等,体验表演游戏的乐趣。

美工区

制作角色头饰、手偶

材料准备(见图4-7-7、图4-7-8)

1. 角色的黑白简笔画图案。
2. 彩色宽窄纸条、卷纸筒、即时贴等。
3. 油画棒、剪刀、胶棒等。

操作要点

1. 选择绘本中喜欢的角色涂好色并剪下,制作头饰。(见图4-7-9)

2. 用将彩色纸条来回折的方法制作怪兽的辫子等。

3. 选择黑白绘本小图片或用油画棒将自己的角色涂好色并剪下,再用窄纸条粘贴在小图片上,然后套在手指上。

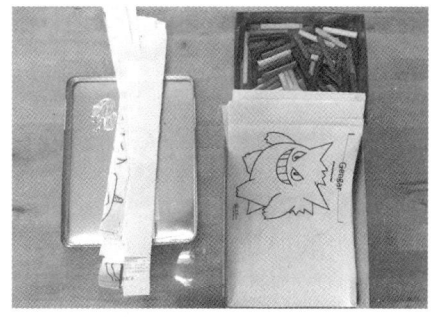

图 4-7-7

图 4-7-8

图 4-7-9

彩色的小蛇

材料准备（见图 4-7-10）

1. 彩色油泥、彩色黏土。
2. 模具。

图 4-7-10

操作要点

1. 能用先团圆、再搓长的方法制作蛇的身体。
2. 用切的方法制作蛇的舌头。
3. 将做好的小蛇放在展示区分享。（见图 4-7-11）

图 4-7-11

> 生活区

好看的蝴蝶结

材料准备（见图 4-7-12）

1. 若干张展示绘本故事情节发展的小图片，图片两边打上小洞。
2. 若干适合系蝴蝶结的缎带。

图 4-7-12

操作要点

1. 幼儿边听绘本故事录音，边从盘子里选择绘本故事小图片。
2. 学习用系蝴蝶结的方法，把缎带穿在

两张图片两边的小洞上，用打结的方法系蝴蝶结。

益智区

好玩的接龙游戏

材料准备（见图 4-7-13）

1. 若干张绘本故事情节发展小图片。
2. 若干张 1-10 的点卡和数卡。
3. 录音机。

图 4-7-13

操作要点

1. 幼儿边听绘本故事录音，边从盘子里选择和绘本故事情节发展相应的小图片。

2. 幼儿在理解绘本故事的基础上，能根据绘本故事情节发展的线索给绘本故事发展的小图片进行排序，并能匹配上相应的数字和点卡。

数学区

有趣的拼图

材料准备（见图 4-7-14、图 4-7-15）

1. 若干张绘本小图片。
2. 剪刀、胶棒、白纸。

图 4-7-14

操作要点

选择自己喜欢的小图片,然后尝试用横竖及斜着剪的方法制作3~5块拼图块。

图 4-7-15

> 运动区

蛤蟆跳

材料准备(见图 4-7-16)

1. 蛤蟆头饰。
2. 辫子若干。

操作要点

1. 能模仿蛤蟆双脚连续向前跳,促进下肢的锻炼。
2. 幼儿扮演小蛤蟆站在辫子后,双脚分开跳过一个个的辫子围成的格子,然后到达终点跑回来。

图 4-7-16

六、环境创设

绘本主题《蛤蟆爷爷的秘诀》和园部大型"阅读节"活动同时进行,所以我们从园部"阅读节"的环境中延伸出班级绘本主题环境的创设。环境是重要的教育资源,在实施绘本主题《蛤蟆爷爷的秘诀》中,我们有意识地把绘本中的教育资源渗透在环境中,

图 4-7-17

如：把绘本故事情节发展的线索打印成若干小图片张贴在阅读区的环境中，满足幼儿观察交流讨论的欲望，冲击幼儿的视觉（见图4-7-17）；随着绘本故事情节的发展，幼儿产生创作表演的欲望，于是我们带领幼儿自主制作绘本角色头饰，并把绘本角色的头饰放在表演区让幼儿观察，供幼儿表演等（见图4-7-18）。在主题活动的开展过程中，幼儿积极地参与，与环境的互动也更加积极和频繁，在区域中经常能看到幼儿忙碌的身影（见图4-7-19、图4-7-20）。

图 4-7-18

图 4-7-19

七、我和爸爸妈妈的话

蕴如：

和宝贝一起阅读绘本《蛤蟆爷爷的秘诀》，刚读了书名，蕴如就扬起头很好奇地问我们："蛤蟆爷爷能有什么秘诀呀？"当看到蛤蟆爷爷遇到蛇时把身体鼓大，爸爸和蕴如学蛤蟆爷爷的样子，并要我也跟着学，逗得父女俩哈哈大笑。我趁机讲道理，遇到并不强大的敌人和困难时，不能害怕，要勇敢地战胜它。当讲到蛤蟆爷爷遇到鳄龟时成功地把鳄龟引开，蕴如频频点头，觉得蛤蟆爷爷很聪明。

图 4-7-20

冉冉：

昨晚我俩看了《蛤蟆爷爷的秘诀》这本绘本，颇有感触。

先前我不知道读完后孩子听懂没有，于是我就问她："蛤蟆爷爷的秘诀有哪些呢？"冉冉回答："第一勇敢，第二动脑筋想办法，第三要有靠得住的好伙伴。"

我再问她："爷爷第一个遇到的是什么动物？"冉冉回答："蛇。"

"爷爷是用什么办法对付它的？"孩子立马鼓起嘴巴答："爷爷鼓气告诉蛇：'看我这样了快来吃我呀！'"

我再问："第二个遇到的动物是谁？"冉冉回答："是条大鳄鱼。"

"那爷爷用什么办法对付它的呢？"冉冉回答："爷爷跟它说'有条肥肥的蛇刚刚走过，你快去追它吧。'"

"爷爷是不是很机智，很聪明啊？"冉冉回答："是的。"

"第三个遇到的动物是谁？"冉冉回答："是巨人，怪兽。"

"这下爷爷害怕了吗？"冉冉回答："当然怕啦，爷爷快被当成三明治吃掉啦，就在这时小蛤蟆跳了出来，它跟巨人说，我们蛤蟆是有毒的，你快看看你的腿上吧，巨人一看吓了一跳赶快逃走了，爷爷得救了，所以第三条是，要有靠得住的好伙伴帮助你。"

听了孩子说的这些，我很欣慰，但对于一个5周岁孩子来说，我不知道她能记住多久，能改变自己什么，但我会坚持培养她积极的、乐观向上的个性，这是我们家长对孩子的期望。

润泽：

《蛤蟆爷爷的秘诀》是一本非常好的亲子阅读绘本，画面精美，语句简单优美，内容丰富生动，有教育意义，非常适合中班的孩子阅读。

在和儿子拿起绘本准备阅读时，我问儿子："宝贝，你知道什么是秘诀吗？""不知道。"儿子一脸茫然地看着我。"秘诀就是很多人都不知道的办法、诀窍。""啊？"儿子开始好奇、兴奋，迫不及待地翻开了绘本。故事讲述了蛤蟆爷爷和小蛤蟆在遇到蛇、鳄龟和怪兽时，蛤蟆爷爷是如何用"勇敢""机智"和"交一个可靠的朋友"这三个秘诀来教会小蛤蟆脱离危险的。看完绘本，儿子印象最深刻的就是当我们面临危险和困难时，不能胆怯，要勇敢和机智，对于第三个秘诀他没有太理解，感触也不是太深。于是我让他自己又复述了一遍，虽然对于什么是"可靠的朋友"，在我们交流了之后他还是不能很好地理解，但是我觉得交友之道在他的成长过程中非常重要，他要慢慢在生活中学会感悟，我们也有这样的责任去引导他。

  其实，在这个故事中，小蛤蟆的成长过程也是非常值得学习的，小蛤蟆是一个非常善于学习的孩子，他记住了爷爷教他的秘诀，在非常害怕的情况下，能够临危不乱地开动脑筋，想出解救爷爷的办法。所以，儿子从这本绘本中得到的启示有三：第一是要热爱学习，做一个善于学习的人；第二是面对危险和困难的时候，要勇敢、机智地面对；第三就是要交正直、可靠的朋友。听到儿子的话，我笑了。

方案八：大班绘本主题活动"上面和下面"

一、心动之源

  从夏季到秋季自然界会发生许多变化：草儿变黄了，树叶落了，树上结果子了，天气凉快了，各种蔬菜、瓜果、粮食丰收了。

  《上面和下面》这本绘本，书如其名，翻开后，只有上面和下面，没有左边和右边。这是一本精致的绘本，书的环衬，是一棵棵精细描绘的蔬菜，有红萝卜、芹菜、玉米、花椰菜……这是一本有智慧的绘本，一只懒惰的大熊把地租给了野兔，每次约定好要收成植物的上面、下面还是中间，结果都被聪明又勤劳的野兔骗得只收到不能吃的叶子和根。这是一本有教育意义的绘本，当大熊一次次气急败坏地收获垃圾，野兔一次次满载而归的时候，生动地诠释了世界上没有不劳而获的事情，勤劳虽然不一定有收获，但懒惰一定不会有收获。这是一本有哲学意味的绘本，无论你是大熊还是野兔，都不要着急，磨难是生命前行道路上的加油站，生活中没有绝对的对与错，没有绝对的苦与甜，一切顺其自然最好。

这本书的内涵相当丰富，围绕这些内容，我们开展了主题活动，给幼儿探索、发现、感受、表达、操作的空间。

二、主题总目标

1. 理解绘本《上面和下面》的故事内容，根据画面对情节发展进行大胆猜测，能用较连贯的语言说出故事的主要情节，并能模仿绘本中大熊和野兔的对话。

2. 知道常见蔬菜的食用部位，喜欢吃各种蔬菜，知道蔬菜对身体有好处。初步了解蔬菜的根、茎、叶的作用，能够在实验中感受根、茎的作用。尝试用身体上面（双手）、中间（腹部）、下面（双脚）两两合作运球。

3. 能够用多种工具、材料来制作道具，在与同伴讨论、协商的基础上，合作制作连环画《上面和下面》；用自然的声音歌唱，正确地表现歌曲的节奏，能用不同的速度、力度变化来表现懒惰人和勤快人的形象。

4. 能察觉到动植物的外形特征、习性与生存环境的适应关系，了解一些常见的种植方法（点种，撒种，移栽），知道春天是播种的季节。

5. 在群体活动中积极、快乐，理解规则的意义，能与同伴协商制定游戏和活动规则，在与同伴对角色表演有不同看法时，能够说出自己的理由，并考虑他人的意见。

6. 能够勇敢、自信地与同伴相互配合，通过肢体动作、语言等来表演绘本内容，能够认真专注地完成一件事情，在遇到困难时，能够积极主动地想办法。

三、主题开展网络图

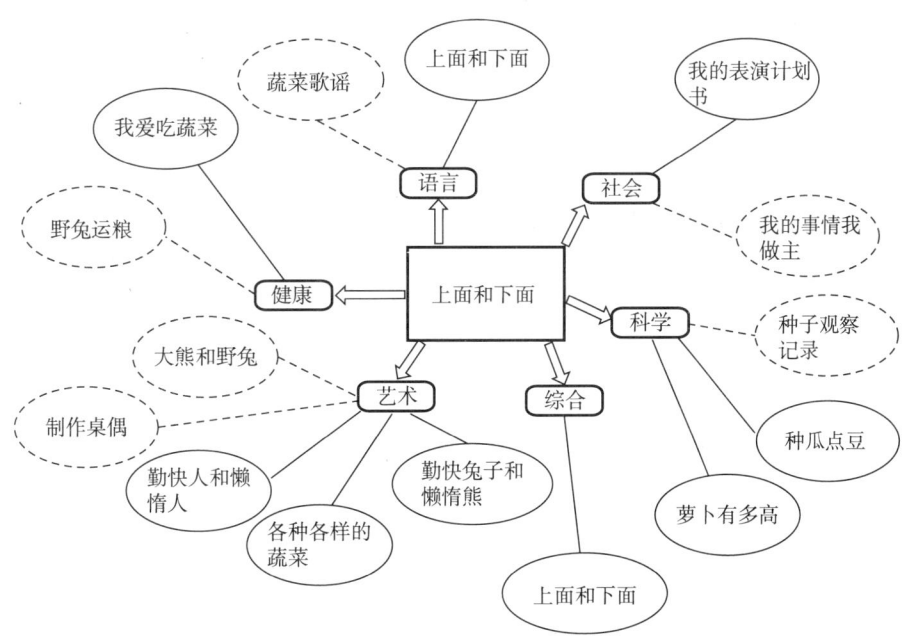

备注：预成活动为实线框，生成活动为虚线框。

四、集体活动

活动一：上面和下面（语言）

活动目标

1. 了解故事的主要情节，能够较完整连贯地说出画面的主要内容。

2. 通过幼儿自主阅读、观察画面、教师指导阅读、猜测等方法来了解大熊和野兔之间情感的变化，以及植物上下的特征。

3. 愿意参加劳动，懂得勤劳才能有收获。

活动重难点

重点：了解故事的主要情节。

难点：懂得勤劳才能有收获。

活动准备

经验准备：幼儿认识芹菜、莴苣、花椰菜等蔬菜。

物质准备：《上面和下面》PPT，《上面和下面》绘本人手1本，芹菜、莴苣、花椰菜、樱桃萝卜、青菜、玉米、胡萝卜等图片各4张，音乐《Shine Girl》。

活动过程

一、通过猜测和观察封面的方法，引起幼儿的阅读兴趣。

教师出示绘本《上面和下面》。

教师：你们看到了什么？你们觉得睡觉的大熊和搬玉米的兔子之间会发生什么样的故事？

二、通过猜测和教师提问等方法，幼儿了解故事的前半部分。

1. 教师讲述故事的第1—3页。

教师：你们觉得大熊和野兔的合作将会怎么样？

2. 教师讲述故事的第4—6页。

教师：大熊和野兔之间发生了什么？大熊得到了什么？野兔得到了什么？你们觉得大熊会要蔬菜的哪一个部分？

3. 教师讲述故事的第7—9页。

教师：这次野兔种了哪些蔬菜？大熊得到了什么？野兔得到了什么？这次，你们觉得大熊会怎么做？

4. 教师讲述故事的第10页。

教师：这次野兔种了什么？大熊得到了什么？你们觉得大熊会怎么做？

三、幼儿通过自主阅读，了解故事的后半部分。

教师：大熊做什么了？为什么大熊要自己劳动了？

四、幼儿集体观看 PPT，完整地欣赏绘本《上面和下面》。

教师：我们跟随 PPT 完整地欣赏一遍绘本《上面和下面》。

五、幼儿通过游戏，了解应该吃蔬菜的哪一部分。

教师：我这里有许多庄稼的图片。音乐响，小朋友踩着图片走；音乐停，两个小朋友面对面站在同一张图片上，然后把图片翻过来看看是什么庄稼，谁说对了，图片就归谁。例如：图片如果是莴苣，谁先对着图片说，种庄稼呀种庄稼，下面给你，上面留给我了，说对庄稼名称的小朋友，图片归他。

附《上面和下面》PPT 网址

http://wenku.baidu.com/link?url=7q-xJUCdwG5xNbEOwRwzTm18engwhkEiE08MJqeOqaG5EIToCsdgxxukqwYOQpWmMnvWE99fpxKqhYJ8yBI60kXmgfOo4rNCxN7BsH-KAu7

附音乐《Shine Girl》网址

http://music.baidu.com/song/s/51056419a0857e0ba5d

活动二：我爱吃蔬菜（健康）

活动目标

1. 知道应该吃蔬菜的哪些部位，并能按照"上面""下面""中间"对蔬菜的食用部位进行分类。

2. 通过提问、讨论、品尝蔬菜沙拉等方法，知道每种蔬菜都有营养。

3. 愿意吃各种蔬菜，养成不挑食的好习惯。

活动重难点

重点：知道吃蔬菜的哪些部位。

难点：知道吃蔬菜对身体好，愿意吃各种蔬菜。

活动准备

经验准备：幼儿已经认识常见的蔬菜。

物质准备：

1. 西兰花、青菜、红薯、西红柿、毛豆、黄瓜、胡萝卜、山药、蔬菜沙拉等。

2. 6套"上""下""中间"的文字图片，红、蓝、灰色长条标记各1个。

活动过程

一、教师通过问题，激发幼儿的兴趣。

1. 教师：我们为什么要吃蔬菜呢？

2. 师幼小结：蔬菜有很多营养，有维生素、矿物质，多吃蔬菜对我们的身体好。

二、幼儿讨论：吃蔬菜的哪一个部位。

1. 游戏："神秘的布袋"。

教师：猜猜看我的布袋里都有哪些蔬菜宝贝呢？

2. 教师：今天来了哪些蔬菜？应该吃这些蔬菜的什么部位呢？（教师请几名幼儿回答）

3. 师幼小结：有的蔬菜是吃上面的，有的蔬菜是吃下面的，有的蔬菜是吃中间的。

三、幼儿分组合作，尝试给蔬菜分类。

1. 教师：请你们合作把自己组的蔬菜按照吃上面、吃下面和吃中间来分类。吃上面的蔬菜请把它放在桌上的红色区域，吃中间的蔬菜请把它放在桌上的蓝色区域，吃下面的蔬菜请把它放在桌上的灰色区域。

2. 教师请每组的一名幼儿来说分类的结果，有幼儿说错时，请其他幼儿来说一说应该吃这种菜的哪一个部位以及原因。

四、师幼共同品尝蔬菜沙拉。

1. 教师：我们一起来品尝蔬菜沙拉。

2. 师幼小结：蔬菜不仅味道好，营养也很丰富，所以我们要天天吃蔬菜，不挑食，每种蔬菜都好吃！

活动三：蔬菜拓印画（艺术）

活动目标

1. 用蔬菜的横截面尝试印画，并对印画进一步组合添画。
2. 通过观察、探索、分组合作、欣赏等方法感知各种蔬菜横截面的不同，尝试根据横截面的特点大胆想象进行创作。
3. 体验共同创作添画的快乐。

活动重难点

重点：用蔬菜的横截面尝试印画，并对印画进一步组合添画。

难点：小组合作大胆地添画。

活动准备

经验准备：幼儿认识常见的蔬菜。

物质准备：胡萝卜、藕、甜椒、红薯、莴苣等蔬菜的实物。

活动过程

一、幼儿观察蔬菜的外形。

1. 教师：你们知道哪些菜是蔬菜吗？

以小组为单位，幼儿相互介绍蔬菜。摸一摸，看一看，闻一闻，感知蔬菜的外形特征。小组内推选一名代表发言。（如果发言不完整，再请组内另外一名小朋友补充发言）

2. 幼儿按照蔬菜的食用部位进行分类。

小组分类：这些植物可以吃它的哪里？（叶子、茎、花、果实、种子、根）

我是××，我爱吃××，我吃的××是它的叶子、茎、花、果实……

二、师幼共同探索蔬菜印画及添画的方法。

1. 教师将蔬菜切开，幼儿观察蔬菜横截面的形状。

2. 教师：蔬菜可以怎样来印画呢？

请个别幼儿上来示范印画过程。

3. 小结：印的时间要长一些，并且要用力压，不能将颜色重叠印，印完一个要让它晾一会儿，不要碰到它。

4. 教师：印好的蔬菜形状，怎样用小蜡笔给它添画出不同的造型呢？

小结：将印好的蔬菜图形再用画笔添加其他的图案，组合成新的图形。藕可以变成小太阳，胡萝卜可以变成小白兔，还可以将其他的蔬菜添画成不同的东西哦！

三、幼儿分小组进行创作，教师观察指导。

1. 教师：老师这边有胡萝卜、藕、甜椒、红薯、莴苣五组不同的蔬菜，请小朋友自己选择喜欢的一组进行印画和添画创作。

2. 教师观察每组情况，并指导个别幼儿进行创作。

四、结束活动。

教师鼓励幼儿与同伴进行交流，互相介绍自己创作的作品。

活动四：蔬菜歌谣（语言）

活动目标

1. 学习儿歌《蔬菜歌谣》，了解各种蔬菜的主要特征。

2. 通过迁移生活中的已有经验、小组讨论、游戏等方式，尝试进行仿编。

3. 知道蔬菜营养丰富，有益健康。

活动重难点

重点：学习儿歌《蔬菜歌谣》，了解各种蔬菜的主要特征。

难点：迁移生活中的已有经验，尝试进行《蔬菜歌谣》的仿编。

活动准备

经验准备：

1. 幼儿已经熟悉故事《上面和下面》。

2. 认识故事中的蔬菜特征。

物质准备：各种蔬菜的图片。

活动过程

一、教师带领幼儿复习绘本故事《上面和下面》，回顾各种各样的蔬菜。

1. 教师：绘本《上面和下面》中说了一个什么故事？小兔子种了哪些蔬菜呢？你们还知道哪些蔬菜？它们都是什么样的？

2. 小结：蔬菜既美味营养又丰富，平时多吃新鲜的蔬菜能使我们更健康。

二、幼儿倾听、理解儿歌《蔬菜歌谣》。

1. 教师：老师这里也有一首儿歌，它的前三句都是向大家介绍这个蔬菜，最后一句才把谜底揭开，我们一起来听一听。

2. 教师：你知道这首儿歌中说的蔬菜是什么吗？

3. 鼓励幼儿和同伴说一说，集体说一说。

教师：儿歌是怎么说番茄的？你听到了什么？

三、幼儿结合生活经验，仿编儿歌。

1. 小组讨论。

教师：你想说什么蔬菜？它有什么主要特征？

2. 将仿编好的蔬菜歌谣记录下来。

3. 集体分享交流仿编的歌谣。

四、接龙游戏。

游戏规则：第一个幼儿说出歌谣前三句，后一个幼儿接出歌谣最后的谜底蔬菜是什么。以此类推，能完整接出歌谣的幼儿为胜。

附儿歌

蔬菜歌谣

这个蔬菜红又红，
这个蔬菜圆又圆，
这个蔬菜酸又甜，
这个蔬菜是番茄。

活动五：勤快人和懒惰人（艺术）

活动目标

1. 尝试用稍快和稍慢的节奏学唱歌曲《勤快人和懒惰人》第一、二段。

2. 通过欣赏、讨论、模拟游戏等方法理解歌词，知道勤快人和懒惰人的区别。

3. 喜欢参加劳动，愿意做一名勤快人。

活动重难点

重点：尝试用稍快和稍慢的节奏学唱歌曲《勤快人和懒惰人》第一、二段。

难点：理解歌词，知道勤快人和懒惰人的区别。

活动准备

经验准备：

1. 幼儿了解绘本《上面和下面》的主要内容。

2. 体验过勤劳才会有收获。

3. 班级几名幼儿提前排练情境表演《懒惰虫》。

物质准备：

炒菜、煮饭、蒸馒头等图片。

活动过程

一、欣赏情境表演《懒惰虫》，激发幼儿的兴趣。

1. 教师：我们一起来欣赏一个表演。你觉得这个表演说了一件什么样的事情？（一个懒惰的人在厨房里睡觉，打呼噜）

2. 教师：你们自己能做哪些事情？平时，这些事情是你自己做，还是家长帮你做呢？你觉得你还可以帮助家长做哪些事情呢？

3. 师幼小结：我们能做的事情要自己做，例如自己整理玩具，还要帮助家长做一些事情，例如摆放筷子、扔垃圾等。

二、教师示范两种不同节奏演唱歌曲。

1. 教师尝试用快节奏演唱第一段歌词。

教师：你们听了有什么感受？歌词里说了什么？

2. 教师尝试用慢节奏演唱第二段歌词。

教师：你们听了有什么感受？歌词里说了什么？

教师小结：原来同一首歌曲我们可以用快速和慢速两种不同的节奏来演唱。第一段快速的演唱表现了勤快人做事勤快，第二段慢速的演唱表现了懒惰人做事懒惰。

三、幼儿根据图片学唱歌曲。

1. 教师出示第一段图谱，幼儿尝试用快节奏演唱。

教师：这次我们跟着图谱用稍快的速度演唱第一段歌词。

2. 教师出示第二段图谱，幼儿尝试用慢节奏演唱。

教师：这次我们跟着图谱用稍慢的速度演唱第二段歌词。

3. 幼儿观看图谱完整地演唱。

教师：这次我们跟着图谱完整地把两段歌词连起来演唱。注意哦，第一段快速演唱，第二段慢速演唱。

4. 增加难度激发幼儿演唱的兴趣。

教师：这次我把图谱拿掉，看你们能否演唱。

四、扮演游戏。

1. 游戏规则：想扮演勤快人的小朋友站到黄颜色圈里，想扮演懒惰人的站到红颜色圈里。注意，在钢琴伴奏响起的时候，小嘴巴一定要唱起来！

2. 教师鼓励幼儿尝试体验不同的角色。

教师：这次我们再试着去体验一下刚才没有扮演的角色。（提醒幼儿快速演唱的时候一定要快速又清晰，唱到懒惰人时候一定要放慢速度）

附歌曲

勤快人与懒惰人

1=C 2/4

诙谐的

美 国 童 谣
汪爱丽　译配

| 1 2 3 4 | 5　5 | 6 7 1 6 | 5　5 |

有 些 勤 快 人　呀　　正 在 厨 房 劳 动，
有 些 懒 惰 人　呀　　正 在 厨 房 睡 觉，

| 4 4 6 4 | 3 3 5 3 | 2 2 4 2 | 1　5 |

有 的 炒 菜，　有 的 煮 饭，　有 的 正 蒸 馒 头；
他 不 炒 菜，　他 不 煮 饭，　他 也 不 蒸 馒 头；

| 4 4 6 4 | 3 3 5 3 | 2 2 4 2 | 1　1 |

有 的 炒 菜，　有 的 煮 饭，　有 的 在 蒸 馒 头。
他 不 炒 菜，　他 不 煮 饭，　他 也 不 蒸 馒 头。

活动六：我的事情我做主（社会）

活动目标

1. 学习整理自己的床铺和抽屉，能够有序地摆放各种用品。
2. 通过交流、讨论、模拟游戏等方式，能在同伴和集体面前大胆表达自己的想法。
3. 感受自己做事的成功与快乐。

活动重难点

重点：学习整理自己的床铺和抽屉。

难点：能在同伴和集体面前大胆表达自己的想法。

活动准备

经验准备：幼儿有自己收拾东西的经历。

物质准备：人手 1 床被子和 1 个抽屉。

活动过程

一、教师以谈话导入活动。

1. 教师：绘本《上面和下面》中，你最喜欢哪个角色？为什么？你愿意做什么样的人？

2. 教师小结：大家都喜欢野兔，因为他勤劳，自己的事情自己做。

二、幼儿讨论，在幼儿园的生活中有哪些事情可以自己做。

1. 教师：幼儿园一日生活中有哪些事情可以自己做？

2. 幼儿分组讨论，如何整理自己的床铺和抽屉。

教师：现在我们分组讨论，愿意讨论整理自己床铺的坐一起，愿意讨论整理自己抽屉的坐一起，讨论后，每组请一名小朋友来说说你们组讨论的结果。

3. 教师帮助幼儿将讨论结果整理记录在集体的记录单上。

4. 小结：把床单铺好，被子叠好，枕头放好，这样床铺就整洁了。为了能方便拿学具，我们应该及时整理自己的抽屉，打扫卫生，保持抽屉的整洁。

三、幼儿动手整理自己的抽屉和床铺。

教师：现在我们就分组整理自己的抽屉和床铺，整理完再交换。

四、模拟游戏："图图搬家"。

1. 教师出示"图图"娃娃。

教师：今天我们班来了一个小客人——图图，他要搬家了，他想请小朋友帮助他设计自己的房间。

2. 将幼儿分成若干组在班级较大的区域内利用半成品材料布置儿童房。

3. 小组间互相讨论欣赏、交流，评出最佳儿童房。

活动七：勤快兔子和懒惰熊（艺术）

活动目标

1. 能用自然的声音歌唱，正确地表现出歌曲的节奏，能用不同的速度、力度变化来表现懒惰熊和勤快兔子的形象。

2. 通过复习歌曲、分组合作创编歌词等方法，尝试共同演唱。

3. 愿意做一名勤快人，体验合作游戏的乐趣。

活动重难点

重点：能用不同的速度、力度变化来表现懒惰熊和勤快兔子的形象。

难点：能够根据自己的经验，进行小组合作编歌词。

活动准备

经验准备：幼儿已经观察过家长在家中做家务的情景。

物质准备：歌曲《勤快兔子和懒惰熊》的图谱。

活动过程

一、师幼共同复习歌曲《勤快人和懒惰人》。

二、幼儿根据绘本《上面和下面》自主探索创编歌词，尝试创编第一段歌词。

1. 教师：《上面和下面》故事中你最喜欢哪个角色，为什么？谁可以模仿歌曲《勤快人和懒惰人》中的歌词来说说野兔的形象？（教师出示幼儿所说的相应的图片）

2. 教师根据幼儿的创编尝试把歌词填到歌曲《勤快人和懒惰人》中，集体清唱第一段歌曲。

3. 幼儿尝试跟学歌曲两遍。

4. 教师弹奏钢琴，幼儿跟随伴奏唱歌词。

三、幼儿创编第二段歌词并演唱。

1. 教师引导幼儿回忆《上面和下面》的故事情节。

教师：野兔在田里忙着干活的时候，懒惰熊在床上做什么呢？

2. 教师鼓励幼儿大胆创编歌词并演唱新的歌曲。

教师：懒惰人在厨房不炒菜，不煮饭，不蒸馒头，想一想如何把这些编进歌里，把它唱出来。

四、教师引导幼儿用不同的力度、速度变化唱出两段歌词。

教师：歌曲中的勤快兔子、懒惰熊是怎样劳动和睡觉的？他们谁的动作快？谁的动作慢？（教师启发幼儿快快地、有精神地唱第一段，慢慢地、没精神地唱第二段）

五、表演游戏："勤快兔子和懒惰熊"。

1. 教师：谁愿意扮演勤快兔子，谁愿意扮演懒惰熊？（鼓励幼儿大胆尝试不同角色的扮演）

2. 师幼跟随音乐共同表演。

附歌曲

勤快兔子和懒惰熊

1=C 2/4
诙谐的

根据美国童谣《勤快人和懒惰人》改编
朱琳琳 歌词

```
1 2  3 4  | 5    5  | 6 7  1 6  | 5    5   |
有 些 勤 快   兔    呀    正 在  田 里    劳    动，
有 只 懒 惰   熊    呀    正 在  床 上    睡    觉，

4 4  6 4  | 3 3  5 3  | 2 2  4 2  | 1    5   |
有 的 播 种，  有 的 锄 草，  有 的 在 浇   水    呀；
他 不 播 种，  他 不 锄 草，  他 也 不 浇   水    呀；

4 4  6 4  | 3 3  5 3  | 2 2  4 2  | 1    1   ‖
有 的 播 种，  有 的 锄 草，  有 的 在 浇   水    呀。
他 不 播 种，  他 不 锄 草，  他 也 不 浇   水    呀。
```

活动八：野兔运粮（健康）

活动目标

1. 尝试运用身体上面（双手）、中间（腹部）、下面（双脚）两两合作运球。
2. 通过自主探索、游戏、比赛等形式，了解两两合作运球的方法。
3. 体验与同伴合作运球的快乐。

活动重难点

重点：尝试运用身体上、中、下不同位置合作运球。

难点：如何两两合作运用身体下面部位运球。

活动准备

经验准备：有双手两两运球的经验。

物质准备：

1. 32个篮球，2个大球筐。

2. 热身操音乐《Broke》，放松音乐《远方的寂静》。

活动过程

一、开始部分。

1. 教师以情境导入。

教师：今年野兔家的收成真好，我们一起来跳个热身操庆祝一下吧！

2. 师幼共同跳热身操。

幼儿四路纵队跟随教师跳操（头部运动、手腕运动、扩胸运动、体侧运动、腹背运动、腿部运动、脚踝运动、跳跃运动、整理运动）

二、基本部分。

1. 教师引出"野兔运萝卜"的游戏情境，幼儿自主探索运用胸口及以上部位两两合作运球的方法。

（1）教师：野兔今年收获了又大又甜的萝卜，需要我们两两合作，想办法用胸口及以上部位运萝卜，你们试试看！

（2）教师观察，寻找运用好方法的幼儿。

（3）请个别幼儿两两合作展示他们的好方法。

（4）教师小结动作要领，幼儿再次用好方法尝试练习。

教师：刚才有的小朋友用头，有的用胸口，有的用手，今天我们用手运萝卜。首先快速找到自己的伙伴，面对面站好，然后双手托球，同时迈外侧脚向前移动。

2. 玩游戏"野兔运西瓜"，幼儿自主探索用身体中间的腹部两两合作运球的方法。

（1）教师：野兔的院子里还收获了又大又圆的西瓜，这次野兔要求我们用身体中间的腹部两两合作运球，你们试试看，看谁的西瓜运得又快又稳。

（2）游戏后师幼共同讨论。

教师：你们是用什么方法又快又稳运西瓜的？

（3）幼儿再次练习。

教师：他们两两面对面，小腹夹住球，一个小朋友嘴里喊口令"1、2、1、2"，同时外面的脚向前移动。那我们一起用他们的方法来试一试吧！

3. 玩游戏"野兔运南瓜"，幼儿自主探索用身体下面部分两两合作运球。

（1）教师：野兔的院子里又收获了又大又黄的南瓜，不过这次需要我们用身体的下面部分两两合作运球，你们试一试。

（2）游戏后师幼共同讨论。

（3）教师小结，幼儿再次练习。

教师：刚才有的小朋友用大腿运球，有的用膝盖运球，有的用小腿运球，有的用双脚运球，现在我们试着两两面对面坐下，双脚夹球，双手撑地同时向前运球。

三、比赛："野兔运粮"。

1. 幼儿分成两组，比赛运粮。

教师：这次我们分成两组，每组2队面对面站好，每队8人，我们要把萝卜用身体的上面——双手去运，西瓜用身体的中间——小腹去运，南瓜用身体的下面——双脚去运，最先完成的一组为胜。

2. 教师小结，幼儿再次玩游戏。

教师：为什么他们的队又快又稳，因为他们两两合作默契，运球的时候眼睛看着对方，嘴里喊着口令，夹球的时候身体靠紧，让我们用他们的方法再试一试。

四、结束部分。

1. 幼儿随音乐做放松操，调整呼吸，重点进行手臂、腹部和腿部的拉伸。

2. 教师点评，幼儿合作收拾器材，离开场地。

附热身操音乐《Broke》网址

http://music.baidu.com/song/7384585

附放松音乐《远方的寂静》网址

http://music.baidu.com/song/s/9207ff6b14d0857e7c0a8

活动九：上面和下面（综合）

活动目标

1. 进一步熟悉和理解绘本《上面和下面》的故事内容，了解故事的主要情节。

2. 会区分故事中不同的情节内容，知道其先后顺序，并能通过绘画表现出来，制作成连环画。

3. 与同伴协商，在分工与合作的基础上共同完成任务。

活动重难点

重点：能够用绘画的方式表现故事内容。

难点：在与同伴分工合作的基础上完成连环画的制作。

活动准备

经验准备：幼儿已熟悉《上面和下面》的故事内容。

物质准备：白纸裁成 32 开，纸张数量是幼儿人数的 7 倍，水彩笔，订书机，连环画，动物图片。

活动过程

一、幼儿回忆故事《上面和下面》的主要情节。

1. 教师带领幼儿再次欣赏故事《上面和下面》。

2. 教师：故事里面有谁？兔子和熊之间发生了什么？

3. 师幼小结：兔爸爸因为和乌龟打赌输了房子又输地，没吃没喝饿肚皮，他想了一个好办法，和大熊合伙来种地，大熊是要上面还是下面呢？大熊每一次的决定都不一样。因此发生了一些好玩的事情。

二、师幼讨论：怎样制作连环画。

1. 教师：小朋友知道什么是连环画吗？（连环画就是一张张连续的画面，构成一个完整的故事，按顺序装订起来）

2. 连环画的制作方法。

（1）画故事，每张纸画一个故事情节，有几个情节就画几张纸。

（2）把画好的故事内容按照先后顺序排列并写上页码。

（3）装饰封面。将故事的名字《上面和下面》写在封面上，让别人一看就知道这本连环画讲的是什么故事。

（4）装订：请把封面放在最上面，然后按照页码的顺序一页一页摆好，最后把封底放在最下面，左右上下对齐之后用订书机按一侧装订好。

三、请幼儿欣赏图画书，边思考边讨论绘画方法。

1. 教师：这么长的故事我们可以怎么画？（小组合作）小组合作时怎么分工？一共要画几张？有哪几张？

2. 教师播放故事，幼儿绘画并制作连环画，教师巡回指导，及时给予帮助。

（1）教师注意提醒幼儿根据情节的发展画出完整的故事。

（2）鼓励幼儿与同伴分工合作完成任务。

四、幼儿之间互相欣赏、交流各组制作的连环画。

活动十：种子观察记录（科学）

活动目标

1. 收集各种各样的种子，了解种子的外部形态及特征。
2. 通过连续观察一种种子的生长变化，记录该种子生长变化的显著特征。
3. 喜欢连续观察植物的变化，乐意记录。

活动重难点

重点：能连续观察并记录种子生长变化的显著特征。

难点：将种子的主要特征和变化准确地记录下来。

活动准备

经验准备：幼儿在幼儿园的种植区和教师共同种植过植物。

物质准备：观察记录表，勾线笔，水彩笔等。

活动过程

一、导入活动。

教师（出示图片）：小朋友都欣赏过了故事《上面和下面》，在故事中，野兔种了哪些好吃的蔬菜呢？

二、幼儿认识各类蔬菜种子。

1. 认识萝卜、胡萝卜的种子。

教师：你们认识这是什么的种子？它长得什么样？

2. 认识莴苣、芹菜的种子。

3. 认识玉米的种子。

三、师幼共同讨论如何做观察记录。

1. 教师：在我们的种植区，也播撒了萝卜、玉米等植物的种子，你们发现它们种植的时候和现在有什么变化吗？

    2. 怎样把看到的变化记录下来呢？

    3. 教师出示过去大班幼儿做的观察记录。

    4. 师幼共同讨论如何做观察记录。

教师：你觉得怎样才能把它的变化记录下来呢？

教师引导幼儿每天观察种子的变化并记录。

四、选定对象，观察变化：从整体到局部。

1. 教师：我们该注意哪些内容呢？（记录看到的样子）

2. 幼儿观察记录，教师巡回观察指导。

3. 相互交流欣赏各自的观察记录。

附表格

观察记录表

种植前	种植后变化					

活动十一：种瓜点豆（科学）

活动目标

1. 了解一些常见的种植方法（点种、撒种、移栽），知道春天是播种的季节。

2. 通过观察图片、小组交流和问答的方式，初步了解如何照顾植物以及该做法的原因。

3. 对种植活动感兴趣。

活动重难点

重点：了解常见的种植方法（点种、撒种、移栽），知道春天是播种的季节。

难点：了解如何照顾植物以及该做法的原因。

活动准备

经验准备：幼儿具有一定的种植经验，已经在自然角种了自己的植物。

物质准备：种植方法的图片，照顾植物的图片。

活动过程

一、通过讨论，激发幼儿的兴趣。

教师：你们在自然角种了哪些植物？你是用什么方法种的？你知道什么季节种这些植物吗？

二、幼儿通过图片了解播种方法。

1. 教师：刚才你们讲到自己用的方法，你们看到过农民伯伯怎么播种的吗？你们知道那是什么播种方法吗？

2. 教师在幼儿讲到哪种播种方法时，就出示该播种方法的图片。（如果幼儿说不出，就出示相应的图片，请幼儿说出自己从图片中看到农民伯伯是怎么做的。点种：先挖好一个个坑，然后把种子种在坑里，最后盖上土；撒种：直接把种子撒在土里；移栽：把苗移到土里栽种。）

三、教师小结：如何照顾植物。

1. 教师：播种之后，我们该如何照顾它呢？（浇水、锄杂草、施肥、松土等）

2. 为什么要这么做呢？（浇水：给植物补充水分，不能太多，也不能太少，要适量；锄杂草：杂草生长需要养分，会抢夺植物的营养；施肥：给植物补充营养；松土：植物的根需要空气；阳光：植物还需要阳光才能茁壮成长）

四、幼儿照顾植物并做相应记录。

教师：我们来给自己的植物松松土，浇浇水，记录下它们的变化吧。

附表格

自然角观察记录表

记录人：　　　　　记录时间：

植物名称	我的发现

活动十二：制作桌偶（艺术）

活动目标

1. 了解不同的偶的使用方法，知道桌偶可以用来表演。
2. 尝试在欣赏的过程中能通过观察、想象、剪贴、绘画等方式制作桌偶。
3. 享受制作偶的过程，感受偶带给大家的快乐。

活动重难点

重点：欣赏各种各样的偶，了解不同的偶的使用方法。

难点：在欣赏的过程中能通过观察、想象、剪贴、绘画等方式制作桌偶。

活动准备

经验准备：幼儿观看过桌偶表演。

物质准备：卷纸筒，泡沫球，多种毛线，油画棒，勾线笔，布，毛根等。

活动过程

一、欣赏各种偶，激发幼儿的兴趣。

教师：我们收集了这么多偶！请你们一起来看一看，你喜欢哪一个偶？你喜欢的偶是怎么做的？

二、幼儿观看偶戏表演《上面和下面》。

教师：今天老师也带来了一段好看的偶戏表演《上面和下面》。

三、幼儿观察讨论制作桌偶的方法。

1. 教师：刚才你们看到这么多的偶，你们知道桌偶是怎么做的吗？

2. 教师：做桌偶需要使用哪些材料呢？

3. 总结：我们可以用卷纸筒做偶的身体，用压花器压出偶身上漂亮的花纹，用各种各样的布做出漂亮的衣服，我们还可以用毛线做出偶的头发，用毛根做出偶手部和脚部的各种造型的动作。

四、幼儿制作，教师指导。

1. 幼儿尝试制作自己喜欢的桌偶。

2. 教师重点指导启发幼儿大胆创作，引导幼儿装饰自己的偶。

五、展示幼儿的作品。

1. 小组之间互相介绍自己制作的桌偶。

2. 将幼儿制作的桌偶展示在语言区。

活动十三：萝卜有多高（科学）

活动目标

　　1. 初步尝试用自然测量的方法，感知测量工具与测量结果之间的关系。

　　2. 使用不同的材料来测量萝卜的高度，并正确地记录结果。

　　3. 能与同伴互相合作，共同完成测量。

活动重难点

　　重点：尝试用自然测量的方法，感知测量工具与测量结果之间的关系。

　　难点：正确记录结果，用较清楚的语言表达测量的过程和结果。

活动准备

　　经验准备：幼儿有用直尺测量的经验。

　　物质准备：毛线，吸管，筷子，火柴棒等，自然角种植的萝卜，观察记录表。

活动过程

　　一、教师出示种植的萝卜和观察记录表，幼儿讨论测量的方法。

　　1. 教师：这是什么呢？你们发现萝卜有变化吗？你们从观察记录表中能看出来吗？如果我们每次要记录得准确，可以采用什么方法？（引导幼儿迁移已有经验，知道可以通过测量高度来准确记录）

　　2. 教师：怎样才能知道我们的萝卜有多高呢？

　　3. 教师：今天老师带来了一张卡纸，大家想想用卡纸怎样测量萝卜有多高。

　　（1）幼儿讨论：测量工具和测量注意事项。

　　教师：什么材料和工具可以测量出萝卜的高度呢？（鼓励幼儿大胆运用班级里已有的材料）

　　（2）教师出示记录单，幼儿记录测量结果。

教师：我们怎么样将测量的结果准确地记录下来呢？

二、幼儿操作，分组测量。

幼儿分组选择测量工具来测量萝卜，并现场记录萝卜的高度。

三、幼儿感知测量工具与测量结果之间的关系。

1. 教师：刚才我们测量的都是萝卜，为什么我们的结果不一样呢？（引导幼儿观察、比较白板上大家的记录单，感知测量工具的长短与测量结果之间的关系）

2. 师幼小结：测量同一种物体时，测量工具长的，记录的数字就小；测量工具短的，记录的数字就大。

附表格

萝卜有多高

测量工具				
高度				

活动十四：大熊和野兔（艺术）

活动目标

1. 感知歌曲的 ABA 结构，以及 A 段的活泼，B 段的优美。
2. 通过倾听故事、欣赏音乐等方法，尝试能在句末合作创编双人造型。
3. 享受与同伴合作的乐趣。

活动重难点

重点：感知歌曲 ABA 的结构。

难点：能在句末和同伴合作创编双人造型。

活动准备

经验准备：

1. 幼儿有种瓜点豆的经验。

2. 幼儿有单人舞蹈造型的基础。

物质准备：音乐磁带，录音机，野兔头饰。

活动过程

一、幼儿倾听教师讲述故事，进入情境。

1. 教师：今天我要讲一个好听的故事，在卡普里岛上有一块土地，有一群勤恳的野兔在土地上播种、浇水、锄草、松土，到了丰收的季节，播种的植物长出了各种造型。

2. 幼儿边听音乐边看教师表演，初步了解乐曲的结构。

二、幼儿再次完整倾听音乐，感受歌曲 ABA 结构。

1. 教师：你在音乐中听到了什么？音乐有什么相同的地方？谁能听出有几段不同的节奏型？

2. 教师：A 段音乐感觉是怎样的？ B 段音乐感觉又是怎么样的？

三、幼儿根据音乐不同分段创编简单的动作，跟随音乐游戏。

1. 幼儿听 A 段音乐，表现野兔在田里干活的动作。

教师：A 段音乐开始的时候，野兔在田里干了哪些活？（播种、浇水、锄草、松土）谁能按照劳作的顺序完整地跟着音乐表演？

2. 幼儿听 B 段音乐，做双人造型动作。

教师：野兔发现播种的植物都长大了，长成了各种造型，你们想想看有哪些造型呢？植物为什么会生长呢？（鼓励幼儿做双人造型动作）

四、完整玩游戏，教师鼓励幼儿与同伴迅速协调做造型。

附歌谱

卡布里岛

1=F 2/2

[奥.美]W.格罗兹 曲

A段

$0\ \underline{5}\ 1\ 3\ \|:5\ \underline{56}\ 5\ \underline{43}\ |\ 5\ 5\ \underline{05\dot{1}3}\ |\ 5\ \underline{56}\ 5\ \underline{43}\ |\ 4\ -\ \underline{05\dot{7}2}\ |$

$4\ \underline{45}\ 4\ \underline{32}\ |\ 4\ 4\ 0\ \underline{54}\ |\ 3\ \underline{21}\ 2\ \underline{17}\ |\ 1\ -\ \underline{05\dot{1}3}\ |\ 5\ \underline{56}\ 5\ \underline{43}\ |$

$5\ 5\ \underline{05\dot{1}3}\ |\ 5\ \underline{56}\ 5\ \underline{43}\ |\ 4\ -\ \underline{05\dot{7}2}\ |\ 4\ \underline{45}\ 4\ \underline{32}\ |\ 4\ 4\ 0\ \underline{54}\ |$

B段

$3\ \underline{21}\ 2\ \underline{17}\ |\ 1\ -\ -\ 0\ |\ \underline{6112}\ 1\cdot\underline{6}\ |\ \dot{5}\ 3\ -\ 0\ |\ \underline{5223}\ 2\ \underline{21}\ |$

$3\ -\ -\ -\ |\ \underline{6112}\ 1\cdot\underline{6}\ |\ \dot{5}\ 3\ -\ 0\ |\ \underline{1112}\ 3\ \underline{21}\ |\ 2\ -\ \underline{05\dot{1}3}\ |$

A段

$5\ \underline{56}\ 5\ \underline{43}\ |\ 5\ 5\ \underline{05\dot{1}3}\ |\ 5\ \underline{56}\ 5\ \underline{43}\ |\ 4\ -\ \underline{05\dot{7}2}\ |\ 4\ \underline{45}\ 4\ \underline{32}\ |$

$4\ 4\ 0\ \underline{54}\ |\ 3\ \underline{21}\ 2\ \underline{17}\ |\ 1\ -\ \underline{05\dot{1}3}\ :\|\ 1\ -\ -\ 0\ :\|$

动作

A段　　野兔在土地里播种、浇水、锄草、松土。

B段　　幼儿寻找同伴，结伴做双人造型。

A段　　再次做锄草、浇水、播种、松土动作。

活动十五：我的表演计划书（社会）

活动目标

　　1. 学习有计划、有条理地设计表演活动的开展思路。

　　2. 通过回忆故事、讨论、制作道具等方式，尝试接纳他人的建议，有不同意见时会与同伴商量解决。

　　3. 体验与同伴共同计划的快乐。

活动重难点

　　重点：学习有计划、有条理地设计表演活动的开展思路。

　　难点：能接纳他人的建议，有不同意见时会与同伴商量解决。

活动准备

　　经验准备：幼儿熟悉故事《上面和下面》。

　　物质准备：纸和笔。

活动过程

　　一、教师带领幼儿回忆故事《上面和下面》。

　　教师：《上面和下面》故事中你喜欢哪个角色？为什么？如果我们在舞台上表演这个故事，你会怎么演？（教师可以请小朋友上来表演兔子、熊的故事情景。如兔子种菜等）

　　二、幼儿讨论表演的准备工作。

　　1. 教师：请小朋友讲讲表演这个故事需要做些什么准备工作？那我们怎样安排这些事情？请幼儿自由回答。

　　2. 教师提醒：要准备什么——活动用的道具、音乐，还有服装。

　　三、幼儿制作表演计划书。

1. 幼儿分组讨论如何制订计划书。

教师：计划书的名称，表演的时间，需要哪些材料，故事里有哪些人物以及他们的职责是什么，怎样才能一步一步地实现。

2. 幼儿分组合作制订计划书。

教师鼓励幼儿商量讨论，并以小组为单位，用自己认为合适的方式制订表演计划。

四、幼儿分组初步尝试绘本表演《上面和下面》。

教师：小朋友们，请根据刚才你们小组制订的计划尝试着表演绘本剧《上面和下面》。

五、区域活动

图书区

上面和下面

材料准备（见图 4-8-1）

勾线笔，白纸，油画棒，水彩笔，回形针，打孔机等。

图 4-8-1

操作要点

1. 尝试将纸的上方用打孔机打好孔，用回形针装订好。
2. 在自制的小书上自由创作小故事。
3. 将自制的小书与同伴共同分享。

制作《上面和下面》蔬菜书

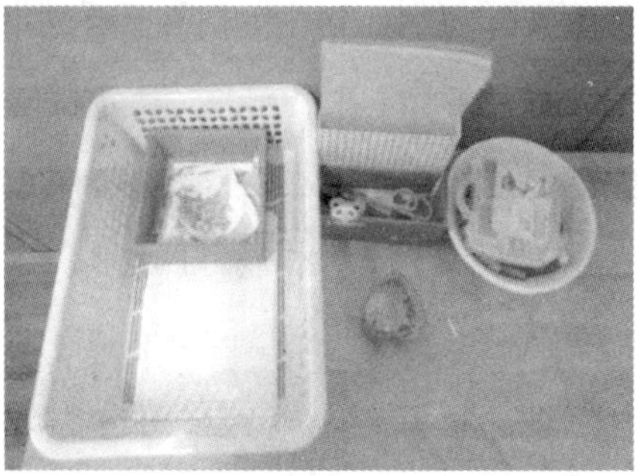

材料准备（见图 4-8-2）

1. 多种蔬菜的图片。

2. 纸，油画棒，回形针等。

操作要点

1. 尝试将纸的上方用打孔机打好孔，用线绳或回形针装订好。

2. 在自制的小书上利用提供的蔬菜图片绘画创作。

3. 将自制的小书与同伴共同分享。

图 4-8-2

美工区

漂亮的房子

材料准备（见图 4-8-3）

湿的海绵，各种房子的图片，剪刀，勾线笔。

操作要点

1. 选择各种颜色的"魔法"玉米进行连接。

2. 设计出不同的房子造型。

图 4-8-3

好吃的蔬菜

材料准备（见图 4-8-4）

    1. 超轻黏土制作的蔬菜展板。

    2. 超轻黏土，泥工板。

操作要点

    1. 幼儿尝试选择不同的超轻黏土设计制作蔬菜造型。

    2. 掌握蔬菜的外部特征，设计造型。

    3. 将设计的各种蔬菜放在美工区进行展示。

图 4-8-4

科学区

"我"有多高？

材料准备

    1. 自然角的植物。

    2. 记录单，回形针，小纸条，毛线，吸管，笔等。（见图 4-8-5）

操作要点

    1. 幼儿自由选择自然角的植物。

    2. 运用不同的材料测量所选植物的高度。

    3. 将测量的结果正确地记录在表格中。

图 4-8-5

> 扮演区

绘本剧表演《上面和下面》

材料准备

1. 亲子共同制作的大熊、野兔、萝卜、樱桃萝卜、甜菜根、莴苣、花椰菜、芹菜、玉米服装。（见图4-8-6）

图4-8-6

2. 故事录音，播放器，钢琴，场景音乐《动物狂欢节》《狮王进行曲》《丰收锣鼓》。

操作要点

按故事的情节，有序地表演绘本故事《上面和下面》。

附剧本

场景一：大熊与野兔对话。

场景二：音乐起，幼儿用身体动作表现胡萝卜、樱桃萝卜、甜菜根的生长过程。

场景三：丰收的音乐起，幼儿通过道具和身体语言表现野兔收获着长在地面下的果实胡萝卜、樱桃萝卜、甜菜根，把长在地面上的不能吃的叶子给了大熊。

场景四：音乐起，幼儿用身体动作表现莴苣、花椰菜和芹菜的生长过程。

场景五：丰收的音乐起，幼儿通过道具和身体语言表现野兔收获着长在地面上的果实莴苣、花椰菜和芹菜，把长在地面下的不能吃的根给了大熊。

场景六：音乐起，幼儿用身体动作表现玉米的生长过程。

场景七：丰收的音乐起，幼儿通过道具和身体语言表现野兔收获着长在中间的果实玉米，把长在地面上的不能吃的根给了大熊。

场景八：大熊自己丰衣足食种起了庄稼，最后和野兔成了好朋友，大家集体跳舞庆祝。

六、环境创设

《指南》中说道:"环境是重要的教育资源,应通过环境的创设和利用,有效地促进幼儿的发展。"根据本班幼儿年龄段的特点,在绘本《上面和下面》主题活动中我们大胆地将环境布置交给幼儿,鼓励他们大胆地参与活动,引导、鼓励、支持幼儿尝试分组、讨论、合作挑选出自己感兴趣且有代表性的作品布置主题墙,如:"图书漂流自主选择"主题菜单中,小朋友们根据角色分小组探索与讨论(见图4-8-7);"各种各样的种子"环境中鼓励幼儿搜集不同种子(见图4-8-8);主题区域中展示幼儿自制的书签(见图4-8-9);主题教

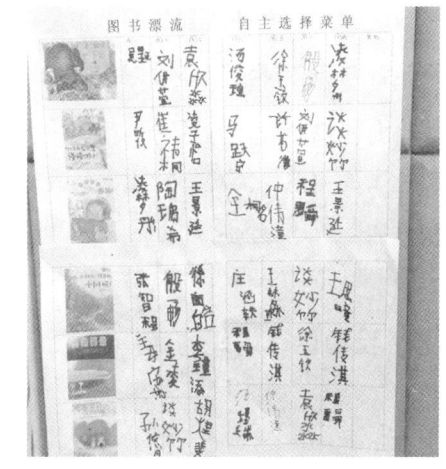

图 4-8-7

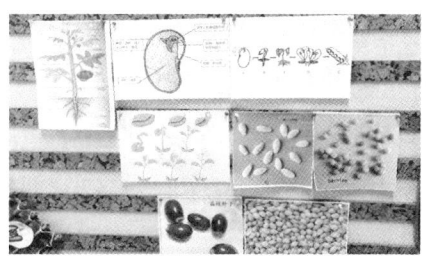

图 4-8-8

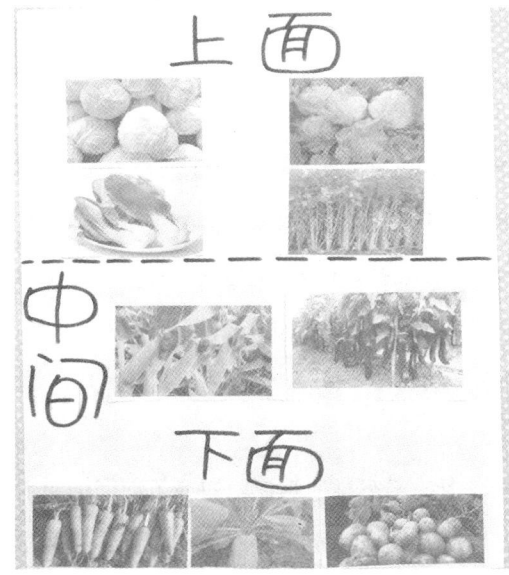

图 4-8-10

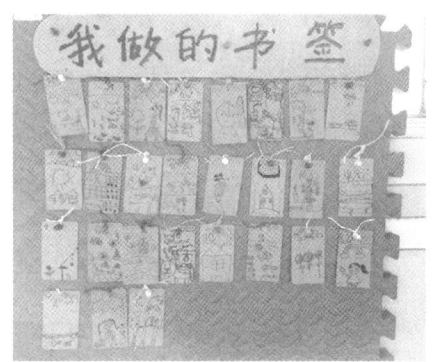

图 4-8-9

学后展示由幼儿搜集到的展示植物上面、中间、下面的图片（见图 4-8-10）；师幼共同设计与布置环境。环境创设中我们还利用活动中拍摄的照片唤醒教师、幼儿间的共鸣，有时教师还会用文字标注简单的注解，这种跟随幼儿主体性、跟随主题进行而丰富起来的主题墙能更好地引起幼儿的持续关注和讨论，对主题活动的开展起到了支持的作用。

七、我和爸爸妈妈的话

小张：

我最喜欢的角色是野兔，聪明又勤劳。不能像大熊那样想着不劳而获，如果他爸爸留给他的财产用光了，他就会一无所有，做个流浪汉了（妈妈告诉我，这叫坐吃山空）。通过这个故事，我还认识了不同蔬菜可以食用的部位。爸爸说："如果你是野兔，你很聪明，你可不可以不用欺骗的方法来和大熊合作呢？"我说："方法一是我可以借用大熊的地，耕种，收获，然后用他的钱，帮他买菜。方法二是我用大熊的地耕种，然后把收成的三分之一分给他。方法三是我可以和大熊合作，我来耕种，他灌溉，我们平分收成。"

琳琳：

"这个故事读完后你有什么收获啊？""我发现了野兔虽然很精明但还是会闯祸！"琳琳回答。"你说得很对，不管是谁都会犯错的，但重要的是错了会不会改正！那你还有没有别的收获呢？""还有就是不管是谁都不能懒惰，懒惰就会一无所获！我们不能学习大熊，一天接着一天睡他的大头觉，不然就收获不到食物，就没有吃的了！"

图图：

"这本书看完你收获了什么？""我知道了好多关于蔬菜的知识，知道了它们的果实会长在哪，哪个部分能吃，哪个部分不能吃！""宝贝，你学到了很多新知识，也懂得了人要勤劳不能懒惰的道理，还要不断地学习新知识、新本领，这样才能完成自己的理想，宝贝，你的理想是什么啊？"图图说："我长大了要像我们班老师一样，当一个好老师！""宝贝，那你就要从现在开始，不断努力，学习到的东西要用上，比如说，这个故事让你学会了勤劳不懒惰，那你就要做一个勤劳的好榜样，不管在家里，还是在外面都要不懒惰！""好的，妈妈，我会做到的！"

方案九：大班绘本主题活动"狼和七只小羊"

一、心动之源

狼和羊是小朋友们熟悉的故事角色，《狼和七只小羊》讲述了这样一个故事：羊妈妈出门去寻找食物，嘱咐七只小羊在家里千万不能给狼开门，狼趁羊妈妈不在，一次次地利用小羊认识的局限性骗小羊开门，开始时小羊还能找出狼的破绽拒绝开门，可是在小羊一次次的拒绝中，狼也提高了自己的欺骗性，天真的小羊在狼一次次更加狡猾地欺骗后最终相信了狼，引狼入室的小羊受到了伤害。最终，临危不乱勇敢机智的羊妈妈和小羊想出了绝妙的方法惩治了坏狼，挽救了小羊。《狼和七只小羊》虽然说的是动物的故事，但是它的现实意义依然能带给幼儿深深的启发。

在此主题教学中，我们以幼儿喜欢的绘本《狼和七只小羊》为引导，通过故事、绘画、音乐表演等一系列与狼和羊相关的活动，让每个幼儿在既有变化又有关联的活动中不断积淀、丰富自己的生活经验，增强阅读理解和表达能力，同时，通过家长参与的亲子绘本表演，提高幼儿的创造、合作、表现等能力，满足幼儿的艺术再创造愿望。

二、主题总目标

1. 能专注地阅读图书，并能在反复阅读中不断汲取经验，能清楚地表达自己的想法和体会。能和爸爸、妈妈分享自己的阅读心得，并能用自己的方式参与记录。

2. 了解狼的外表特征及生活习性，能用完整连贯的语言讲述，通过观察狼的图片以及教师、同伴的介绍，了解更多狼的特性。

3. 通过阅读绘本及对周围生活的关注和了解，学习与人友好相处，既要建立积极健康的人际关系，同时也要增强安全意识保护自己。

4. 在教师的引导帮助下，尝试运用剪、贴、绘画、寻找替代物等方法制作故事表演中的道具，增强动手能力。

5. 在学习歌曲的基础上，能尝试用不同的声音、动作生动地表现歌曲内容。积极与同伴合作表演，能根据图书的描述理解、表现自己的角色。在表演中大胆使用道具、动作、表情等进行艺术的再创造。

6. 在各项活动中养成认真探索、大胆尝试、积极表达的良好习惯和友好合作、积极配合的团结精神。

三、主题开展网络图

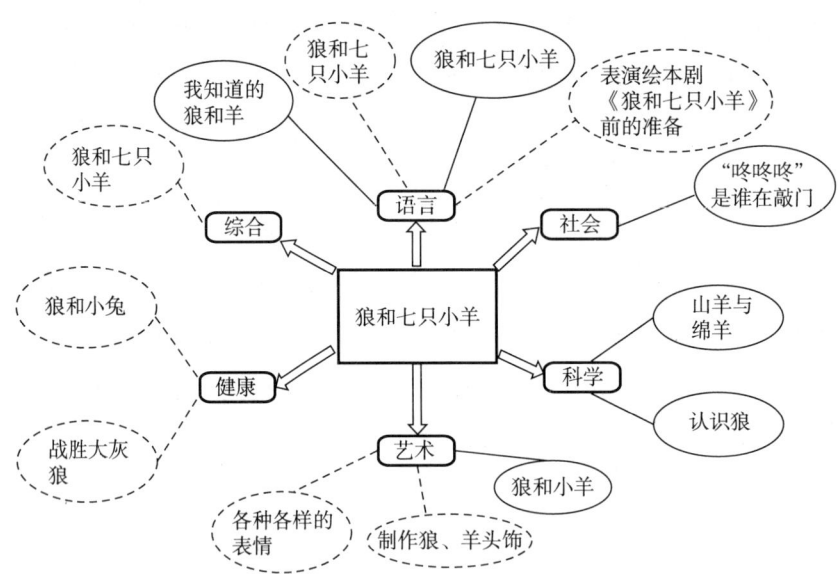

备注：预成活动为实线框，生成活动为虚线框。

四、集体活动

活动一：狼和七只小羊（语言）

活动目标

　　1. 感知、理解绘本的主要内容，理解绘本人物角色。

　　2. 通过谈话、讨论理解作品，尝试有表情地表演狼和小羊的对话。

　　3. 在集体阅读中感受分享阅读经验的快乐。

活动重难点

　　重点：理解故事内容，知道小羊为什么会上当，并能用语言表述出来。

　　难点：有表情地表演狼和小羊的对话。

活动准备

　　经验准备：幼儿了解绘本的文字是和图相关的。

　　物质准备：投影仪，《狼和七只小羊》绘本，字卡"狼""羊"，配乐故事《狼和七只小羊》。

活动过程

　　一、教师出示绘本，引出绘本的主角"狼""羊"。

　　1. 教师出示绘本引导幼儿观察：请小朋友看看这本书的封面上有什么？你们能不能从封面上猜出来这本书说了一件什么事情？你们怎么知道故事里有狼？（鼓励幼儿将观察到的画面进行合理联想并表达）

　　2. 幼儿讲述，教师在幼儿说的同时出示汉字"狼"或"羊"：这本绘本说的是狼和羊的故事。

二、幼儿自主阅读绘本。

教师：在这本绘本里狼和羊之间到底发生了怎样的故事呢？幼儿自主阅读故事内容。

三、教师带领幼儿共同阅读，通过提问帮助幼儿进一步理解故事内容。

教师和幼儿共同阅读绘本。

（1）教师：羊妈妈有几个孩子？有一天她要出门的时候对小羊说了什么话？她为什么会这样叮嘱小羊？

（2）教师：狼来敲门，它对小羊说了哪些话？小羊又是怎么回答的？

（3）教师：狼为了让小羊相信自己去做了哪些事情？

（4）教师：小羊为什么这次相信了狼？

（5）教师：羊妈妈发现小羊们不见了，她是怎样的心情？她和小羊怎样惩罚了狼？

（6）教师：看了这个故事，你有什么想法？

四、教师利用投影仪再次呈现绘本的部分画面，幼儿尝试有表情地表演狼和小羊的对话。

1. 教师：这个故事主要讲了狼欺骗小羊的事情。我们一起来回忆一下狼敲了几次门？每次敲门时狼说了哪些话？小羊又是怎么回答的？

2. 教师：狼在骗小羊的时候他做了哪些变化？请幼儿模仿狼和小羊的几次对话。

3. 在对话中引导幼儿逐步通过声音、表情、动作等的改变体验狼和羊的改变。狼越来越像羊妈妈，小羊则由开始的警惕性很高，到慢慢地信任狼上了当。

五、幼儿自由翻阅图书，欣赏配乐故事录音《狼和七只小羊》。

教师：刚才小朋友们把狼和小羊之间的对话表演得让我们仿佛亲眼看到了他们。老师今天也带来了由艺术家们集体演绎的故事《狼和七只小羊》，请大家一起来欣赏。

幼儿可以跟着一起讲述。

活动二：我知道的狼和羊（语言）

活动目标

1. 大胆地在集体面前介绍自己的知识经验，语言表达清晰完整。

2. 在注意倾听同伴讲述的过程中，吸取新经验并学习运用新经验讲述。

3. 在游戏中感受狼的凶狠，练习快速结伴对抗狼，感受战胜狼的快乐。

活动重难点

重点：能用语言完整连贯地讲述。

难点：了解狼和羊的特点并能准确地表达出来。

活动准备

经验准备：幼儿对狼和羊的特性有一定的了解。

物质准备：狼和羊的图片，乐曲《我是一只大野狼》。

活动过程

一、教师以谜语引出本次活动的话题。

1. 教师：今天老师带来一首谜语请小朋友猜一猜，请仔细听清楚谜面说的内容。一物像狗又像狐，土灰衣服尾巴粗，会在山上把人咬，溜进羊圈把那羊儿吃下肚。

2. 幼儿猜谜语。

3. 教师针对幼儿的回答回应：你怎么知道是大灰狼的？

4. 幼儿根据自己的经验讲述听到的谜面与自己认识到的狼的特点的联系。

5. 教师提问：你们了解大灰狼吗？它有什么特点？

幼儿谈谈自己了解的狼的生活习性，说说它的食性、居处、长相、叫声等特点。

6. 教师出示准备好的图片小结幼儿讲述的内容。

二、教师鼓励幼儿运用已有经验谈谈对羊的认识。

1. 教师引导幼儿模仿狼的谜语编个羊的谜语。

教师：刚才老师说了个关于狼的谜语，小朋友很快就猜出来是狼了，原因是谜面听着像狼所以猜出来了。那你们了解羊吗？它有什么样的特点？谁能编个羊的谜语？幼儿模仿编谜语。

2. 幼儿讲述编的谜语。

3. 教师和幼儿共同小结羊的特点。

4. 幼儿较详细完整地描述羊。

三、教师假设情境鼓励幼儿大胆讲述。

1. 教师：如果有一天狼和羊遇到了会发生什么事？怎么会是这样的？

教师鼓励幼儿大胆表达自己的想法。

2. 教师鼓励幼儿发表不同的意见或者质疑同伴的想法。

四、玩游戏"狼和羊"。

1. 教师和幼儿一起制定游戏规则。

小羊分散在草地上吃草、散步，在音乐的暗示下（教师可放慢节奏）狼出现。这时，幼儿要快速找到两个以上朋友手拉手，这样狼就不能抓有朋友的羊了。狼再找其他羊，狼走后，羊可松开手继续活动。

2. 幼儿游戏。

附乐曲

我是一只大野狼

选自《小歌星精选歌曲》

1=D 2/4

[1] 1. 1 6 5 | 1 6 1 2 3 | [3] 5. 6 5 3 | 2 — |
我 是 一 只 大 野 狼， 吃 兔 又 吃 羊，

[5] 3. 4 5 5 | 3 2 1 6 5 | [7] 6 5 1 3 2 | 1 — ||
假 如 山 中 没 有 老 虎， 我 就 是 山 大 王。

活动三：认识狼（科学）

活动目标

1. 了解狼的外表特征以及生活习性，能用完整连贯准确的语言讲述。
2. 通过观察狼的图片以及教师和同伴的分享，了解更多狼的特性。
3. 了解狼的生活状态并对生命产生敬畏之心。

活动重难点

重点：通过活动逐渐了解狼，同时萌发出敬畏自然和生命的情感。

难点：从狼与自然的关系中了解人们应该怎样对待狼。

活动准备

经验准备：幼儿知道狼的一些基本特性。

物质准备：狼及狼生活环境的图片若干、视频。

活动过程

一、幼儿谈谈对狼的认识和了解。

教师简单回顾前几次开展的有关狼的活动。

教师：你们认识狼吗？它长得什么样？它是一种什么样的动物？

二、教师出示狼的图片，观察狼的基本外形特征。

1. 教师引导幼儿观察：狼长得什么样子？（细细的眼睛向上，瘦瘦尖尖的脸，黄灰色的毛，脸颊上有白斑等）引导幼儿从上往下、整体和局部相结合观察。

2. 教师：看到狼你有什么样的感觉？为什么？

三、幼儿观看狼生活环境的视频，了解狼的特性。

1. 幼儿观看视频。

2. 教师通过提问帮助幼儿了解狼的特性。

教师：狼住在哪里？（山洞里）它通常在哪里活动？（根据幼儿回答出示图片，沙漠中、雪地里、草原、树林里等）狼喜欢吃什么？（小动物）它们喜欢单个出去活动还是和它的朋友们一起？狼有什么样的性格？

3. 教师小结狼的一些特征。

四、幼儿了解狼凶狠的原因以及特性。

教师：你们知道狼为什么这么凶狠残忍吗？（狼是原始森林里存活下来的一种动物，非常勇敢，它生活的地方处处都有危险，一不小心就很可能被猎人开枪抓走，或者被其他的食肉动物吃掉。所以它必须时刻小心，为了活命，它们必须捕杀其他的小动物来填饱肚子。几乎每一只狼的身上都有伤疤，有的是小时候玩的时候不小心弄伤的，但是更多的是它们与别的动物搏斗的时候留下来的，是勇猛的标志）

五、幼儿讨论：我们应该怎样对待狼？

1. 教师提问引发幼儿思考。

教师：狼既然那么凶残，我们和许多小动物一样那么怕它，那我们应该怎么对待它？为什么？

2. 教师将幼儿说的不同的意见做记录。

3. 听听科学家是怎么说的，拓宽幼儿的认知。

狼和人一样都是大自然的一份子，它们的生命应该得到保护和尊重。食肉动物可以维持食物链的平衡，如果大肆捕杀狼，狼的数量急剧下降，食草动物的数量就会增长得很快，草原上的草很快就会被吃光，土地失去了草的保护，最终会导致土地荒漠化，动物也会绝迹。

六、"狼羊草"游戏。

玩法：幼儿两两自愿组合，共同选择三个动作分别表示狼、羊、草。开始游戏时两个幼儿面对面站立，共同念：狼、羊、草，念完最后一个字时，自己选择刚才约定的一个动作，两人比较。赢的规则是狼吃羊、羊吃草、草限制狼。

信息小贴士

　　狼是犬科中体型最大者，外形似狼犬，四肢矫健，适于奔跑；颚部略尖；耳廓直竖；尾毛长而蓬松。身体一般为浅黄、暗黄、灰棕和浅灰色，但以后两种毛色居多。狼通常活动在沙漠中、雪地里、草原里、树林里等。它住在洞穴里，有时会自己挖洞，有时也会抢占其他动物的洞穴。狼通常在夜里活动，是群居动物，有时也会单独活动。狼在冬季常集群活动，夏季则喜欢小家庭生活。狼性情凶残，吃比它们小的动物，主要捕食野兔、鹿类、各种野羊等。

活动四：狼和小兔（健康）

活动目标

　　1. 练习双脚立定跳远，掌握动作要领：用力蹬地，起跳落地要稳。
　　2. 熟悉游戏的规则，能连贯地完成动作并乐于挑战新的难度。
　　3. 在游戏中培养勇敢、坚持等品质，并从中获得快乐。

活动重难点

　　重点：掌握动作要领，在游戏中练习立定跳远。
　　难点：能连贯地完成动作。

活动准备

　　经验准备：幼儿能双脚并拢往前跳。
　　物质准备：
　　1. 活动音乐《兔子舞》。
　　2. 大灰狼胸饰2个，兔妈妈胸饰1个，长绳2根，蘑菇图片若干，篮子若干等。
　　3. 场地一边布置小兔的家，一条用两根线拉成的水沟，场地的另一边布置一个大灰狼的家。

活动过程

一、准备活动。

教师（出示兔子头饰）：今天天气真好，兔妈妈要带我的小兔子们出去采蘑菇，你们开心吗？那我们就一起开心地跳个兔子舞吧。（播放音乐，教师带领幼儿跳兔子舞活动全身）

二、幼儿观察场地，清楚活动的内容和要求，练习双脚立定跳远。

1. 教师：孩子们你们看，我们要去采蘑菇，可是通往蘑菇地的路上有一条小河，你们要怎么样才能越过小河呢？

请幼儿说一说，做一做。

2. 请个别幼儿示范越过小河。

（1）教师：有几位小朋友是先跑几步再跨过小河的，这是我们以前学过的助跑跨跳。再看看这几位小朋友是怎么过小河的。（请双脚并拢跳过小河的幼儿示范）

（2）教师：这只小兔子是怎么过小河的？

（3）幼儿讲述，教师小结：像这位小兔子一样两脚并拢跳过去的方法就是双脚立定跳。

3. 教师讲解并示范立定跳的动作——先把两脚并拢，再屈膝，手臂由前向后摆，摆到后面时两脚快速用力蹬地向前方跳起，再轻轻落地。请幼儿尝试此方法——双脚并拢跳过小河。

4. 幼儿自由练习双脚立定跳过小河。

5. 幼儿练习时，在大部分幼儿都能跳过的距离基础上，教师将部分河流段变宽，不断让幼儿挑战新的宽度调动他们的积极性。

三、游戏："兔子和狼"。

1. 教师介绍游戏玩法：兔妈妈今天要带小兔子们去采蘑菇，在这条路上有一条小河，小兔子们要双脚并拢使劲跳过去不能掉到河里去。到时把采到的蘑菇送到妈妈的篮子里去，采蘑菇的时候要小心大灰狼啊！如果看见大灰狼来了，要赶紧起来跳过小河回到家里，大灰狼看见小兔子们跳过小河快到家了，就不敢来抓了，小兔子们才会安全，如果在河那边大灰狼就会很容易抓住小兔子们。

2. 幼儿游戏，教师扮演兔妈妈带幼儿跳过小河、采蘑菇、运蘑菇。第一次由一位幼儿扮演的大灰狼出现，幼儿赶紧逃离大灰狼，蹦跳过小河回到自己的家。

3. 教师观察幼儿游戏情况进行讲评，鼓励幼儿尝试从比较宽的河面蹦跳过去。

4. 交换角色再次进行游戏。这一次请两位幼儿扮演大灰狼，并戴上胸饰，方便幼儿辨认。

四、结束活动。

教师带领幼儿一起玩放松游戏：拍拍手、拍拍腿、甩甩手臂、扭扭腰，浑身上下抖一抖，身体放松真快乐！

活动五："咚咚咚"是谁在敲门（社会）

活动目标

1. 知道自己一个人在家时应对有人来敲门的方法。
2. 学习倾听、借鉴同伴的方法，在和同伴的讨论中达成共识。
3. 体验分享经验和参与表达的快乐。

活动重难点

重点：加强幼儿的安全防范意识，在遇到实际问题时知道怎么做。

难点：幼儿在活动中了解什么做法是安全的，什么做法有安全隐患。

活动准备

经验准备：知道不随便给陌生人开门。

物质准备："陌生人来敲门"的情境表演、纸和笔。

活动过程

一、幼儿观看情境表演。

表演的内容：（旁白）在假期中的一个早晨，妮妮的爸爸、妈妈去上班了，奶奶出去买菜还没回来，妮妮正坐在沙发上看书，忽然传来了"咚咚咚"的敲门声。"谁啊？"妮妮问，门外的声音说："我是你奶奶的朋友，我来看望她。"妮妮说："我奶奶出去了还没回来。""那你把门打开先让我进来，行吗？"妮妮犹豫了，是开门还是不开门呢？

二、幼儿集体讨论妮妮能否开门，并阐明自己的理由。

1. 教师：看到这儿，我们发现妮妮这时为这扇门是开还是不开为难了，你们知道她为什么会这么为难吗？妮妮这时可能会想些什么？请幼儿大胆表达自己的想法。

2. 幼儿讨论：你觉得这扇门应该打开还是不打开？为什么？

三、教师将幼儿讲述的内容简单记录，和幼儿共同分析。

教师：觉得应该打开和不能打开的都要说出自己这样做的理由。

教师的回应是要帮助幼儿寻找出更好的方法。

1. 打开门的理由：对待来访的客人热情周到有礼貌，不能冷落客人。教师的提醒——如果这不是来访的客人而是想做坏事的人呢？

2. 不开门的理由：这人也许是坏人，把门打开有可能会造成危险和伤害。教师的提醒——他如果真是奶奶的好朋友，来看望老人，这样做未免有些失礼了。

四、师幼共同寻找更好的方法。

教师：既不要贸然开门，也不冷落真正的客人，该怎么办？

引导幼儿想出既安全又有礼貌的办法。教师给予积极的回应旨在不断完善幼儿提出的方法。

1. 跟客人说明奶奶去买菜了很快就会回来，请客人在外面稍微等待一会。

2. 给奶奶打电话告诉她家里的情形，请她快些回来。

3. 可以隔着门和外面的人聊一聊安慰他不要着急。

4. 不管客人如何要求都不要轻易把门打开，如果是一个关心小朋友的人是会理解小朋友的做法的。

五、一起把达成的共识告诉台上的妮妮。

请一个小朋友讲述,其他的幼儿可以补充完善。

六、观看妮妮运用小朋友的方法来解决面临的难题。

说明情况—打电话给奶奶—陪客人聊天。

奶奶回来后将客人请进门,大家一起夸妮妮既懂得保护自己又是个聪明有礼貌的孩子。

活动六:山羊与绵羊(科学)

活动目标

1. 了解山羊与绵羊的外形特征及生活习性,能清楚表达它们不一样的地方。
2. 通过观察山羊与绵羊的图片及教师和同伴的介绍,说出它们的特性。
3. 了解羊儿与人们的密切关系,增强爱动物的情感。

活动重难点

重点:了解山羊与绵羊的基本外形特征。

难点:通过比较了解山羊和绵羊的异同并清楚表达。

活动准备

经验准备:幼儿了解观察图片的基本方法。

物质准备:山羊与绵羊的图片、山羊生活环境的视频。

活动过程

一、教师带领幼儿念儿歌做动作,猜猜儿歌里藏着谁。

1. 教师:今天老师带来了一首有意思的儿歌,请小朋友们跟着我一起念念、想想,看看这首儿歌里藏着谁?角儿尖尖,胡子长长,借你毛皮,好做衣裳;角儿弯弯,毛儿卷卷，剪下毛毛，好纺线线。

2. 幼儿跟着教师一起念儿歌做动作，说出儿歌里藏着的山羊和绵羊。

二、教师出示山羊图片，幼儿观察山羊的基本外形特征。

1. 教师提问：你怎么听出来儿歌里有山羊？山羊是什么样子的？

2. 教师出示图片引导幼儿仔细地从上往下观察讲述。教师和幼儿共同小结山羊有瘦瘦的脸、长长的胡须、又细又长的腿等。

三、教师出示绵羊图片，幼儿观察绵羊的基本外形特征。

1. 教师：绵羊是什么样子的？幼儿运用已有经验讲述。

2. 教师引导幼儿观察图片讲述：绵羊有弯弯的羊角、圆圆的脸和身体，浑身披着卷卷的毛，有短短胖胖的腿等特征。

四、通过观看视频，幼儿进一步了解山羊与绵羊的生活习性，比较它们的不同。

1. 幼儿观看山羊和绵羊生活环境视频。

2. 进一步了解山羊与绵羊的生活习性，比较它们的不同。

（1）教师：你们知道山羊和绵羊喜欢吃什么吗？

（2）教师：为什么山羊待的地方没有一点草？

（3）分享经验：山羊对草地极具破坏力，山羊吃过的地方寸草不生。山羊喜欢登高、爬山等。

3. 幼儿小结山羊和绵羊的特点。

相同：它们都是食草动物、都有群居性等。

不同：它们的长相有差异，山羊比较凶悍，绵羊性格温顺、服从管理等。

五、教师启发幼儿了解山羊、绵羊与人们的关系。

1. 教师：山羊、绵羊和我们人类有什么关系？人类饲养放牧着羊，羊能为人类做出很多贡献。

羊对人类的贡献：绵羊的毛可以做毯子、衣服等，皮可以做成各种日用品，羊奶非常有营养等。

2. 教师引导幼儿讨论：羊在我们生活中还有什么作用？

信息小贴士

1. 山羊躯体较瘦，头长，颈短；绵羊的躯体丰满，头短。

2. 山羊角呈三棱形，呈镰刀状弯曲；公绵羊有螺旋状大角，母羊无角或只有细而小的角。

3. 山羊一般毛粗而短，毛色多为白色，也有黑色、青色、褐色或杂色的；绵羊毛细密、多为白色；绵羊尾形不一，有长瘦尾、脂尾、短尾、肥尾；山羊的颚下有须，尾短上翘。

4. 山羊胆子比绵羊大；绵羊胆子较小。

5. 山羊和绵羊都有群居性，只要有一只羊走向某一个方向，其他羊也就随后跟着。因此，放牧人经常训练几只"头羊"用以带头领路，也常以山羊为头羊带领绵羊群。

活动七：狼和小羊（艺术）

活动目标

1. 在学唱歌曲的基础上，能尝试用动作表演歌曲内容。
2. 学习借助狼走路和狼离开时的音乐，控制自己的动作，表现相应的游戏情节。
3. 遵守游戏规则，体验游戏的快乐。

活动重难点

重点：在游戏中能分辨出狼走过来和离去的音乐，并能快速变换自己的表现方式。

难点：遵守游戏规则，控制自己的行为。

活动准备

经验准备：幼儿玩过"木头人"的游戏。

物质准备：狼和羊的头饰，《熊和石头人》的音乐，《狼和小羊》改编词。

活动过程

一、教师设置情境练声。

教师：秋天的树林真美啊！今天我们一起去树林玩玩好吗？地上的落叶真厚啊！沙沙，沙沙沙。（教师和幼儿一起练声）你们听树上的小鸟是怎么叫的？师生一起模仿鸟的叫声。

二、教师结合绘本以音乐歌词内容引出话题。

1. 教师：我们小朋友在树林里玩得真开心！有一天树林里面也是这么热闹，羊妈妈和小羊们在树林走着，他们唱歌跳舞玩游戏，突然，来了一只老狼……老狼走过来，小羊该怎么办呢？

2. 请个别幼儿回答。（跑走、躲起来、停住不动）

三、幼儿学唱歌曲，熟悉歌词内容。

1. 教师：今天老师带来了一首歌，说的就是小羊遇到狼的事情，这首歌是怎么唱的呢？请小朋友们仔细听。

2. 教师清唱歌曲一遍。

教师：你听到了什么？歌词是怎么唱的？

3. 教师带领幼儿一起熟悉并朗诵歌词。

4. 幼儿跟随音乐轻声歌唱。

教师：你觉得唱这首歌哪里有困难？幼儿提出难点，教师和幼儿一起解决。

5. 幼儿完整地学唱歌曲两遍。

四、根据歌词内容，幼儿尝试为歌曲创编动作。

1. 教师：刚才我们已经学会了唱这首歌，现在请你为每句歌词创编一个动作。

教师观察并对幼儿创编的动作给予反馈。

2. 教师和幼儿一起根据幼儿创编的动作进行提炼。

3. 幼儿边唱歌边做动作。

五、幼儿熟悉狼走路和狼离开的音乐，了解音乐表现的特点。

1. 集体创编狼走路的动作。教师注意启发幼儿表现狼走路的特点：张牙舞爪、动作幅度大、眼露凶光等。

2. 请个别幼儿示范。

3. 幼儿集体跟随音乐动作。

六、玩"狼和小羊"的游戏。

1. 了解音乐游戏规则：妈妈和小羊要边唱边做动作在树林里游戏，如果听到狼走来的音乐要赶紧站立不动，同时不能发出声音，听到狼离开时的音乐，马上恢复游戏状态。

2. 幼儿按意愿选择角色集体游戏。

3. 教师鼓励幼儿尝试选择另一种角色玩游戏。

附音乐

狼和小羊

汪爱丽　曲词
庞颖，郭娜　修改词

$1=C$ $\frac{2}{4}$ mf

| 3 6 5 3 | 1 - | 3 6 5 3 | 1 - | 2 3 | 4 6 5 3 |
| 小鸟喳喳叫， | | 小兔蹦蹦跳， | | 今天 | 树林里面 |

| 2 6 | 5 - | 6 6 6 5 | 3 - | 2 2 1 2 | 3 - |
| 真 热 | 闹。 | 小羊咩咩咩 | | 开心齐欢 | 笑， |

| 2 3 2 3 | 2 6 | 5 4 3 2 | 1 - | 1 1 | 1. 3 |
| 碰碰头上小 | 角 | 一起把舞跳。 | | 要是 | 老狼 |

（f）

| 2 1 | 2 - | 6 6 5 | 2 0 3 0 | 1 0 ‖
| 走过来， | | 小羊 可 | 别 乱 | 跑！

活动八：表演绘本剧《狼和七只小羊》前的准备（语言）

活动目标

1. 了解要表演《狼和七只小羊》绘本剧要做的准备工作，知道自己的分工。
2. 能积极大胆地根据自己的经验讲述、讨论，了解舞台上需要的东西。
3. 在交谈中对表演产生期待和积极创作的愿望。

活动重难点

重点：能整合自己和同伴的经验，对将要开展的绘本剧表演的准备工作有清晰的认识。

难点：讨论剧场里要准备的东西，如何分工等问题。

活动准备

经验准备：幼儿已有表演绘本剧的经验。

物质准备：可供记录的纸、笔，小朋友参加绘本表演的照片，舞台的图片等。

活动过程

一、以幼儿的经历引出话题。

1. 教师出示在假期中班上几位小朋友参加绘本剧表演的照片请小朋友欣赏。

教师：你们看这几个小朋友在干什么？你怎么知道他们是在表演？

2. 引导幼儿观察并讲出自己的看法——有服饰、头饰、化妆、场景、剧场、观众等特征。

二、教师出示《狼和七只小羊》的绘本，激发幼儿探寻表演绘本剧需要哪些东西的愿望。

教师：《狼和七只小羊》这本绘本里的狼和羊也很想走进剧场。我们该怎样在这个剧场里展现《狼和七只小羊》这个故事呢？表演这场绘本剧需要哪些东西？

幼儿相互讨论、自由表达。

三、幼儿讲述自己了解的有关剧场的经验，教师将幼儿讲述的内容做记录。

1. 装扮自己的：头饰、面具、化妆、服装等。

2. 装扮舞台的：道具、场景、灯光等。

3. 服务观众的：剧场的座位、看剧的票、海报宣传等。

4. 其他：导演、演员、音乐、旁白等。

四、教师组织幼儿讨论：我们能做哪些事。

教师：小朋友说了这么多剧场里需要的东西，可这些东西有许多都不是现成的，怎么办呢？鼓励幼儿想出多种办法解决问题。

五、幼儿在教师的引导下讨论集体分工和合作的问题。

1. 教师：现在我们都知道有这么多的东西需要大家来准备，可是我们怎样不和别人重复做一件事呢？不然有的事许多人做，有的事没人做，怎么办？

2. 幼儿通过讨论决定分工来做事。

六、教师将幼儿自己协调的结果记录下来，为后续幼儿的制作分工提供参考。

1. 将需要制作的东西分成几个小组，如：服装组、头饰组、票务组、宣传组等。让幼儿自己选择并写上自己的名字或学号。

2. 以小组为单位共同商量需要制作东西的材料名称、数量、方法等。

七、张贴记录单。

活动九：制作狼、羊头饰（艺术）

活动目标

1. 用绘画、折、粘贴、比对等方法制作头饰圈，并由此积累制作其他道具的经验。

2. 通过观察、比较图片，能用图形、线条等表现狼和羊最基本的特征。

3. 在戴头饰扮演角色的过程中体验为故事制作道具的乐趣。

活动重难点

重点：用自己选择的方法制作狼和羊的头饰。

难点：制作的道具能够起到装扮的作用。

活动准备

经验准备：幼儿有使用剪刀、双面胶的经验。

物质准备：《狼和七只小羊》的绘本，纸、笔、头饰、绳子、打孔机等。

活动过程

一、通过讨论，幼儿初步了解狼和羊的特征。

1. 教师（出示绘本《狼和七只小羊》）：在这个故事中你想扮演狼还是小羊？

2. 教师：那怎样让别人知道你是狼还是羊？幼儿互相讨论，教师帮助幼儿梳理经验。（可以用道具装扮成狼和羊）

3. 教师：你觉得狼、羊最突出的特征是什么？（狼的嘴巴突出、牙齿尖利、凶恶的眼神、皮毛的颜色暗等，可爱的羊头上有角、身上的毛卷曲等）

二、教师出示狼和羊的图片，引导幼儿观察狼和羊最基本的形象特征：羊角和狼的眼睛、牙齿。

1. 教师：用什么样的图案和线条来表现狼和羊最基本的特征？（请个别幼儿示范）

2. 教师：羊和狼外形不一样，狼的哪个地方能突出它的凶恶？（眼睛、牙齿）

三、幼儿制作头饰。

1. 教师：做头饰需要什么？（能戴在头上的圈、图片等）

2. 教师：每个人的头不一样大，怎样做出的头饰戴得合适呢？（测量）粘贴纸条贴在什么位置？怎么贴？

3. 请个别幼儿尝试。

4. 教师鼓励幼儿可以制作小圈套在手上表演，也可以尝试在做好的羊身上打洞穿绳子做表演的道具等。教师注意观察并个别指导。

5. 教师针对幼儿的共性问题,如"狼的眼睛如何表现出凶狠"等进一步引导。

四、幼儿用自己制作的道具,边听故事边尝试表演。

幼儿可以和同伴共同商量角色,边听故事边尝试表演。

活动十:战胜大灰狼(健康)

活动目标

1. 学会侧钻的基本动作,能动作协调地钻。
2. 在战胜大灰狼的游戏中提高动作的灵敏性和协调性。
3. 不怕困难,能不断地挑战自己。

活动重难点

重点:学会侧钻的基本动作。

难点:在侧钻的同时不触碰到皮筋。

活动准备

经验准备:幼儿能钻过晨间器械的圆形拱门。

物质准备:

1. 长皮筋绳1根(离地面75厘米)。
2. 沙包若干,数量适当超过幼儿人数。
3. 音乐《森林狂想曲》。

活动过程

一、热身活动。

幼儿在教师的带领下进行走、跑、跳交替的热身运动。

走：队列练习，由四队变为两队，再由两队变为一队。

跑：分小组的跑步比赛。

跳：练习双脚并拢学小兔子跳。

二、教师设置情景，出示长皮筋绳，引起幼儿的兴趣。

1. 教师：春天到了，小动物们出来活动了，可森林里有一只凶恶的大灰狼，它要出来伤害小动物，我们一起找一个安全的地方躲起来，好不好？

2. 教师：我们需要钻过山洞，穿过树丛，才能到安全的地方。

3. 教师出示"山洞"——长皮筋的两端固定在椅背上，难度由低到高。"山洞"的高度从离地面 75 厘米高到离地面 65 厘米高。

教师：这里有一个"山洞"，我们要一起想办法钻过去，怎么钻才能不碰到洞顶（皮筋）？

三、幼儿自由尝试钻山洞的方法。

1. 请幼儿自由尝试钻的方法，教师观察。

2. 请几名幼儿演示钻的方法。集体讨论哪种方法又快又安全。

3. 教师根据幼儿的讲述提出侧钻的方法并讲解要领：弯下身体—将一条腿伸过皮筋—身体穿过皮筋—收回另一条腿。在钻的过程中身体尽量不碰到皮筋。

4. 幼儿练习侧钻的方法，教师观察并个别指导。

5. 教师根据观察到的问题与幼儿一起分析，再次讲解要领，幼儿再次练习。

四、幼儿游戏。

1. 教师讲解游戏玩法：小动物们一起来到树林里，在玩的时候要当心有大灰狼出现，等大灰狼出来的时候，小动物们要赶紧钻进山洞，山洞里存放着许多石头，小动物们要迅速拿着石头再钻出山洞来把大灰狼打败。在钻山洞的时候，小动物们要小心，头不能碰到洞顶，要不然会擦伤自己的。

2. 幼儿和教师共同游戏。

五、结束部分。

1. 教师小结幼儿游戏的情况。

2. 放松运动：幼儿跟随音乐做全身放松运动。

活动十一：狼和七只小羊（语言）

活动目标

1. 初步尝试用语言、动作、表情、声音等表现狼和七只小羊之间发生的故事，注意倾听故事旁白。
2. 在故事表演中能逐步明确自己扮演的角色可以怎么做，如何跟同伴配合。
3. 体验合作表演带来的满足和愉悦。

活动重难点

重点：在表演过程中每一个角色都要注意倾听故事旁白以保证表演的流畅。

难点：与同伴配合，合作表演。

活动准备

经验准备：幼儿有同伴间商量角色分工的经历。

物质准备：场景"小羊的家"，狼和羊的头饰，配乐故事。

活动过程

一、教师针对制作的场景和头饰，引出话题。

教师：《狼和七只小羊》这个故事除了讲述给别人听，还可以用什么方式告诉别人？（表演、绘画等）

二、幼儿讨论：怎样来表演这个故事。

1. 由小朋友扮演角色，要戴上头饰、知道角色要说什么话（书上的对话）、要有相应的表演（表情、动作等）。

2. 请个别幼儿按照自己的理解表演狼、羊。

讨论：你觉得他们什么地方表演得最像狼、羊？还有什么需要改进的地方？

可以通过什么样的动作、表情、声音来表现狼的凶狠和狡猾以及羊妈妈和小羊的温柔、勇敢？（教师鼓励幼儿大胆讲述）

三、幼儿按自己的意愿分角色扮演狼和羊。

四、分小组活动。

幼儿在小组内商量分工选择扮演角色，教师可建议每个小组推荐一名幼儿当故事讲述者。教师观察并指导。

五、集体分享精彩片段。

教师将观察到的表演得好的小组向集体介绍，并让其他幼儿观摩学习。

（评判标准："狼"和"羊"的对话较流畅，有适当的动作，做出夸张的表情，模拟声音的特点等）

六、幼儿通过观摩知道自己有哪些可以学习的，还需要做哪些事情，怎样和同伴合作来解决这些问题。

教师引导幼儿继续在区域活动中完善道具的制作，如：门、草地、大树等，在表演区域中和同伴继续开展故事表演。

七、延伸活动。

1. 教师在自主性游戏中鼓励幼儿选择同伴再次表演故事。建议熟悉对话，鼓励幼儿在不改变原话意思的基础上，可作适当发挥，用自己的语言表达。

2. 在美工区继续制作、完善表演所需要的道具。

活动十二：各种各样的表情（艺术）

活动目标

1. 在仔细观察各种各样的表情图片时能说出不同表情的主要特征，尝试画出各种各样的表情。

2. 观察五官的变化，在创作中尝试运用夸张的手法大胆想象创作。

3. 在绘画、欣赏的过程中体验艺术创作的快乐。

活动重难点

重点：在仔细观察的基础上，用夸张的造型表现多种表情。

难点：观察五官的变化，大胆创作。

活动准备

经验准备：幼儿了解人在不同的心境下脸上会呈现不同的表情。

物质准备：镜子、各种各样的表情图、纸、笔。

活动过程

一、玩游戏"看表情"。

1. 教师：一个人的喜悦或者痛苦可以从哪里看出来呢？

2. 玩游戏"看表情"。

游戏规则：一个小朋友背向大家做出一种表情，全班小朋友一起念："喜还是乐？伤还是悲？看看表情就知道！"

二、教师出示各种各样的表情图片，引导幼儿观察。

1. 教师：除了刚才小朋友在游戏中做出的表情，这儿还有一些表情图片，请你们看看这些是什么样的表情？给你一种什么感觉？（请幼儿观察后回答）

2. 教师接着提问：你们怎么看出来是笑或是哭的表情？幼儿讲述表情特征。

3. 不同的表情时五官有什么明显的特征？请幼儿讲述五官在不同表情时的不同变化。

三、幼儿两人一组互相观察对方表情变化时的五官变化与特征。

教师：请你们对着对方做出哭、笑、生气、难过的表情，观察不同表情时五官的变化与特征。（难过时候嘴角向下垂，生气时候眉毛横向上等）

四、教师介绍本次活动的要求：绘画各种各样的表情。

鼓励幼儿在绘画时使用夸张的手法放大五官的变化，并尝试用不同的颜色表现不同的表情。

五、幼儿作画，教师指导。

重点指导幼儿大胆表现五官的变化，用夸张的线条表现出更有特征的表情。背景可添画与表情相关的内容，如高兴的背景可以画上气球、鲜花等物，生气可以画上扭曲的线条、涂上灰暗的颜色等。

六、幼儿集体分享经验。

幼儿相互欣赏绘画作品，看看彼此是怎么表现不同的表情的。

活动十三：狼和七只小羊（综合）

活动目标

1. 共同布置场景，依照故事中的对话、场景、情节等和家长共同表演故事《狼和七只小羊》。

2. 注意倾听同伴的讲述，在熟悉故事的基础上，了解出场顺序并大胆地表演自己的角色并尝试和同伴配合表演。

3. 积极评价自己和同伴的表演活动，感受集体演绎故事的快乐。

活动重难点

重点：熟悉故事情节，知道自己的分工。

难点：和同伴合作共同演绎故事，学习解决问题。

活动准备

经验准备：幼儿熟悉故事情节对话，知道在舞台上表演和自己讲故事有所不同。

物质准备：

1. 狼和七只小羊头饰。

2. 小羊的家，用几张椅子围成的井台、剪刀、石头、狼爪（黑、白各1副）等。

活动过程

一、教师和幼儿一起回忆故事内容，练习对话、动作、表情。

1. 教师和幼儿一起回忆故事内容，教师：狼想了哪些方法来骗羊？它是怎么做的？狼几次来敲门，每一次它对小羊说了哪些话？小羊是怎么回答的？第一次、第二次……狼进了屋，它看见羊是什么样的表情？它会怎么做？小羊又会怎样？羊妈妈和最小的羊是怎么救其他小羊的？幼儿边说边辅之以动作、表情的变化。

2. 请幼儿根据意愿选择角色。同一个角色可以多人扮演。

3. 确定旁白的讲述者。

二、幼儿把自己装扮成角色的模样。

1. 教师：每一个小朋友都知道自己要扮演的角色了，现在就请你们按照自己的想法把自己装扮成故事中××的模样。

2. 鼓励幼儿大胆塑造角色，教师可以提供帮助。

3. 幼儿戴上狼和羊的头饰、披上狼和羊的服饰等。

三、幼儿集体表演。

1. 旁白的讲述者补充故事。

2. 教师做好提醒协调工作。

3. 幼儿完整表演故事。

四、幼儿分组表演。

1. 教师简单小结刚才集体表演的情况，分享幼儿做得比较好的地方和出现的问题，找出解决的方法。

2. 鼓励幼儿自己选择角色，表演感兴趣的片段。

3. 幼儿分组表演，教师巡回观察，并记录下普遍存在的问题，表演结束后讨论解决。

五、幼儿分享在表演过程中的经验和趣事。

1. 请幼儿介绍本组幼儿一起表演的情况。

2. 能积极评价本组幼儿的活动情况。

3. 教师将幼儿说的一些问题和遇到的困难记录下来并给予积极回应,师生共同解决。

五、区域活动

> 建构区

狼和羊的家

材料准备

1. 狼和羊的图片玩偶。

2. 各种形状的积木。

操作要点

1. 为狼和羊分别设计建构适合它们居住的家。(见图 4-9-1)

2. 在建构过程中要考虑大小、栅栏、结实等因素。

图 4-9-1

> 表演区

狼和七只小羊

材料准备

　　1. 绘本。

　　2. 头饰、道具、场景等。（见图 4-9-2）

图 4-9-2

操作要点

　　1. 能够将自己对绘本的理解，运用恰当的语言表现出来。

　　2. 和同伴合作创造性地表现绘本。

> 美工区

卷羊毛

材料准备

　　1. 白纸、笔、双面胶。

　　2. 画有羊图案的纸。（见图 4-9-3)

图 4-9-3

操作要点

　　幼儿将白纸撕成条状，缠绕在工具上做成卷曲的羊毛，然后粘贴在羊身上。

羊儿的服装

材料准备

1. 绳子缠绕成羊毛状。
2. 双面胶、桌布。

操作要点

用自制的半成品羊毛粘贴在用桌布制作的服装上。(见图 4-9-4)

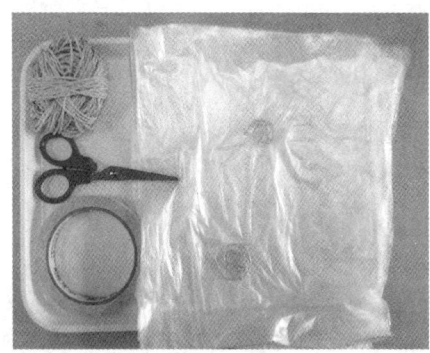

图 4-9-4

益智区

下棋

材料准备（见图 4-9-5）

自制棋谱、骰子、棋子等。

操作要点

能在理解棋谱设计意图的基础上开展游戏，并按规则出棋。

图 4-9-5

六、环境创设

在开展了绘本教学《狼和七只小羊》、"认识狼和羊"等系列活动后，教师请小朋友们根据自己对狼和羊的印象绘画了狼和羊。通过之前的作品学习以及系列活动，幼儿从不同的观察角度展现了不同形态的狼和羊（见图 4-9-6）。在主题活动中，幼儿园和家庭的互相配合和相互渗透对促进幼儿的发展起着举足轻重的作用。在幼儿园教师带着幼儿阅读绘本故事，关注的是幼儿在集体中的表达，而家庭亲子阅读则更能让幼儿在一种亲切自然的状态下，把自己的感受表达得更加充分和深入。阅读图书收获的是故事带来的启迪和感悟，不同的家庭、不同的阅历和经验在这本书中会读出不同的东西，我们将幼儿和家长在家庭阅读中的心得分享在主题墙上，既让家长们从此处看到了别人的理解、情感和态度，同时也对幼儿开阔眼界、提高阅读兴趣起到了一定的作用。（见图 4-9-7、图 4-9-8）

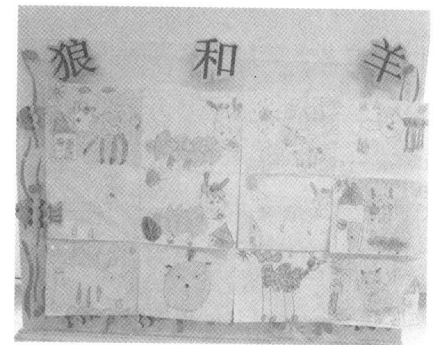

图 4-9-6

图 4-9-7

图 4-9-8

七、我和爸爸妈妈的话

可涵：

孩子在家对家人复述了《狼和七只小羊》的故事。"羊妈妈要出去找吃的，她出门前叮嘱孩子们在家要当心狼，千万别把他放进屋，他会假扮成别的样子，小羊们听见沙哑的声音，看见黑色的爪子就把大灰狼认出来了。可是，狡猾的狼把爪子用面粉涂成了白色的，骗小羊们打开了家门，然后吃掉了6只小羊，只有最小的那只躲在钟座里的小羊没有被狼发现，羊妈妈回到家中，知道6只小羊被吃掉了非常伤心，她走出了房子在树下发现了那只正在睡觉的大灰狼，然后想办法救出了小羊们，并把狼的肚子里装满了石头，最后狼去喝水的时候坠井淹死了。这个故事一会儿让我们伤心，一会儿让我们高兴。最后是高兴的，太好了！"

祺祺：

讲完这个故事，我告诉祺祺："遇到陌生人千万不能开门。"

然后问他："你喜欢这本书吗？"

他说："我觉得这本书很有趣。"

我问："哪里有趣了？"

他说："大灰狼没有咬小羊，而是直接把他们吞了下去，所以小羊们都没有死。这个很有意思！"

然后，我对他讲："做人要有耐心，不能因为急于想要某种东西而忽略了其他细节。只有有耐心的人才能得到他想要的东西。"

祺祺说："大灰狼因为太饿了，把小羊们整只吞进了肚子里，才会被羊妈妈发现。"

丁丁：

他知道了故事的内容，我就问了几个问题。

问："羊妈妈已经交代过七只小羊，狼是很狡猾的，要小心，但小羊们为什么还是放狼进了家门？"

答："小羊们还小，他们也看不清狼的全身，所以就会上当，就像我们有时候也会上当一样。"

问："那如果你是小羊，你会怎么办？"

答："我会从门上的洞里看一下，确认是妈妈再开门，我可不会光听声音就开门。"

问："那你觉得狼怎么样？"

答："他好傻啊，肚子里放的全是石头都不知道，结果掉水里淹死了。"

方案十：大班绘本主题活动"狼大叔的红焖鸡"

一、心动之源

在幼儿的心中，狼通常都是凶恶、狡猾的坏家伙。而绘本《狼大叔的红焖鸡》讲述了母鸡一家用友善的态度让一只凶恶的狼感到幸福、温暖、快乐，从而改变了自己不好的想法，用行动去关爱母鸡一家的故事。这个故事颠覆了幼儿以往对狼的种种不好的印象，让幼儿感受到爱的力量是无穷的，可以将大坏蛋变成大好人，充满了浓浓的温情。该绘本故事内容有趣，画面充满悬念，能激发幼儿不断阅读的兴趣，引发幼儿思考和表达的愿望，促进幼儿观察、分析、想象、口语表达能力的发展。基于对绘本的欣赏和对角色的理解，幼儿选择故事中的人物角色并通过纸偶表演的方式来共同演绎绘本剧。在本主题教学中，我们以幼儿喜欢的绘本《狼大叔的红焖鸡》为主线，组织一系列不同领域的相关活动，与幼儿共同创设自由、自主的环境。幼儿从狼大叔有趣的神情、动作表现中感受到狼大叔性格可爱的一面，在和对狼的以往认识比较中感受到狼大叔与母鸡一家之间的温情和不一样的爱，感受绘本主题活动带来的快乐。

二、主题总目标

1. 喜欢阅读绘本，能仔细观察绘本画面并展开合理想象，大胆猜测并用完整连贯的语句讲述故事情节。愿意积极表达自己的想法，也能倾听同伴的想法。

2. 学习绕过障碍物面对面、背靠背地运"蛋糕"，想办法不让"蛋糕"掉下来。在合作"运蛋糕"的体育游戏中体验与同伴互相配合的乐趣。

3. 了解狼的基本特性，知道狼是食肉动物、哺乳动物。在拼图游戏、观看视频中了解狼的习性。

4. 观看童话剧《狼大叔的红焖鸡》，感知体会狼大叔从想要抓鸡吃鸡到后来为母鸡一家做好吃的食物的心理变化。在角色扮演游戏中猜想狼大叔会为母鸡做哪些事情，同时进一步了解狼大叔的性格特征。

5. 在观察、比较、探索中利用捏、揉、搓、压的制作技能和上下左右对称装饰的方法，初步尝试用黏土制作小鸡、家、装饰蛋糕等。感受音乐活动的乐趣，大胆创编动作，愿意积极与同伴合作表演，体会狼大叔与母鸡一家之间的温情，体验表演的快乐。

6. 在活动中能积极动脑筋，主动通过多种办法获得新经验。对自己关注的事物能提出自己的看法和疑问，愿意用新获得的知识经验解决生活中的问题。

三、主题开展网络图

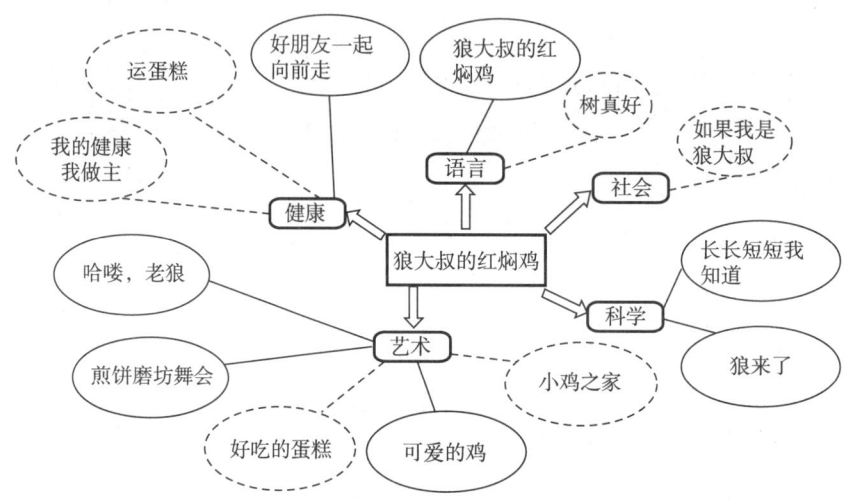

备注：预成活动为实线框，生成活动为虚线框。

四、集体活动

活动一：狼大叔的红焖鸡（语言）

活动目标

1. 仔细观察画面并展开合理想象，大胆猜测并用完整的语句分段讲述故事情节。
2. 在自主观察、阅读、相互讨论中，分析绘本角色的形象特征并用语言和动作表现。
3. 感受爱的力量是无穷的，体验阅读带来的快乐。

活动重难点

重点：仔细观察画面并用完整的语句来表述故事内容。

难点：用动作及对话等形式表现角色的特征。

活动准备

经验准备：幼儿见过狼和鸡，对其形象有一定的了解。

物质准备：绘本《狼大叔的红焖鸡》及配套PPT。

活动过程

一、回忆经验导入。

教师提问，引起幼儿兴趣。

教师：你见过狼吗？在哪里见过？他给你的印象是什么样子的？

二、教师出示绘本封面，幼儿自主观察。

教师出示绘本，提出问题。

教师：看看他是你们刚才说的狼的形象吗？他是什么样的？你从画面上能看出这本书说的什么故事吗？

三、幼儿分段观察画面细节，教师引导幼儿大胆猜测并完整讲述。

1. 教师出示绘本，引起幼儿兴趣。

教师：从前，有一只狼，他喜欢各种各样的美食。除了吃，他再没有其他的爱好了。他总是吃完了这顿饭，马上开始想，下一顿吃什么呢？

2. 幼儿观察绘本第一部分（找红焖鸡），并完整讲述故事情节。

（1）教师：有一天，狼大叔突然很想吃红焖鸡。什么是红焖鸡？

（2）教师：狼大叔跟在母鸡后面想干什么？咦，他为什么没有逮到母鸡呢？

（3）教师：他躲在树后面可能在想些什么？我们一起来学学狼大叔的样子。

（4）教师：狼大叔接下来会怎么做的？他在打什么主意？

3. 幼儿观察绘本第二部分（做美食喂母鸡），大胆猜测想象。

（1） 教师：仔细看看狼大叔在做什么？他是怎么做的？谁来学一学？

（2） 教师：他又做了什么？你觉得他做了这么多好吃的是给谁吃？为什么？（请你和好朋友相互讨论，然后分享你们的想法）

（3） 教师总结：他希望把母鸡喂肥一点，于是做了很多的煎饼、甜甜圈和蛋糕给母鸡吃。

4. 幼儿观察绘本第三部分（验证结果，去找母鸡）。

教师：终于，万事俱备，那正是狼大叔一直期待的一个夜晚。他把一个大号焖锅取出来装满水，放在火上，然后就兴高采烈地出发了。狼大叔会如愿以偿地吃到红焖鸡吗？说说你的想法。

5. 幼儿自主阅读剩下的部分，集体讨论。

（1） 教师：有的小朋友觉得狼大叔吃到了母鸡，有的觉得没有吃到，那到底有没有像狼大叔想的那样呢？让我们一起来看书。

（2） 教师提出讨论问题：看到母鸡，狼大叔的表情是怎么样的？你来学一学，为什么狼大叔会有这样的表情呢？狼大叔到底有没有把母鸡和小鸡们吃掉呢？你从哪里看出来的？

四、幼儿完整欣赏绘本故事，模仿角色动作进一步感知角色形象。

1. 教师：狼大叔最后吃掉母鸡和小鸡了吗？狼大叔为什么没有吃掉他们呢？

2. 教师：你喜欢狼大叔吗？为什么？

3. 教师：你喜欢母鸡吗？为什么？

4. 教师小结：原来恰当的语言和对人友善的动作，可能会改变别人不好的想法，我们也要学习母鸡身上的优点，平时注意自己的言行，用友善的态度去关爱别人，爱的力量是很强大的！

活动二：树真好（艺术）

活动目标

1. 欣赏散文诗，了解诗歌的主要内容，感受散文诗的意境美及句式特点。
2. 在欣赏、讨论、想象、写画的过程中，根据作品的句式仿编散文诗。
3. 愿意在集体面前大胆地表现自己，体验与同伴一起游戏的快乐。

活动重难点

重点：了解散文诗的主要内容和句式特点。

难点：能大胆想象创编诗歌。

活动准备

经验准备：幼儿已会唱《小树叶》的歌曲，了解生活中树的一些用处。

物质准备：

1. 树头饰1个，小树叶贴纸、图标。
2. 录音CD。
3. 笔和纸，音乐《小树叶》。

活动过程

一、教师以角色扮演导入活动。

教师扮演树，与幼儿打招呼：小朋友们好！我是树妈妈！

二、教师带领幼儿了解树的用途和功能，熟悉散文诗的句式。

1. 教师：你们知道我的好朋友都有谁吗？我们有哪些用途呢？带给人们哪些方便？
2. 幼儿欣赏散文诗《树真好》。

教师：原来你们对我还是有一些了解的，你们想不想更多地了解我呢？我们一起来听听散文诗《树真好》。

（1）幼儿听配乐录音散文诗《树真好》。

（2）教师提问：刚才你听到散文诗里讲到了什么？（幼儿边说边模仿动作）

（3）教师出示图标帮助幼儿梳理散文内容和句式。

（4）幼儿观察散文诗的句式特点，模仿创编。

教师小结：这首散文诗的意境真美，把我们树的好处都用一句句完整、好听的话讲出来了。你们有没有发现这些句子都有什么特点？（前一句都是重复的）小朋友你们想不想也来试试编一首散文诗呀？

三、幼儿大胆想象，根据自己写画的内容进行仿编。

1. 教师：树还有许多用处，在生活中你了解树还有哪些用处呢？请把你想到的用笔画下来，等会我们一起来分享。

2. 幼儿根据自己画的内容进行仿编，用"树真好，……"的句式来讲。

四、音乐游戏："树妈妈与小树叶"（音乐《小树叶》）。

教师：树妈妈真高兴，小树叶们，我们一起来和树妈妈跳个舞吧！

游戏玩法：教师扮演树妈妈，幼儿扮演小树叶。第一段音乐幼儿根据歌词自由散点站或移动，做难过和害怕的动作。第二段随音乐节奏做开心快乐的动作围绕到大树妈妈身边。

五、活动延伸。

绘本《狼大叔的红焖鸡》中除了有狼和鸡，还出现了一些有树林、树荫衬托的场景。教师可与幼儿共同设想将绘本中的各种角色和场景延伸到整个区域中进行游戏，例如：美工区幼儿可以自制角色纸偶和表演场景，如关于树的制作。因此，《树真好》让幼儿在欣赏散文诗意境美的同时进一步了解树的功能，从而积累和提升经验。

附散文诗

树真好

作者：金波

树真好，小鸟可以在树上筑巢，每天天一亮，小鸟就会叽叽喳喳地叫。

树真好，能挡住大风，不许风吵吵闹闹，到处乱跑。

树真好，我家屋子清清爽爽，阵阵风儿吹，满树花香往屋里飘。

树真好，我们全家在树荫下野餐，大家吃得很香，说说笑笑，热热闹闹。

树真好，天好了，树下铺着阴凉儿，我和我的小猫咪，躺在树下睡午觉。

树真好，如果有一只大狗来追我的小猫，小猫爬上大树躲起来，气得大狗"汪汪"乱叫。

树真好，我做个秋千挂在树上，让我的布娃娃坐上去，摇啊摇。

树真好，树叶在秋风里飘呀飘，树下铺着树叶地毯，我们可以在上面滚来滚去，跑跑跳跳。

附音乐

小树叶

陈镒康 词
茅光里 曲

1=F 2/4

| 3 3 3 2 | 1 5 | 3 3 3 3 | 2 — | 2 3 5 |

秋风 起来 啦， 秋风 起来 啦， 小 树叶
小 树叶沙 沙 沙沙沙沙 沙， 好 像在

| 3 3 2 | 1. 6 | 1 — | 7. 7 | 7 7 6 5 |

离 开了妈 妈， 飘 呀 飘呀飘向
勇 敢地说 话， 春 天 春天我会

| 6. 1 | 2 — | 2 3 5 | 3 2 | 1 — | 1 — ‖

哪 里， 心 里 可 害 怕。
回 来， 打 扮 树 妈 妈。

活动三：好朋友一起向前走（健康）

活动目标

1. 在游戏中学习两人三足协调走的动作。
2. 用喊口令、数节奏等办法，与同伴保持同样的节奏，协同一致地行走。
3. 体验与同伴一同游戏的快乐，增强合作能力。

活动重难点

重点：掌握方法，能步调一致地向前走。

难点：能探索出互相配合的好办法，与他人积极合作。

活动准备

经验准备：幼儿了解狼大叔和母鸡的朋友关系，玩过合作游戏。

物质准备：

1. 松紧绳，食物图片，情景设置（圈、板凳、方块垫、绳子）。
2. 动物模仿操，音乐《森林狂想曲》（陶笛版）。

活动过程

一、开始部分。

热身活动：动物模仿操。

模仿各种动物动作要领，如青蛙：下蹲运动，猫咪：侧旁腰，小狗：跳跃运动，小鸡：舒展活动。

二、幼儿在情境中了解游戏玩法。

1. 布置游戏情境——森林探险。

（1）幼儿自主体验。

教师：我们来到了"森林"，自己去玩一玩吧！

（2）幼儿自主讨论自己探险的发现。

教师：刚才探险时你发现了什么？（幼儿：森林里有很多的障碍物）今天狼大叔和母鸡要去森林里找好吃的，他们只有步伐一致往前走，才能获得美味的食物。

2. 教师介绍游戏玩法。

教师：一人扮演狼大叔，一人扮演母鸡。两人用一根松紧绳将脚腕绑住，然后协调地向前走，每绕过一次障碍物后拿一个"食物"。

三、幼儿自由练习，教师观察指导。

1. 幼儿两两结伴，在空地上自由练习两人三足的游戏玩法。

2. 练习好的幼儿自主结伴进行"森林探险"。

3. 成功的幼儿向大家介绍自己的经验。遇到问题的幼儿提出问题，大家帮助解决。

四、游戏开始，分组比赛。

1. 幼儿分成四队，每一队排头进行比赛，看最后获胜的是哪队。

2. 幼儿相互讨论，总结成功或者失败的经验。

教师总结：原来这个游戏是需要两个人互相配合的，两个人商量好办法，有的数节奏，有的喊口令，才能步调一致走向终点。如果中间步调乱了也别慌，继续调整节奏，抓紧时间向前走。

3. 幼儿再次进行"森林探险"的游戏，提升经验。

五、放松活动。（放松动作自创，音乐参考《森林狂想曲》（陶笛版））

1. 第一段模仿狼大叔蹑手蹑脚走路的姿势。

2. 第二段模仿母鸡大摇大摆走路的姿势。

3. 第三段模仿小鸡吃食的动作。

活动四：我的健康我做主（健康）

活动目标

1. 初步了解几大类食物的营养，知道合理的饮食结构给人的身体带来的益处。

2. 从观察、谈话、交流和自主制定食谱中，提醒自己不偏食，少吃甜食和油炸食品。

3. 愿意与同伴共同制定食谱，倾听同伴介绍自己的想法。

活动重难点

重点：了解合理的饮食结构对人身体的好处。

难点：能自主制定适合自己的营养餐。

活动准备

经验准备：幼儿初步了解常吃食物的营养价值。

物质准备：

1. 营养金字塔图、食物卡片、笔和纸。

2. 巧克力、花生、饼干、面包、米饭、蔬菜、玉米、鱼虾等"好吃的"食物模型。

活动过程

一、游戏："我喜欢吃的"。

1. 教师出示各种好吃的食物模型（巧克力、花生、饼干、面包、米饭、蔬菜、玉米、鱼虾等），幼儿自选。

教师：这里有许多好吃的东西，你喜欢什么就可以到老师这里拿。

2. 幼儿自由选择食物。

3. 幼儿说说自己都拿了哪些食物，并且说说这些食物对身体的益处。

4. 教师小结，提出新的问题。

教师：小朋友们都拿了自己喜欢的食物，那你知道哪些食物可以多吃，哪些要少吃一些呢？

二、健康食谱知多少。

1. 幼儿观察营养金字塔。

教师出示挂图，幼儿观察营养结构图。

2. 幼儿讨论。

教师：从这张图中你看出了什么？引导幼儿了解人每天的营养必需品和主食是什么，需要多吃和少吃的东西。

3. 教师小结：每天吃的东西就像一座宝塔，下面的东西应该多吃，上面的东西应该少吃。按时吃饭有规律，早上吃得好，中午吃得饱，晚上吃得少。

三、再次玩游戏"我喜欢吃的"。

教师：如果现在再给你去选择食物你会怎么选？（幼儿选择）你会和刚才选的一样吗？为什么改变了主意？

四、幼儿设计食谱。

1. 分组设计食谱，幼儿相互讨论，说出理由。

2. 展示幼儿讨论制定的食谱，每组选出代表进行介绍。

3. 幼儿讨论每组设计得是否合理，是否有利于健康。

附《营养金字塔图》

营养金字塔图

活动五：运蛋糕（健康）

活动目标

  1. 学习绕过障碍物面对面、背靠背地运"蛋糕"，想办法不让"蛋糕"掉下来。

  2. 在听语言提示和同伴的示范下，逐渐掌握运"蛋糕"的技能。

  3. 与同伴合作，增强自控力，有耐心地坚持把"蛋糕"运到终点。

活动重难点

  重点：两两面对面，不借助手的力量，背靠背地运"蛋糕"。

  难点：能与同伴合作，步调一致地将"蛋糕"运到终点。

活动准备

  经验准备：幼儿熟悉队形练习、做过球操。

  物质准备：

  1. 人手1只球，筐2只，音乐《拍皮球》，播放器。

  2. 行进路线标记，自制的路障（栏杆、障碍），"小鸡之家"场景。

活动过程

  一、热身练习。

  1. 队形练习。

  幼儿听信号变换队形：大圆—螺旋走—两路纵队—四路纵队—太阳花—四路纵队—两路纵队。

  2. 球操练习。

  幼儿听音乐做球操。（音乐：《拍皮球》）

  二、幼儿自主探索运球的方法。

  1. 教师出示球，请幼儿说说玩法。

教师：狼大叔又做了好多的蛋糕想送给母鸡和小鸡吃，可是那么多，他自己运不完，想请小朋友们帮个忙，想想两人合作用什么又快又好的办法能将蛋糕运到小鸡之家？

2. 幼儿两人一组自由探索玩法，教师观察并及时引导。

3. 集体讨论，请幼儿说说各自的玩法，教师帮助总结提升经验。

4. 教师鼓励和引导幼儿在已有基础上继续探索玩法。

5. 进一步学习并讨论两人合作运球的好方法，个别幼儿示范，教师讲解。

三、游戏："送蛋糕"。

1. 教师交代要求。

教师：狼大叔请我们帮他运蛋糕，你们合作时要看标记走路线越过障碍，两人合作配合运球，不能让蛋糕掉下来哦。

2. 幼儿自主练习，进行游戏。

3. 师幼共同总结运蛋糕的好方法后进行比赛。

四、放松整理。

1. 玩"老狼老狼几点了"的游戏。

2. 收拾整理材料。

活动六：如果我是狼大叔（社会）

活动目标

1. 观看视频《狼大叔的红焖鸡》，在欣赏表演的同时进一步了解狼大叔的性格特征。

2. 在角色扮演游戏中猜想狼大叔会为母鸡做哪些事情。

3. 体会狼大叔从想要抓鸡吃鸡到后来为母鸡一家做好吃的食物的心理变化。

活动重难点

重点：了解狼大叔的性格特征。

难点：扮演狼大叔的角色，能大胆猜想。

活动准备

经验准备：幼儿对狼大叔有基本的了解，玩过集体舞游戏"哈喽，老狼"。

物质准备：

1. 狼大叔的头饰、笔、纸。

2. 视频。（素材来源于教师外出参观时拍摄的幼儿童话剧《狼大叔的红焖鸡》）

活动过程

一、幼儿回忆故事，观看视频《狼大叔的红焖鸡》。

1. 回忆故事。

教师：你们还记得《狼大叔的红焖鸡》这个故事吗？故事里的狼大叔是个什么样的狼啊？

2. 观看视频《狼大叔的红焖鸡》。

教师：那我们来看看视频，狼大叔像不像你们说的那样！

3. 集体讨论。

教师：狼大叔为什么要给母鸡做那么多好吃的啊？他一开始是怎么想的？后来又是怎么想的呢？现在你觉得狼大叔是什么样的狼？你喜欢他吗？为什么？

二、幼儿角色扮演，猜想狼大叔会为母鸡做的事情。

1. 角色扮演。

教师：谁想来扮演狼大叔？

2. 假设情境。

教师：如果你是狼大叔，你会为母鸡做什么呢？

3. 幼儿相互讨论交流自己的想法。

4. 请个别幼儿与大家分享经验。

三、幼儿自主创作。

1. 幼儿将自己的猜想画下来。

教师：请将你们的猜想画在纸上。

2. 展示作品，请幼儿说说创作时的想法。

教师：你是这样想的，你可以告诉大家为什么会这么想吗？

四、教师展示全体幼儿的创作并张贴布置在主题墙上，幼儿相互欣赏。

活动七：狼来了（科学）

活动目标

1. 了解狼的基本特性，知道狼是食肉动物、哺乳动物。
2. 在拼图游戏、观看视频中感知狼的习性。
3. 愿意进一步探索狼的性格特征，并积极参与集体讨论。

活动重难点

重点：了解狼的形象特征和基本习性。

难点：能从视频和图片中观察到狼的特性并自主记录。

活动准备

经验准备：幼儿了解哺乳动物的特点，在动物园或书本、电视上见过狼。

物质准备：

1. 动物拼图、图片、纸和笔。
2. 介绍狼的视频。

活动过程

一、教师以拼图引发幼儿探索兴趣。

1. 教师出示不完整拼图，幼儿操作感知。

教师：我这里有一些动物拼图，谁能把它们拼完整，看看它们究竟是哪些动物？

2. 幼儿分组操作拼图。

教师展示幼儿完整的拼图，幼儿观察。

教师：这是什么？（狼）你们刚才是怎样知道它是狼，并且把它拼完整的？

3. 教师引导幼儿观察狼的外形特征。

教师：狼和什么动物长得很像？又有什么不一样呢？

小结：狼的体型中等、不大不小，有利于快速奔跑。脸是尖尖长长的，鼻子部分突出来，耳朵尖尖直立着，鼻子非常灵敏，听觉很发达。狼的嘴长长窄窄的，嘴里长着大约42颗牙齿。狼的牙齿很尖并且锋利，能将肉撕碎。这也是食肉类动物的特点。狼是靠喝母亲的奶长大，狼是哺乳动物。

二、幼儿欣赏关于狼的视频、图片，感知狼的特性。

1. 幼儿观看视频、图片。

教师：从视频中你看出了什么？你觉得狼是什么样的动物？说出你的理由。

2. 教师与幼儿共同分析狼的肢体语言。

活跃：玩耍时，狼会全身伏低，嘴唇和耳朵向两边拉开，有时会主动舔或快速伸出舌头。愤怒：愤怒的狼的耳朵会平平地伸出去，背毛也会竖立，嘴唇会皱起，门牙露出，尾巴平举，有时也会弓背或咆哮。恐惧：害怕时狼会试图把它的身子缩小，从而不那么显眼，或拱背防守，尾收回，露出最不易受伤害的部位。服从：身体蜷缩起来，尾巴夹在胯部的两侧，呜呜低嚎，头部埋进臂弯，表示服从。

三、说说"你的发现"和"你的问题"。

1. 幼儿自主观察讨论。

2. 教师：刚才的视频中还有我们没说到的关于狼的特性，你发现了吗？

3. 幼儿结伴将自己的观察记录下来。

4. 教师：如果你还有什么问题或者想了解的也可以记录下来。

四、分享幼儿的发现及提出的问题。

教师总结：小朋友们很爱动脑筋，发现了许多我们刚才都没有发现的特征，也提出了自己的问题，对于这些问题，有的老师可以回答，有的还需要小朋友自己去寻找答案。等找到答案后再来与我们一起分享，好吗？

活动八：长长短短我知道（科学）

活动目标

1. 不受物体排列形式的影响，探索比较棒棒面包长短的方法，正确判断棒棒面包的长短。
2. 在操作活动中学习观察和比较的方法，发现错误能及时纠正。
3. 仔细观察，探索解决问题的方法。

活动重难点

重点：能正确判断出面包的长短。

难点：能仔细观察，探索不同的比较方法。

活动准备

经验准备：幼儿熟悉狼大叔的角色，有过比较的经验。

物质准备：

1. 3 根长度不一的面包（1 根直的，1 根打了一圈的，1 根打了两圈的）。
2. 标记牌、作业单。

活动过程

一、教师出示两个棒棒面包，引导幼儿观察。

1. 教师：狼大叔今天给母鸡一家做了两个棒棒面包，你们看，这两个棒棒面包怎么样？（很长）可是他现在分不清哪个面包长，哪个面包短，你们有什么好办法？请你们帮一帮狼大叔。

2. 请幼儿上台来动手操作，并相互讨论。

3. 教师总结：原来直直的面包并不一定就是最长的，打圈的面包看上去虽然没有直的长但是打开比直的还要长！

二、教师将打圈的面包与直直的面包进行比较，运用一头对齐的方法。

教师：现在狼大叔知道了一号面包比二号面包长，但是现在有一个面包跟二号面包差不多，但他不确定哪个更长，希望小朋友用刚才的方法帮他验证一下。

（在小朋友的建议下，把圈打开后进行比较，得出结论：两个面包一样长）

三、幼儿分组操作。

完成作业单《比比谁的长》。

四、集体评价作业单。

幼儿自我检查并纠正。

附作业单（教师设计）

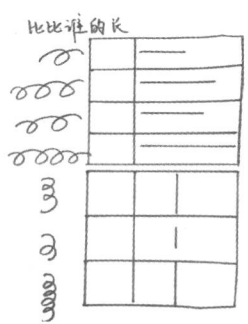

说明：作业单分别用横线、竖线、直线和绕圈线的方式请幼儿进行长短比较。帮助幼儿观察、探索、比较，正确判断长短。

活动九：煎饼磨坊舞会（艺术）

活动目标

1. 初步感受音乐的旋律及节奏，能根据节奏的快慢做出相应动作。
2. 在回忆故事、观看画面、理解人物形象的基础上创编不同的动作并大胆表演。
3. 感受欢快的音乐，并从中得到乐趣。

活动重难点

重点：根据音乐的节奏结合角色形象做动作。

难点：大胆创编出适合音乐节奏的动作。

活动准备

经验准备：幼儿对狼大叔的角色形象较了解，熟悉绘本《狼大叔的红焖鸡》。

物质准备：

1. 绘本《狼大叔的红焖鸡》。
2. 音乐《在雷诺瓦花园》(范宗沛)。

活动过程

一、幼儿回忆故事，欣赏音乐。

1. 教师：小朋友们还记得狼大叔的故事吗？他给母鸡送去哪些好吃的呢？
2. 教师：今天我们就去狼大叔的厨房看一看、听一听。狼大叔是怎样做出好吃的食物的呢？
3. 播放音乐，幼儿熟悉音乐节奏。

二、教师引导幼儿创编做美食的动作。

1. 教师：请小朋友们想一想好吃的煎饼、甜甜圈、蛋糕是怎么做出来的呢？谁来想想可以用什么动作表现？

2. 幼儿相互讨论，自己想象模仿动作。

3. 集体讨论，幼儿说出自己的想法，将好的动作与大家分享。

三、幼儿跟随音乐节奏，表演动作。

1. 根据节奏，将音乐分为三段，请幼儿自己创编舞蹈动作，分段表演煎饼、甜甜圈和蛋糕的舞蹈。

教师：你能将刚才创编的动作与音乐结合吗？

2. 幼儿自主尝试，与同伴交流讨论自己的经验和方法。

四、教师鼓励幼儿大胆表演，幼儿相互欣赏评价。

1. 请幼儿分组上台来表演。

2. 对幼儿表演的动作进行交流和评价。

活动十：哈喽，老狼（艺术）

活动目标

1. 根据替换歌词模仿老狼和小鸡的动作，清楚地了解自己扮演的角色并听音乐合拍地做动作。

2. 通过音乐节奏的变化、口令的指示、观察模仿，学习有节奏地做互相打招呼的动作。

3. 能分清里外圈的不同动作，体验老狼与小鸡做好朋友的美好情感。

活动重难点

重点：能替换歌词模仿不同角色的动作和神态。

难点：分清里外圈并做不同动作。

活动准备

经验准备：幼儿感受到了绘本中狼大叔和母鸡、小鸡之间的友情。

物质准备：

1. 音乐《请你看看我是谁》。

2. 狼与小鸡的头饰。

活动过程

一、音乐游戏"请你看看我是谁"。

教师：小朋友们听，这是什么歌曲？你会玩这个音乐游戏吗？

二、引入角色进行歌词替换。

1. 教师出示狼与小鸡。

教师：今天，狼和鸡来我们班做客，也想和我们一起玩刚才的游戏。我们怎样带着他们一起玩呢？

2. 幼儿自愿选择扮演狼或者鸡。

教师：你愿意扮演狼还是鸡？为什么？

3. 根据角色的需要改编歌词。

教师：如果你扮演狼你什么时候做动作？如果你扮演鸡你什么时候做动作呢？

三、幼儿尝试扮演角色表演集体舞。

1. 幼儿听音乐站双圈。

2. 幼儿戴上头饰，明确自己的角色。

3. 幼儿听音乐替换歌词。

4. 幼儿根据歌词边唱边做动作。

四、体验老狼与小鸡做朋友的美好情感。

1. 教师：舞蹈里，老狼和小鸡互相猜测打招呼的时候为什么要拥抱啊？

2. 教师：原来他们成了好朋友！朋友之间说好听的话，做友善的动作就能成为好朋友对不对？和你的好朋友说说好听的话，抱一抱吧！

附歌曲

请你看看我是谁

集体配词
美国乡村音乐

1=C 2/4

前奏
(5 65 3 5 | 5 3 3 3 | 4. 3 4 5 | 6 5 5 | 0 5 0 6 | 5 3 3 3 |

4 5 4 3 2 | 2 — ‖: 5 5 | 3 3 3 | 4. 4 5 6 | 6 5 5 |
　　　　　　　　　　　He- llo. 朋　友，你　好 你　好！

5 5 | 3. 3 3 | 4. 4 3 2 | 2 — | 5 5 | 3 3 |
He- llo. 朋　友，你　好 吗？　　　　赶　快　进　去，

4. 4 5 6 | 6 5 5 | 4. 4 4 4 | 3 3 2 2 | 1 — |
找　个 朋　友，　　把　手　放 肩　上。

1 — | 0 6 0 5 | 6. 5 3. 4 | 5 | 5 3 | 5 6 3 | 0 6 6. 3 |
　　　（念白：请你 看看 我 是 谁？ 转　身　面 对 面。）

5 3 3 :‖ 0 6 0 1 | 6. 5 3. 4 | 5 | 5 3 | 5 6 | 3 | 0 6 0 1 |
D.S.

5 3 3 | 5 5 | 3. 3 3 | 4 4 5 6 | 6 5 5 | 5 5 |
　　　He- llo. 朋　友，你　好 你　好！ He- llo.

3 3 3 | 4. 4 3 2 | 2 — | 5 5 | 3 3 | 4. 4 5 6 |
朋　友，你　好 吗？　　　赶　快　进 去　找　个 朋

```
6 5 5 | 4.4 44 | 33 22 | 1 - | 1 - 0 6 | 6.5 3 4 |
  友      把 手 放  肩 上。        (念白：请你 看看  我是谁？

5  5 3 | 5 6 6 | 0 6 6.1 | 65 32 | 3 2 1 | 1 - | 1 - ‖
转  身   面 对 面。)
```

活动十一：可爱的鸡（艺术）

活动目标

1. 观察小鸡的各种不同形态，用揉、搓、捏、插、压等动作练习制作小鸡。

2. 用不同的色彩调配制作小鸡和鸡妈妈，发展手部肌肉的灵活性和协调性。

3. 大胆创作，体会创作成果给自己和他人带来的快乐。

活动重难点

重点：均匀地搓揉黏土，不留空白。

难点：能根据不同形状的泡沫进行创意搭配，大胆想象创造。

活动准备

经验准备：幼儿有揉、捏、搓的动作基础。

物质准备：各色黏土，大小不同的泡沫模型，鸡的各种形态的图片。

活动过程

一、教师出示黏土鸡的成品，引起幼儿兴趣。

1. 教师出示"神秘人物"，引发幼儿观察兴趣。

教师：今天，《狼大叔的红焖鸡》故事里的一个神秘人物来我们班做客了，她是谁呢？原来是鸡大婶。

2. 教师引出话题，寻求幼儿的帮助。

教师：鸡大婶今天来是想请小朋友们帮个忙，她的孩子和家人都不见了，怎么办啊？我们帮帮她，怎么帮她呢？

二、幼儿观察鸡的各种形态。

1. 帮助鸡大婶制作小鸡宝宝。

教师：我们来帮她做一些小鸡宝宝好不好？

2. 观察图片、自主探索。

教师：看看这些都是鸡大婶的家人，他们和鸡大婶长得像吗？哪些地方像？哪些地方不一样？

三、幼儿探索黏土鸡的制作方法。

1. 观察黏土鸡的外形及制作材料。

教师：咦，鸡大婶是用什么做的，你们谁知道？

2. 自主探索操作材料。

教师：这是黏土、泡沫模型，你们可以玩一玩，感受一下。

3. 自由讨论和探索黏土鸡的制作方法。

教师：黏土是怎样变成鸡大婶的呢？和你的好朋友说一说，交流讨论。

4. 总结制作方法。

教师：我们可以根据蛋形泡沫（鸡的身体）的大小，选择黏土的颜色均匀地粘贴在模型上。再用其他颜色的黏土做鸡冠和嘴巴以及四肢。

四、幼儿操作，教师指导。

教师重点指导：均匀地搓揉黏土，不留空白的地方。

五、布置鸡大婶的"家"。

教师：你们给鸡大婶找到了孩子和家人，鸡大婶真开心啊！我们帮助她把孩子和家人都送回家吧！

活动十二：小鸡之家（艺术）

活动目标

1. 幼儿学习用不同的方法折纸房子并以添画的形式制作"小鸡之家"。

2. 在活动中探索观察，比较两种房子的不同特点，运用对边折的方法折房子，并大胆进行添画。

3. 在美术活动中体验与同伴合作以及帮助小动物的快乐。

活动重难点

重点：学会看流程图，了解折纸的方法。

难点：将正方形折成三角形。

活动准备

经验准备：幼儿已有折纸的经验。

物质准备：

1. 正方形纸，油画棒。

2. 折纸流程图（参见图 4-10-1、图 4-10-2）。

活动过程

一、纸偶导入。

1. 教师出示纸偶，引起幼儿兴趣。

教师：小鸡今天来想请小朋友帮个忙。（出示纸偶）想让小朋友帮忙给他做个房子。怎么做呢？

2. 教师出示材料。

教师：瞧，老师手里的是什么？（纸）别小看这张纸哦，它会变出小鸡需要的漂亮小房子哦！（出示折好的小房子）怎么变呢？谁愿意试试？

二、幼儿自主观察流程图，学习折房子。

1. 教师出示流程图，引导幼儿观察，尝试折房子。

教师：这两个房子有什么不一样吗？你想折哪一个？先自己试一试。

2. 幼儿动手尝试折小房子，教师引导幼儿共同解决有难度的步骤。

教师：你觉得哪一步是比较简单的？哪几步会比较难？你可以和好朋友讨论一下。（幼儿相互讨论）谁来说说看你有什么困难？

3. 幼儿与教师共同学习折房子的方法。

参考折纸流程图，学习两种房子的不同折法。

4. 幼儿再次操作，教师巡回指导。

幼儿讨论不会或者觉得比较难的步骤，师幼共同解决难点。

三、添画"小鸡之家"。

1. 添画门窗、完善房子。

教师：小朋友折的房子都很漂亮，可是看看它还缺少了什么呢？（门、窗户）老师还为小朋友准备了好看的正方形纸、油画棒。你们自己去完成好吗？

2. 粘贴画《小鸡之家》。

幼儿合作将折好的小房子粘贴在绘画纸上，并分组进行情景添画（小鸡的家）。

四、幼儿相互欣赏同伴作品，进行评价。

师幼共同欣赏小结：看看小鸡喜欢谁为他准备的家呢？为什么？

附折房子流程图

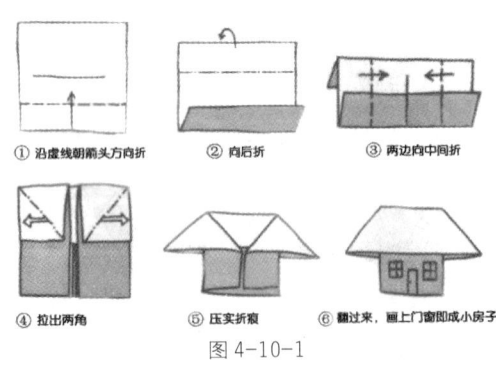

图 4-10-1

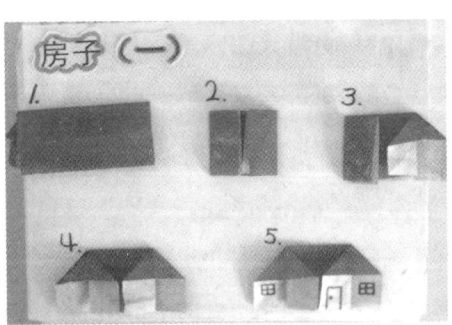

图 4-10-2

活动十三：好吃的蛋糕（艺术）

活动目标

　　1. 幼儿尝试用黏土装饰蛋糕，学习左右及上下对称装饰蛋糕的方法。

　　2. 欣赏、观察不同图形的蛋糕，能大胆地进行创意装饰。

　　3. 在与同伴相互配合中学会倾听别人的想法，体验合作后的成功感。

活动重难点

　　重点：尝试根据自己的设想，大胆迁移手工制作经验用黏土对蛋糕进行装饰。

　　难点：在组合图形时，揉搓的力度要适中。

活动准备

　　经验准备：幼儿已有用黏土制作的经验。

　　物质准备：狼大叔做蛋糕的图片，蛋糕图片，模具，超轻黏土，背景音乐。

活动过程

　　一、教师设置"狼大叔过生日"的情境，引发幼儿做蛋糕的兴趣。

　　教师：狼大叔给母鸡一家做了许多的蛋糕，母鸡小鸡都非常喜欢吃。今天是狼大叔的生日，谁愿意给狼大叔做蛋糕庆祝生日呢？

　　2. 幼儿自主讨论做什么样的蛋糕。

　　教师：你想做什么样的蛋糕送给狼大叔？和好朋友说一说。

　　二、通过欣赏、观察图片，激发幼儿大胆想象创造。

　　1. 幼儿欣赏蛋糕图片，提升已有经验。

　　（1）教师（出示各种蛋糕的图片）：看这里有那么多蛋糕，你最喜欢哪一个？为什么？

　　（2）小结：这些蛋糕都很漂亮，每个蛋糕上的装饰也不同，花纹、颜色、图案丰富多彩。看上去就很诱人是不是?你们想不想尝试做一做?

2. 教师:如果你是蛋糕师你会做什么样的蛋糕?(引导幼儿从上面、下面、侧面观察,描述)

3. 教师:看看这些图案是用什么做出来的?

三、幼儿制作、装饰蛋糕,教师指导。

1. 教师:后面的桌上有制作蛋糕所需的材料,请你们每一组一起商量,合作装饰出漂亮的蛋糕。

2. 幼儿分组操作,教师巡回指导。

四、送蛋糕给狼大叔,分享同伴的经验。

教师:狼大叔会喜欢哪个蛋糕呢?为什么?我们一起把为狼大叔做的生日蛋糕送给他吧!祝狼大叔生日快乐!

五、区域活动

语言区

好听的故事

材料准备

1. 绘本《狼大叔红焖鸡》及情节发展顺序图。

2. 绘本小卡片、托盘。(见图4-10-3)

图4-10-3

操作要点

1. 根据绘本的发展顺序图,尝试对小卡片进行排序,在自由探索中熟悉故事的情节。

2. 在熟悉绘本内容的基础上可以邀请同伴合作排序,在排序游戏中大胆地用语言连贯地表达自己对图片的理解和认识。

> 美工区

狼大叔与小鸡

材料准备

1. 折纸房子步骤图，黏土小鸡制作图。
2. 各种半成品材料（见图4-10-4），美术工具（见图4-10-5）。

图4-10-4

操作要点

1. 根据步骤图尝试折纸活动和手工黏土搓圆、压扁活动。
2. 在掌握折房子的基础上进行小鸡家的添画装饰；在利用模型制作小鸡手偶的基础上进行小鸡身体、嘴巴、翅膀、鸡冠、鸡爪的制作装饰。
3. 自由进行各种折纸活动和绘画涂色活动，利用卷纸芯进行粘贴狼大叔、小鸡、母鸡等纸偶的创作，将纸偶装饰在墙面或者小鸡之家的房屋上。

图4-10-5

> 表演区

狼大叔的红焖鸡

材料准备

1. 狼大叔、小鸡之家、小树林、花丛、小屋、母鸡、小鸡等纸偶。（见图4-10-6、图4-10-7、图4-10-8）

2. 故事CD、童话剧《狼大叔红焖鸡》。

操作要点

1. 倾听故事录音CD，进行手偶、纸偶的游戏桌的表演，在游戏中大胆模仿表现各个角色的语句、语气。

2. 自由观看童话剧《狼大叔的红焖鸡》，尝试用身体动作、律动模仿童话剧中各个角色的表演。

3. 自由商量角色进行绘本故事的表演。

六、环境创设

《幼儿园教育指导纲要（试行）》中明确指出："环境是重要的教育资源，应通过环境的创设和利用，有效地促进幼儿的发展。"随着主题活动《狼大叔的红焖鸡》在班级中的不断开展和深入，我们充分尊重幼儿的发展和自主性，积极挖掘幼儿的个性。让幼儿积

图4-10-6

图4-10-7

图4-10-8

极主动地参与其中，充分发挥幼儿的主体作用。鼓励幼儿对环境的创设大胆发表自己的想法，提出对主题活动的需求和问题，比如，幼儿提出"如果能在教室显眼的地方随时看到这个故事就好了"，于是我们创设了篇幅较大的绘本图示墙（见图4-10-9），在自由、自然的环境中激发幼儿的创造性和灵感，使幼儿能运用多种技能手段去表现自己的想法，体会到成功的满足和喜悦，如：创设自由的角色体验氛围，幼儿通过叙述、表演、绘画等方式表现自己变成"狼大叔"后的心理活动（见图4-10-10）。我们力图让幼儿在整个环境创设过程中学习思考、合作、观察、发现问题、解决问题，真正变成环境的主人，创设自己喜欢的环境。（见图4-10-11）从单面的主题墙到立体的主题悬挂作品、从多面的主题墙到区角活动（见图4-10-12），各个细节都体现出幼儿参与的痕迹，使幼儿真正成为环境的创设者和参与者，从而得到自然的成长与发展。

图 4-10-9

图 4-10-10

图 4-10-11

图 4-10-12

七、我和爸爸妈妈的话

林子：

一棵枝繁叶茂的大树后趴着一只戴着厨师帽的狼，不远处一只昂首挺胸的母鸡走过。女儿巴巴地看着我:"妈妈,今天晚上你要给我讲这个故事哦!"晚饭后,女儿迫不及待地跑到我面前,手里拿着这本《狼大叔的红焖鸡》,大声喊着:"妈妈!妈妈!讲故事,讲故事!""好好好!"我把女儿抱在怀中,翻开了书。本来看到书的题目和封面,就猜测着这里面所讲述的故事肯定是善良战胜邪恶,母鸡智斗大灰狼的桥段。可没想到读下来,事情的演变却是那么的生动有趣,让人打破一贯的思维定式,耳目一新。爱的力量是伟大的,她让狼大叔从狡猾变得善良,让丑陋变得美好,使幼儿从中领悟到爱能给世界带来转变。在人们的印象中,狼是凶猛、残酷、不受欢迎的角色。在故事的最后,狼不再想吃鸡,而是觉得给小鸡们送好吃的是一件幸福快乐的事儿,真是一个大大的转折,令人眼前一亮。我和女儿都被"狼大叔"打动了。女儿听完整个故事后,问:"妈妈,后面呢?狼大叔和小鸡们成为好朋友了吗?""嗯,是的,宝贝。狼大叔从此以后变得善良,他和小鸡们成了最好的朋友。"我很肯定地说。在幼儿的世界里,培养他(她)们对真、善、美的认知,对世界充满希望,怀抱美好的梦想,不正是我们所有的老师和家长们一直努力的方向吗?最后随文附上一句特别有意义的话:这世上的一切都借希望而完成,农夫不会剥下一粒玉米,如果他不曾希望它长成种粒;商人也不会去工作,如果他不曾希望因此而有收益。

澄澄:

这几天和小朋友一起读了《狼大叔的红焖鸡》这本书,书中的狼大叔很贪吃,整天都想着吃。我问女儿:"你喜欢这本书吗?为什么?"女儿说:"喜欢。当初狼大叔做可口的美食给母鸡吃是不怀好意,可到最后被母鸡和鸡宝宝的热情感动了。"书中几次用到"一百"这个量词,我觉得挺有意思,狼大叔每次都做了一百个点心,后来得到了小鸡的一百个吻,这说明付出多少也会得到多少回报,付出与回报是同等的。看完这本书让我们领悟到付出必有回报,爱心可以融化一切的敌意,让人变得善良!澄澄读完这个故事经常会说:"我觉得狼一开始很坏,但是后来我又觉得他变好了。他为小鸡做甜甜圈、蛋糕和一百个饼干都是好样的,但是他要吃红焖鸡是没有奖励的。"她最近阅读激情高涨,催着让我去童书馆借书,前几天她问我图书漂流盒什么时候漂到她那儿,她很期待拿到漂流盒。她还说在幼儿园，老师讲完故事以后会提问，然后让她们来回答，看得出来她很喜欢这次阅读活动。

阳阳：

在和孩子亲子共读的过程中，我也思考了为什么这本绘本会成为经典。感想如下。

1. 绘本颠覆了传统的大灰狼形象。大灰狼是阳阳最喜爱的动物，因为他是一个神秘的坏蛋形象——凶狠、狡猾、有力量，满足了小男孩潜意识里小小的破坏欲。有本儿童杂志起名叫《大灰狼》，显然是迎合了孩子们的这种心理。但是《狼大叔的红焖鸡》里狼和其他的大灰狼不一样，他围着餐巾、戴着厨师帽、表情多变、动作夸张有趣、略显"呆萌"，是一只拙趣可爱的狼。狼大叔为了养肥自己的猎物费尽心机，最后却又被鸡妈妈和小鸡们热情的感谢所感化，变成了"圣诞老公公"一样的好人。狼大叔的形象和故事情节都打破常规，极富戏剧性和喜剧性。

2. 仁爱和向善的主题。狼大叔最初是个坏家伙，小鸡们有爱心、懂得感恩，他们用自己一片天真的热情感化了狼大叔，让他也变得仁慈有爱。故事没有生硬的说教，却能让孩子在笑声中领悟很多。正是在大灰狼的这种急剧转变的过程中，孩子理解了爱、感恩和善良是美好的，是可以相互感染的。"坏人"变好了，小读者们也非常开心。

3. 幽默风趣的语言。该绘本语言形象生动、通俗易懂、画面感强。狼大叔第一次见到鸡时，"蹑手蹑脚地跟在后面"；在给鸡喂了许多好吃的之后，狼大叔想"那只鸡现在一定胖得像个气球了"。

4. 温暖简洁的画风。整个绘本的风格十分温馨，水彩画以暖色为主，画面简洁明了，着重突出了人物鲜明的性格特点。主角狼大叔夸张的动作和表情被画得十分到位。相对于狼大叔的忙碌、狼狈和失落，鸡妈妈倒是一直高高地昂着头走路，表情淡定，读来十分有趣。此外，小鸡也画得很有意思。阳阳在阅读过程中提到了关于小鸡的两个细节：一是当小鸡们知道狼大叔是恩人，争先恐后地要去亲他时，一只小鸡着急地踩在了另一只鸡的头上。二是在最后一页，小鸡们收到了狼大叔送来的一百个香甜的小饼干，画面右下角有两只小鸡在争夺一块饼干。这些细节都显示出作者对于童真世界的细腻观察和了解。

第五章
教师在创设自由的早期阅读环境中的收获与成长

第五章　教师在创设自由的早期阅读环境中的收获与成长

第一节　一场关于收获与成长的教师沙龙

时间：2015年6月18日

地点：行政楼一楼会议室

主持人：王燕兰、朱敏

参加人员：早期阅读课题组全体人员：凌晨、朱敏、庞颖、仇光庆、谢晓莉、沈宁、李娟、乔蓉、王斐然、张露露、张思瑶、周悦晓、孙梦娇。

沙龙主题：早期阅读子课题组在开展"创设自由的早期阅读环境促进幼儿自然成长"实践研究以来，教师在教育观念、教育行为、教育策略等方面的改变，以及在教育实践中的收获和成长座谈。

主持人：各位老师好！我园语言教研组是最早参加南师大专家主持的课题研究教研组之一，在专家的指导下，语言组成员秉承"让每一位幼儿都得到发展"的宗旨，踏实敬业、不怕困难，勇于探索、勤于实践，为幼儿园语言教育教学的改革做出了自己不懈的努力，为幼儿园形成特色的语言教育做出了贡献。

1986年底，我园教师在原南京师范大学学前教育专业周兢教授的指导下，开始了"幼儿园语言文学教育活动"的实践、探索和改革，语言组老师不断研讨，并在专家的理论指导下，探索总结出了儿童文学网络活动的基本模式，即组织构架的多个层次。接着，语言组老师又开始了对幼儿早期阅读活动的研讨，观察并掌握了各年龄段幼儿选择、阅读绘本的规律，总结了指导幼儿开展早期阅读活动的方法与策略。语言组卓有成效的研究，为幼儿园赢得了一定的声誉，为幼儿的语言发展奠定了基础。

自 2011 年幼儿园申报了省"十二五"课题——"创设自由环境，促进幼儿自然成长的实践研究"，经过五年的课题实践研究，我们早期阅读组的老师在教育观念、教育行为方面有哪些改变呢？在实践中我们又得到了哪些收获与成长呢，下面请老师们畅所欲言。

李娟老师：起初只是将"自由"从字面上进行理解——创设自由的环境，让幼儿在这个环境中自然成长，但是，当时我们对孩子的一些行为和思考还是约束过多，例如：在幼儿看完一本书之后，在阅读观察时，让他们按照老师的思路来说；老师在提出问题后，若幼儿回答不上来，老师的内心会有一种焦虑，总希望能够引导幼儿回答出老师所需要的答案……

在课题研究的过程中，我从观念上有了较大的转变，幼儿的成长速度与成人希望的速度是有差距的，现在我能够耐心地等待他们。记得有一次在幼儿中餐之后，我看见有个孩子将书反着读，同时用手指，我没有打扰他，因为我看出这个孩子在模仿成人讲故事的样子。教师耐心观察并等待幼儿，在幼儿出现问题时，不急于介入，这样幼儿的学习主动性会有所提高。为幼儿创设他们喜欢的环境，不仅是物质环境，心理环境也是相当重要的一个方面，不仅在阅读的区域中创设自由环境，在日常生活中也要将自由、自然的理念渗透其中。

王斐然老师：过去，在带领幼儿看书时，我会直接呈现绘本进行讲述，对于幼儿已有的经验了解不深，对学习环境考虑的也不多。现在，通过参加课题研究后，对于创设一个幼儿喜欢的阅读环境我深有感触。首先是"阅读环境"的打造，我们在托班，面对 2~3 岁的孩子，创设自由的阅读环境，就意味着要提高幼儿阅读的积极性、主动性，为了让幼儿"愿意说，能够说，说得好"，我先了解幼儿的兴趣点，选择适宜的绘本，然后，我们与幼儿一起有意识地营造一个阅读的氛围，在教室里制作了与绘本主题相关的苹果树，我们一起在苹果树下读书，分享快乐，幼儿在感受的过程中阅读，最后，为了让阅读更为有趣，我们会在区域活动里，根据幼儿喜欢操作嵌板的特点，将绘本制作成拼图，让他们与同伴一起玩。拼完一个故事，幼儿会很开心，并且有成就感，他们会还想玩！所以对于幼儿阅读兴趣的培养，不只是单一的看读，讲故事，还需要氛围的营造，了解幼儿的所需，找准切入点，会收到意想不到的效果。

庞颖老师：在课题研究过程中，对"自由"界定的探讨，从不清晰到逐步清晰。自由不是绝对的自由，而是有限制的自由，是幼儿在一定行为准则下的自由，幼儿不仅有选择图书的自由，而且有表达、理解、想象的自由。

环境对人的作用：与善人居，如入芝兰之室，久而不闻其香，即与之化矣。与不善人居，如入鲍鱼之肆，久而不闻其臭，亦与之化矣。现在看这段话，一方面看出环境的重要，另一方面也看出人作为一种被动体被环境改变和同化。今天我们所要做的不是被动地接受环境，而是主动地创设环境，创设有利于幼儿发展的自由平等的，使他们能够大胆表达积极创造的环境。同样，作为语言教研组组长，在教研活动中，充分地让教师们自由地表达教研随想，大胆选择表达的方式，也是我们在研究过程中的收获。

主持人：刚刚听了老师们的发言，我也在回忆当年在课题申请过程中一场又一场的讨论，当时大家对"自由"的理解比较直接，在很多次的讨论和交流中，可以看出来，老师们对于自由环境的打造从理念层面到具体实践的过程中，有了很大的转变。除了打造自由的阅读环境，现在我们在幼儿阅读时更加关注的是幼儿的独立思考和自由表达。创设自由的环境，供幼儿自由地阅读，在等待幼儿成长的空间中，鼓励幼儿独立思考与表达，促进幼儿的思维和语言发展。各位老师在教研实践中一定会有和以前不一样的想法和做法，请各位举些事例来谈谈观念转变后带来的行为转变。

张斯瑶老师：我们在带幼儿开展"巴士到站了"的主题活动时，尽可能捕捉和挖掘生活中的信息，调动幼儿的生活经验，从生活出发，让幼儿自主创设环境，让幼儿在自主、自由的环境中成长。过去，我们的区域材料非常精美，因为是老师制作的，可幼儿不一定喜欢；后来，我们提供了一些半成品和一些废旧材料，让幼儿自己制作，这样不仅锻炼了幼儿的动手能力，也让他们在自由的环境中充分发挥了自己的想象力。我们班是混龄班级，在同一个活动中，会有不同的层次、体现不同的特点，例如：在主题结束后，3岁幼儿可以在区域里开展涂色和粘贴主题中的角色的活动，4岁幼儿可以制作角色手偶进行表演，5岁幼儿可以制作《巴士小书》等，幼儿都很喜欢。在幼儿创编故事时，过去幼儿总是让老师帮忙写画，老师忙得够呛，现在是幼儿自己画，自己装饰，自己讲给同伴听，这样的活动更加调动了幼儿的积极性，让他们更愿意自己动手制作、开口讲述，我们还邀请家长参与其中帮助幼儿记录，让他们也更加了解孩子们的心声，更加理解孩子，同时也亲密了亲子关系。

孙梦姣老师：在创设自由的阅读环境时，为了提高幼儿的阅读兴趣，我们让幼儿共同参与环境的创设。在绘本主题教学活动中，我们与幼儿一起将走过的主题活动的轨迹呈现在墙上，让幼儿自由交流；每天我们会通过晨间谈话，发现幼儿的兴趣点，并将谈话的重点内容制作成绘本小书，幼儿讲述故事的内容可以用自己的符号记录下来，老师提供一些图片、胶带、绳子、打孔机等，在幼儿创编绘本后，老师提供幼儿与同伴分享交流的机会。

沈宁老师：在课题研究中，我深刻感受到在自由的空间里，创设让幼儿说话的机会和空间、体验语言交往的乐趣尤其重要。在这里我以我班开展的亲子绘本表演为例：以前会有两种情况出现，第一种是在小班年龄段，老师不敢让幼儿进行绘本表演；另一种是即使开展亲子绘本表演，也是老师构想预设好的内容。通过课题研讨我们转变了观念：表演对幼儿来说是一种体验，老师的作用是帮助幼儿搭建一个平台，针对小班幼儿的年龄特点，我们选择了《小蝌蚪找妈妈》的故事，这一故事虽然篇幅较长，但情节简单，重复对话多，符合小班幼儿的年龄特点。通过主题教学活动，幼儿了解了故事情节，学会了对话，之后我们邀请每位幼儿和部分家长参与录音活动，老师将录音进行编辑，再播放给幼儿听，幼儿听到自己的声音在故事里出现，他们会感到惊奇且表演的积极性更高。小班的幼儿不知道什么是舞台，我们就在户外体育活动时创设情境让幼儿模仿池塘里的小动物游泳、爬行、游戏，等到表演时他们就了解了部分场景中的走位，只需代入角色自然发挥，在家长们的加入和带领下，每个种类的小动物都可以向动物妈妈进行模仿和学习。

主持人：在适合幼儿的集体阅读活动中，教师能够通过观察比较，发现某些幼儿阅读的特别需要，以便提供及时、恰当的帮助。平时我到班级中观察幼儿在阅读区的活动时，幼儿很有序且专注，规则意识也是保证幼儿有序开展阅读活动的基础，在规则的出现和制定方面老师们是怎么做的呢？

谢晓莉老师： 今天我想谈谈关于阅读区规则的建立。在过去的班级管理中，有关规则的事似乎更多的由老师说了算，幼儿总是成为被动管理的对象。通过课题研究和观察我发现，无视幼儿的需要强加给他们的规则常常效果欠佳。我们在制定阅读区规则之前，常常会从幼儿情感和认知经验入手，引导和激发他们主动参与讨论并形成规则。这样的规则是顺应幼儿发展需要的，更能激发他们自主管理的意识，有助于养成良好的习惯，可以让幼儿受益终身。

策略一：送书回家。在引导幼儿养成有序摆放图书规则的过程中，我们引入现实生活中图书馆的管理方法（书和书架上有相同的编码），将每本书和书架都做上对应的记号，这样幼儿就可以轻松地将书摆放到相应的书柜。

策略二：图书医院。班级图书使用率高，因而破损率也高。破损的图书该如何处理呢？我借助幼儿的生活经验，开展了讨论："你们生病以后是怎么办的呢？"于是，小朋友们想到了开办"图书医院"。很快，我准备了一个贴着红十字的藤筐放在了阅读区，幼儿非常喜欢，他们总是在发现破损图书后第一时间将书小心地放在里面。

策略三：爱护图书。对于小班幼儿来说，翻阅不当或争抢图书是造成图书破损的主要原因。为此，我开展了一个关于"纸"的科学游戏活动，幼儿通过摸、揉、撕纸等活动，对纸易皱、会破的性质有了感性的认识。在此基础上我进一步引导他们将纸和书联系起来，帮助他们意识到使用不当就会损坏图书的问题。最后，通过讨论幼儿谈到了很多"和书做朋友"的注意事项，如看书时要一页一页轻轻翻页角，喜欢的书需要轮流看，不能抢，等等。在丰富了认知经验的基础上幼儿更愿意主动遵守爱护图书的规则。

策略四：图书分享日。由于各种原因班级里的图书更新周期比较长。为了能更及时地满足幼儿的发展需要，我们通过"图书分享日""我喜爱的书"等活动，鼓励幼儿和家长定期向大家分享和推荐自己喜爱的书。当老师声情并茂地与小朋友们共同阅读自己带来的书时，小主人总是特别地满足。所以，这样的图书更新方式常常得到幼儿和家长的积极支持。

庞颖老师： 过去班级的阅读区是一个小角落，只可以供几个孩子阅读。在课题研究的前期，我们对幼儿喜欢什么样的阅读环境进行了问卷调查，了解到99%的幼儿都喜欢大大的、明亮的阅读环境。于是我们就把班级的阅读区域扩大到整个活动室的范围，让幼儿可以在活动室的多个区域自由选择图书。供幼儿选择的图书种类更多，阅读的方式更加自由：结伴阅读、个人阅读、边阅读边交流等。在大的环境中幼儿交流的方式更为多元，我们从上一届的班级一直到现在的班级都保持了这种开放的格局。在老师隐性的关注和观察引导下，幼儿的阅读更加主动、交流更为积极。

在幼儿阅读活动中，老师需要做的是引导幼儿共同商议建立规则，以解决不断出现的问题。如优先规则的出现，就是我们观察幼儿在阅读中出现问题后和幼儿一起商量制定的。通过观察我们发现几乎每个幼儿都有藏书的现象。经了解这是因为他们很喜欢一本书，想在下次阅读时依然能读到它，或是这一次他们没有读完想在下次能及时读到。在没有制定规则前，每当看到有孩子藏书，就会有别的孩子来告状，而藏书的孩子总是很不情愿地把书拿出来。为此我们组织幼儿讨论：怎样解决藏书的问题，以满足幼儿想再次阅读的愿望。最后商定：每个幼儿保证在一周时间内对某一本书有优先选择的权利，可以在图书上贴照片为约定，到下周再重新选择。实践下来，不仅幼儿阅读的积极性高涨，而且他们会把一本书看得更加认真仔细，做事的规则意识也更加增强。

凌晨老师：理念的转变，带来行为的改变，幼儿在集体中自律的成分越多，自由度就会越大，这种转变自然延伸到了规则的制定。给幼儿一个空间，让幼儿去感受、体验、表达，给幼儿一个参照物，使取放图书做到一目了然，幼儿摆放图书有据可依，整理起来也很顺利。这只是从一个点看出了老师们以幼儿为中心的做法，其实，各个班级都在不同的层面进行着实践和转变。在此次沙龙中能够看到各位老师能关注到幼儿有不同的需求和想法，其实每个幼儿的想法和愿望都从自身出发，既有个性也存在共性。教师将这些想法加以总结并作为班级阅读环境创设的依据，就能够创设出幼儿喜爱的有利于他们身心愉悦放松的自由阅读环境，满足他们的愿望。

周悦晓老师：托班幼儿年龄小，语言表达能力和早期阅读理解能力较弱，上学期刚开始时，在班级的"阅读时光"时间段里，班级幼儿只是重复地用手"翻"绘本，对绘本画面上的内容并不感兴趣。在观察到这一现象后，我们与幼儿共同讨论，发现班级原有的绘本对他们来说不太符合他们的年龄特点：画面复杂，文字偏多，并且他们对以动物为主的图书比较感兴趣，于是我们将班级的图书更换为更符合幼儿兴趣特点的图书，图书中的画面也相对形象突出有特点。渐渐地，老师发现幼儿会在老师阅读完某本图书后，模仿老师的模样对着身边的同伴开始"讲故事"。从刚开始的断断续续的三言两语，到渐渐变成完整的句子，在老师的积极鼓励下，班级幼儿开始在"阅读时光"里表达自己的所思所想。

仇光庆老师：几年前我担任中大班幼儿的老师，到了区域活动的时间，很多幼儿不愿意选择阅读区，因为当时阅读区只有书架上陈列一些图书，而且较久没有更换，以普通电脑制作的故事书、儿歌集为主，图书制作不精美，对幼儿的吸引力不大，老师也多半在其他区域进行观察、指导。

现在我班的幼儿只有2~3岁，虽然年龄小，但很愿意去阅读区看书，因为在做课题研究以后，园部给予了老师自主选择购买图书的机会，我选择购买了不同材质、形式、题材的书：纸书、布书、磁铁书、动物毛书；左右翻看书、上下翻看书、立体书、折叠书、洞洞书；故事类书、科学知识类书、小制作书等。

平时老师也能有意识地多关注语言区，我们会带着更多的幼儿一起看书，以自己的行为示范正确的拿书看书方法，做幼儿的榜样。有时我们一边看书，一边提问，抓住主要部分，让幼儿观察画面，现在每天区域活动的时候，总有好些幼儿在阅读，有的是好几个幼儿在一起看一本书，幼儿阅读的兴趣明显增强。

另外，要多提供语言交流的环境。幼儿年龄小，我会抱着他们，面对面或者蹲下来与幼儿沟通，对于表达不连贯的幼儿也能耐心地倾听他们的心声。现在幼儿能够想说、敢说、乐于说。

张露露老师：托班幼儿年龄小，语言表达能力还不是很强，语言发展状况是话不成句，一个字一个字说。记得蒙台梭利曾经说过：语言是出生后从环境中得来的。通过创设某些适宜的语言环境（软环境或者硬环境）可以促进幼儿的语言发展。于是在刚刚仇老师讲到的提供适宜的绘本之外，我们又从软环境上突出了爱，在阅读区中为幼儿提供舒适的沙发、柔软的地毯，创设轻松舒适的家的氛围；阅读的形式上也不局限于端端正正地坐着，幼儿可以采用靠在沙发上、坐在地毯上等多种形式阅读，让幼儿感受到幼儿园像家一样，老师像妈妈，让他们愿意跟你说一说，聊一聊。宽松的语言环境让幼儿语言表达能力得到发展。

蒙台梭利说："幼儿在听的过程中，以听力感知直接刺激口语的发展与运动，并且在听力感知的刺激下，口语本能地发展起来，好像是从遗传的沉睡当中苏醒一般。"所以，倾听能力的培养也是幼儿口语表达的关键因素，我们在平时的蒙氏工作展示时会有语言的展示和肢体的配合，幼儿会将听到的语言转换成自己的语言。在学习插座圆柱体时，老师说粗粗的、细细的、平平的，幼儿在自己操作时也会跟着说出来，词汇得到了丰富，语言能力自然也就得到了提高。

主持人： 幼儿时期是语言发展的敏感期，老师跟随幼儿的年龄发展特点和兴趣爱好，为他们提供愉悦而自由的环境，使幼儿在文学作品的浸润下获得了语言表达、意境审美的多重收获。同时，我们的老师在课题研究的过程中，还会开展一些绘本教学活动。下面请老师们谈一谈自己在自由环境自然成长研究过程中开展绘本教学活动所获得的一些启示。

乔蓉老师： 谈到绘本教学，我有一点感受想与大家分享。过去我们会根据班级幼儿的年龄特点选择适宜的绘本进行教学活动。选择的绘本是以图加文的形式呈现故事的主要内容，在教学活动中，教师、幼儿也常常会被绘本中设定好的故事情节和文字所限制。

一次偶然的机会，我阅读了一本无字书——《我的狮子》的绘本。由于此绘本没有文字限制故事发展的过程，经过一次又一次地翻阅，我有了新的发现和更深入的感受，于是我决定尝试将无字书融入大班的语言教学活动中。为了让幼儿发现图片的细节和深入体会人物的情感变化，在教学活动中我运用了一些策略：首先，在活动前，找准绘本中的矛盾冲突；其次，鼓励幼儿观察图片，去发现图片中的细节，并尝试用较丰富的语言表达故事情节；最后，尝试运用多种教学方式，如：游戏、对比画面、戏剧表演、讨论等方式，帮助幼儿理解故事中人物的情感变化。

经过一次又一次的尝试，我由开始的自信满满到心理抵触，再到最后的成功，在整个活动中我的领悟是：教师就是建筑师，要搭建支架帮助幼儿在原有的能力上得到提高；教师要运用有效的策略，让幼儿一步步进入到课程当中；在活动中教师要善于观察幼儿的活动状态，鼓励幼儿多说，幼儿愿意说，便会观察得越来越仔细，让幼儿的想法在平台上互相碰撞，故事内容也会呈现得更为丰富。

周悦晓老师：针对班级幼儿出现挑食的情况，我们选择了《汉堡男孩》这本绘本开展了一系列主题教学活动。在活动中，幼儿认识了各种不同的蔬菜和水果，并与他们做游戏。借助此绘本让幼儿认识了常见的蔬菜和水果，以及饮食均衡的重要性，培养幼儿良好的饮食习惯。在绘本主题活动即将结束的时候，我发现班级的幼儿能够在中午用餐时，主动吃自己原来不爱吃的蔬菜，知道不同的蔬菜能够为身体提供不同的营养成分，这让我非常欣慰。

主持人：教师与幼儿之间的相互作用可以帮助幼儿获得最佳的早期阅读效果。幼儿在集体环境中阅读，可以与同伴一起分享集体阅读的快乐，从而提高他们阅读的积极性。语言组承担了"创设自由的早期阅读环境，促幼儿自然成长的实践研究"课题研究，对幼儿喜欢的图书，喜欢的阅读环境进行了问卷调查和观察记录，历时一年多，总结并向全园推广了创设自由的阅读环境的基本原则。同时利用绘本开展了"一课多研""同课异构"等研讨，为幼儿园阅读节活动的开展提供了积极的、可行性的策略，旨在为幼儿创设良好的、自由的心理氛围促进幼儿自然成长。通过课题研究，教师的理念和行为都有了很大的改变，在这样的氛围里，教师专业发展和成长形成了良性循环的机制，更重要的是幼儿在这里获得了发展。今天的沙龙就到这里，大家辛苦了！

我们的收获与成长：

- 我们拥有了耐心等待幼儿成长的智慧。
- 在实践研究中充分认识到儿童是学习的主体，是环境的主人。
- 在创设环境时应尊崇幼儿的发展和心理需要。
- 教师要以积极正面引导的态度回应幼儿在阅读活动中的需要，支持幼儿积极思考、大胆表达。
- 教师应鼓励支持幼儿表达和别人不一样的观点。
- 在幼儿阅读时观察、记录，并提供适当帮助。

- 在幼儿阅读时不干预和影响幼儿，尊重幼儿的阅读选择。
- 阅读区制定规则应遵循幼儿的发展需求，在幼儿的讨论中不断完善规则，逐步将规则内化为幼儿的需求。
- 在教学活动中更清晰地了解幼儿发展的层次，以不同的策略回应幼儿，以促进幼儿在不同层次上的发展。
- 利用绘本漂流的方式在教师和家长的合力带动下，促进班级幼儿阅读、思考、表达能力的提高。
- 表演绘本剧是促进幼儿多方面能力发展的良好手段，是幼儿阅读活动的延续和拓展。

第二节 我们的教育故事

故事一：精心预设留给幼儿更多自主空间

"三八"妇女节前的一个双休日，为了配合"三八"节爱妈妈系列活动的开展，我给班级幼儿预留了一项任务：在爸爸妈妈的帮助下一起寻找材料，做一个有负重的假肚子，并戴着这个自制的假肚子体验半天，感受一下妈妈怀孕期间的辛劳。

周一当我刚刚踏进班级，就听见几个幼儿围在一起，交流自己周末体验的感受。"你昨天有没有变成大肚子呀？""有的有的，我还戴着大肚子去了绿博园。""我没有出去玩，就是戴着假肚子在小区里面散步的，还有好多人看见了，他们都笑死了，还问我肚子里面是男孩还是女孩，我告诉他们是小枕头。""我和妈妈一起把衣服包起来做成假肚子，不过妈妈告诉我：当我在她肚子里面的时候比这些衣服重很多。"……周围听到交谈的幼儿都会加入进去聊上一两句或在旁边仔细倾听，有些幼儿还跑过来主动将自己的体验告诉我。在班级的 QQ 群里,也有热心的家长分享了自己孩子体验活动的视频。

幼儿的热情这么高,那么就趁热打铁,我将孩子们的热点问题引入到主题教学活动。当天的谈话活动一改平日沉闷的气氛而变得异常活跃,孩子们积极和大家分享体验的同时,还能够安静地倾听同伴的发言,在活动将要结束的时候,还有很多幼儿围着我,想继续分享自己的感受。

"三八"节爱妈妈的活动是为每个年龄段的幼儿准备的,每每我们告诉幼儿妈妈很辛苦,我们要爱她,单单的说教总是显得很空洞,妈妈的辛苦孩子们并没有深刻的体会。这次我们让幼儿用扮演的方式、体会真实的情境,用可以看得见、感受到的方式,让幼儿实实在在地了解妈妈们在孕期的辛苦,体验的过程对于幼儿来说像是在玩一个扮演游戏,轻松而愉快,可在整个过程中幼儿会有不同的感受和思考。

《3~6 岁儿童学习与发展指南》中指出:"引导幼儿尊重、关心长辈和身边的人,结合实际情境提醒幼儿注意别人的情绪,了解他们的需要,给予适当的关心和帮助。"当幼儿有了体验后,自然而然地会去思考,会有和别人分享交流的欲望,围绕同一话题也有更多交流的内容。在我们的集体活动中,老师请幼儿谈谈妈妈在怀宝宝时有哪些辛苦的地方。问题一经抛出,幼儿就高高举起了小手,有的说妈妈的肚子会变大变重,走路非常累,时间长了腰很痛;有的说睡觉很难受,肚子上有个很重的宝宝会睡不着;有的说蹲下来的时候很难,腿会顶着前面的肚子,要把腿分开很大才能蹲下来……这些都是幼儿根据自己的体验总结出来的。在每一个幼儿都想说而又没有更多的集体交流时间的情况下,我建议想继续说的幼儿去区角里将自己的话画下来。出乎意料的是,有许多幼儿很主动进行了绘画记录,在画完之后还愿意和老师或同伴说说自己画的内容。

我把这些作品布置在了区域里后,他们也愿意去看、去讨论、去交流。

在这之后的系列活动中,我们还进行了更多的小活动,如:引导幼儿为妈妈做一些家务,送妈妈一份礼物,等等。有了之前活动的体验,幼儿的参与度和积极性都很高,家长们对这样的课程设计也是喜闻乐见,特别是妈妈们更为感动。在这样的一个小主题中,教师通过精心预设的体验活动,留给了幼儿更多的自主空间,让幼儿自己在游戏中体验、感悟、总结。

故事二：教室外的课堂、意想不到的效果

上午的集体教学活动是学一首传统童谣《吃毛桃》(歌词：我吃我吃我吃毛桃，吃得我心里好难受，我走一走，我走一走，我跳一跳，我跳一跳，我找个地方坐一坐)。本来集体教学都是在晨间锻炼后回到教室进行的，但是那天的天气特别好，风轻云淡，阳光温柔，幼儿在收拾锻炼器械准备回教室时，好几个幼儿面露不舍。看到这个情景，我果断决定把今天的教学活动场地移至户外开展。

我们在操场的地上席地而坐，大家看看、摸摸毛桃毛毛的外皮，有的幼儿用嘴唇轻触了桃子的毛毛，有的幼儿甚至伸出舌头舔了一下，有幼儿舔完立刻就身子一抖，头直摇，我趁机问他们有什么感受，很多幼儿说："嗯……毛毛的不好吃。""嘴巴上有毛。""碰到这些毛毛舒服吗？"我又问。"不舒服！""难过！"我接着说："那我们擦擦嘴巴，起来活动一下，把难受的感觉快快去掉吧！"幼儿和我一起从地上站起来，我边念儿歌边根据儿歌做动作，幼儿也兴致勃勃地和我一起做，很快他们便可以熟练地边做动作边念儿歌了。于是稍作停顿，我问他们："现在你们的心里还难受吗？""不难受了！""我们是怎么让自己不难受的？""我们走一走就不难受了。""我们还跳一跳的。""我在这坐了一会儿（低矮的花坛墙）。"我说："对，刚才运动了一下我们就不难受了，那我们除了用走、跳，还可以用什么办法运动一下我们就不难受了呢？"停顿了几秒，突然有个幼儿说"爬"，接着一个幼儿说"跑"。我说："对，爬一爬，跑一跑，让我们来试试看呢。"于是我带着幼儿一起说起了新儿歌："我吃，我吃，我吃毛桃，吃的我心里好难受，我跑一跑，我跑一跑，我跳一跳，我跳一跳，我找个地方坐一坐。""我吃，我吃，我吃毛桃，吃的我心里好难受，我爬一爬，我爬一爬，我跳一跳，我跳一跳，我找个地方坐一坐。"这部分的动词成功替换过后，我又引发幼儿新一轮的讨论，"除了可以找个地方坐一坐，还可以找个地方干什么呢？"这时有个幼儿就地一倒，躺了下来，笑嘻嘻地说："好舒服！""那我们一起来吧！"我们边做动作边对儿歌的最后一句进行仿编。"我找个地方躺一躺，我找个地方靠一靠，我找个地方趴一趴，我找个地方站一站，我找个地方抱一抱！"我们又创编了若干首《吃毛桃》儿歌。

几天后有家长来问我："你们是不是教了首《吃毛桃》的儿歌？""究竟怎么说的，怎么每一遍都说得不一样？"当我告诉家长们，有很多内容是幼儿自己仿编的，家长们都不敢相信这么小的孩子竟然能仿编出这么有趣味的儿歌！

这个活动后我也在思考：为什么这次的儿歌教学幼儿会这么喜欢，乐此不疲一遍遍地表演、朗诵呢？我想这是因为我在这次的活动中自然而然运用了我们"在自由的阅读环境中促进幼儿自然成长"的教育理念，教室外的课堂空间更大，更便于幼儿动作的施展，活动更放松，幼儿在自由的环境中身心也得到了充分的自由。自由的环境、自由的身心更能调动幼儿参与活动的热情和兴趣，也能最大限度地激发幼儿创作的灵感。

故事三：从裁掉半张的纸上看幼儿自由的表达

有一次亲子环保活动的主题是"垃圾"。我们请幼儿回家观察自己家中的厨余垃圾，他们发现那些垃圾不仅脏而且味道很难闻。一个家庭中每天至少有一袋厨余垃圾，全班三十几个家庭一天会产生三十几袋垃圾。如果全园的家庭、再甚至全市的家庭都将垃圾集中在一起，那又将是一种什么场面？我们抛出了这样的几个问题和幼儿、家长一起讨论：怎样减少生活中的垃圾？如何节约资源不浪费？等等。

当天的讨论非常热烈，幼儿和家长将他们能想到的方法都积极地表达了出来。讨论过后，我为每个幼儿提供了一张 A4 纸，请他们将自己的想法以各种方式记录下来。在幼儿交上来的记录单中我发现了一张不一样的纸，那张纸被裁掉了一半，在那半张纸上有幼儿的画，旁边还有家长的文字记录：不用一次性筷子、杯子；我穿小的衣服给小妹妹穿不要扔……下面写着幼儿的名字"诺诺"。看着这半张纸，我不思其解，问她为什么要把好好的一张纸裁掉一半？她站起来回答说："我记录完以后，发现还有很多空白，我就请爸爸把它裁下来了，它还可以有其他的用处，比如画画什么的。"在几十位的家长面前，她的表达流畅而且充满自信，看得出来她是经过自己认真思考的。当时诺诺的这席话给了我很大的冲击，不仅是我，在座的许多家长也都频频点头表示赞许。我发自内心地为这个孩子鼓了掌。

活动以后的很长一段时间，我都在回味那个孩子的举动，原来我以为是我带着孩子们在开展如何减少垃圾减少浪费的活动。但是，那被孩子裁掉的半张纸却彰显了孩子的行动力，它让我看到了我的举动只是停留在口头上的初级阶段，而有的孩子已经走到了我的前面。像诺诺在活动中对环保的意义产生了认识，马上就将想法付诸了行动，在直觉行动中幼儿引领了我。从这里我看到了自己的局限与不足，在幼儿的身上我学到了从我做起、从身边的每一件小事做起。

深感欣慰的是，在"创设自由的早期阅读环境，促幼儿自然成长的实践研究"中，我们的行为和理念在一步步踏实地向着以幼儿为主体的方向迈进，正是因为有着日常孩子和教师之间平等的对话和幼儿自由表达意愿的环境，诺诺才能够在人数众多的公开活动中，自主地思考和自由勇敢地表达，并且创造性地改变了教师提供的材料，这是环保和节约理念的印证，也是自由环境下幼儿身上开出的美丽的花。在这样教学相长、自由平等的环境中，受益的不仅是幼儿，我也是其中的获益者，幼儿敞开心扉、自由思考、积极表达，他们的想法更丰富了我。

故事四：理解尊重幼儿所思所想，和幼儿共同创设自由阅读环境

经过一学期的相处，班级幼儿相互熟悉，开始主动乐于与同伴交流，每天似乎总有着说不完的话。而每天到了幼儿自由阅读时光，班级幼儿就开始三三两两地互相聊天，有的因为书上是"二维码"还是"条形码"而争辩不休，有的讨论着家里的各种玩具，有些想看书的小朋友，也不知不觉间被某些话题吸引，加入了讨论，书也就被丢在了一边，班级阅读时光变成了聊天时光。

有一天，班上的一名幼儿在阅读时间，捂着自己的耳朵对聊天的同伴喊道："你们的声音太吵了！"把握这一契机，我们开展了一场班级讨论，在阅读图书的时候应不应该有规则。第一，我们讨论了是否能够说话的问题，班级幼儿表示，可以轻声交流，但是不能打扰到别的小朋友。第二，我们又讨论了关于阅读时我们可以讨论哪些话题，班级幼儿表示，可以讨论与绘本上的故事有关的内容。在我们的共同商议下，大家共同讨

论出来了阅读时光的规则，并约定共同遵守。

《幼儿园教育指导纲要（试行）》中指出："教师应成为幼儿学习活动的支持者、合作者、引导者。"当班级幼儿在阅读环节出现一些问题时，我并没有及时阻止幼儿的聊天，而是让他们自己发现其中的问题，当有的小朋友聊天的声音太大了引起争议时，我及时把握这一契机，与幼儿进行讨论，帮助幼儿共同解决发现的问题。

《3~6岁儿童学习与发展指南》中指出，"应为幼儿创设自由、宽松的语言交往环境"，"为幼儿提供丰富、适宜的低幼读物"，从而"丰富其语言表达能力，培养阅读兴趣和良好的阅读习惯"，这就决定了阅读与交流是密不可分的。那么如何将阅读和交流相互结合呢？我们可以将这一问题交给幼儿自己解决，在幼儿共同讨论的过程中，引导他们自己寻找到答案。

当"阅读时光"变成"聊天时光"时，我也开始思考，提供给幼儿的图书是否存在问题。有的图书幼儿已经反复看过好多遍，已经不感兴趣；有的图书里面的图画过于简单，不便于幼儿想象；有的图书已经出现破损，幼儿不愿意选取。针对这些问题，我们利用了家庭资源，让幼儿把自己喜爱的图书带来班级分享给同伴们看。将图书进行替换后，班级幼儿明显对阅读产生了新的兴趣，图书更加符合幼儿的需要，更加便于幼儿看图说话。

在阅读时光里，班级幼儿并不需要老师反复提醒，便自觉遵守着他们自己讨论出来的阅读规则。我再也听不到幼儿大声讨论的声音，取而代之的是幼儿与同伴之间细声细语地根据图书上的画面相互讲着故事，他们的话语也许稍显稚嫩，可是他们乐于并敢于按照自己的想法大胆地用语言表达出来。我想如果当时的阅读规则是教师强加给幼儿的，想必现在会是另外一个情景。创设自由的阅读环境离不开教师与幼儿的共同努力，从幼儿的角度出发，理解幼儿的想法，根据幼儿的不同需求，不断及时提供适宜的阅读材料，才能创设出真正属于幼儿的自由阅读环境。

故事五：遵循幼儿需求，用心改变环境

九月，我们班级开展了"图形"主题活动。图形，在生活中处处可见，如幼儿接触

到的各类图形玩具、生活家居用品、交通工具等，因此在活动开展过程中，幼儿有说不完的话题。我们和幼儿一起寻找图形、认识图形，最后我们开展了"图形造型大展示"活动，幼儿根据我们提供的几何图形进行创意造型。

在活动中幼儿大胆、自由地发挥自己的想象，进行图形造型创作，很多幼儿拼出来的造型图案很是新颖、独特，有自己的想法。在和幼儿交流拼搭构建创想的时候，有的幼儿说："我用三角形和正方形拼出了我的家，看正方形拼出的是我家的窗户。"还有的幼儿说："我用圆形拼出了太阳，这个正方形是我家的车子。"但是，由于课堂时间有限，不能每个幼儿都建构好并进行讲述。

看着幼儿意犹未尽，我提议，把这次活动放到班级的语言区，让他们在语言区里继续动手创作，也可以继续讲一讲、说一说、议一议大家的作品！

这个提议得到幼儿的认可，有一个幼儿对他的小伙伴很是炫耀地说："我搭的可是植物大战僵尸。"（语气都很是自豪）"看这是一群铁帽子僵尸（用梯形代表帽子），这个是倭瓜炮弹（圆形），我这个倭瓜可厉害了，一下子就能把这个僵尸压扁！""这个是我的寒冰炮弹（用到了长方形和菱形，菱形当喷头），只要它一发射，僵尸就被冻住了，厉害吧！"看着这个小朋友和同伴讲了这么长长的一段话，我很惊奇，在课堂上，他还不曾有过这么出色的表达！

还有一个幼儿搭建得很壮观，他这样介绍自己的大工程："我搭的是马路上的汽车，这里是马路（用到了很多很多的长方形代表路中间的分割线），这是小汽车，这是我爸爸的汽车，它最漂亮（用到梯形和圆形拼出汽车的造型），看这边的汽车往这边开，这边的汽车往这边开（汽车的朝向不同，代表开往不同方向的汽车），这边长长的是什么你知道吗？"他问旁边的小朋友，旁边的孩子说："火车！""不对，不对！是地铁，我妈妈星期天带我坐地铁去我奶奶家的，开得可快了！"这个男孩子居然会像老师一样提问和纠正他人的回答。

看着幼儿的笑脸，我在思考，幼儿为什么这么喜欢这样的活动？原因有很多，其中最重要的是，我改掉了以往中规中矩的教学模式，将活动延续到他们熟悉的语言区，在这里，没有课堂上的等待轮流发言和各种回答要求，幼儿可以自由发挥想象，继续创作的同时，又可以尽情地用自己的方式表达自己的创意作品。

再看下我们班级的语言区环境，这里有和家一样舒适的小沙发，下面铺着地毯，半开放式的活动区域，方便幼儿自由选择图书。幼儿在此活动区域的时候，有沙发、地毯、靠垫，可选择自己喜欢的舒适姿态，身心会比较放松和自由；我们的语言区不仅是单一的"看书"的地方，这里还常常是讨论区。将图形创意活动投入到此区域中，幼儿在宽松、自由、舒适的环境下，创意灵感和表达欲望自然而然萌发出来。

在"自由的阅读环境中促进幼儿自然成长"的理念指导下，我在工作中更加大胆起来，在班级环境和活动中，总是会情不自禁地设想，为幼儿构建一个想说、敢说、喜欢说、有机会说并能得到积极应答的自由舒适环境，使幼儿乐意把自己的疑问、见解、想法表达出来。

顺应幼儿的需求，为幼儿创设自由环境，让幼儿自由表达，让幼儿在自由的环境下自然成长，教师的思想解放很重要。

故事六：我们班的家庭流动图书馆

每当春暖花开的四月来临的时候，幼儿园的"阅读节"都如期举行，"图书漂流"作为其中不可或缺的经典保留活动，深受家长和小朋友们的欢迎。每当看到孩子们一张张期待早日把那粉色的漂流包带回家的小脸，教师们就倍感欣慰，因为这些都是教师们绞尽脑汁、精心挑选的绘本图书。虽然漂流的图书并不多，但要在有限的班级资源中找到优秀的、特别适合幼儿当前看的书并不是一件容易的事。我为此难过，也动了不少脑筋，终于有一天在热心家长的帮助下，我找到了一个更有效的办法，那就是调动家庭的资源，发动家长和幼儿共同收集和推荐适合的图书。经过尝试，取得了较好的效果。每个家庭挑选的书各不相同，内容选择更丰富，涉及的领域也更齐全。教师们在其中再根据需要进行筛选，感觉比先前要容易得多。而且，没有参与漂流的图书还可以分批投放到班级图书区，作为幼儿阅读的资源，大大改善了图书资源缺乏的实际问题。更可喜的是，家长们受此启发，"图书漂流"活动更一发不可收了。在阅读节活动结束之后，家长和幼儿依然延续着图书漂流活动，每个家庭就犹如一个流动的图书馆，大家都因能看到更多优秀的绘本而高兴，更多的家庭也借此养成了良好的亲子阅读习惯。

在活动中，我也有了一些思考。

1. 如何解决幼儿园班级图书资源的问题不仅仅困扰着教师，也困扰着幼儿园领导。除了资金限制，如何根据幼儿的年龄选择适合的书，且不断地更新，这才是图书资源的最大难题。过去，幼儿园在这方面花费了大量的人力物力，有时还难以让幼儿满意。所以，借助家庭的力量，发挥家长的作用获取更多优秀的图书，这是最好不过的选择。

2. 俗话说"一人拾柴火不旺，众人拾柴火焰高"。对于每个家庭来说推荐一本书不足为奇，但大家都推荐，聚少成多，班级一下子就增添了三十多本书。对于每个家庭来说，以一本换三十多本，这样的效益何乐而不为呢？也正因为此，在阅读节活动结束后，家长和幼儿都希望能将"图书漂流"活动延续下去。为此，我们分批挑选图书给大家漂流，满足了大家的需求。

3. 有一个小朋友的家长给每个孩子精心准备了图书作为生日礼物。那么多好看的书到底选哪一本呢？小朋友们看了哪一本都爱不释手。"我们看好以后就'漂流'吧，这样大家都能看到。"有家长提议道。这个想法立刻得到了幼儿和家长们的积极响应。后来，谁家看好一本书就在班级 QQ 群里告诉大家，没看过的家庭就可以预约，小朋友到幼儿园后就可以自主交接漂流的图书。那个时期班级群里可热闹了，每天大家都争先恐后地忙着给孩子预约图书，幼儿园里小朋友们也因为漂流图书而增进了与同伴的交流。

《幼儿园教育指导纲要（试行）》中提到："幼儿园应与家庭密切合作，综合利用各种教育资源，共同为幼儿的发展创造良好的条件。"我们借助家庭的力量轻松解决了困扰幼儿园及教师多年的难题，真是令人欣慰的事。在此过程中，我们为幼儿营造了更为丰富的家园阅读环境，促进了家园及家庭间的交流，使得幼儿更好地在愉快的氛围中获得了自然的成长。